日本の金融・通貨政策の岐路

明治〜令和

Japan's Monetary and Currency Policy

衣川 恵＝著

Megumu KINUGAWA

日本評論社

はじめに

本書は、明治以降の通貨並びに金融政策が日本経済にいかなる影響を与えたのか、また、それらの政策がいかにして選択されたのかを解明することを主な課題としている。具体的には、「圓」選択の謎、銀行誕生秘話、本位制を巡る抗争、日本経済の高度成長と衰退の謎、黒田緩和の実相などを解明すると共に、わが国の金融・通貨政策の内容、決定過程及び経済への影響について考察した。

近年の経済学は政治を抜きにする傾向があるが、経済学は政治経済学（Political Economy）として始まった。金融・通貨政策は政治との関連が濃厚であり、わが国の政治がいかに金融・通貨政策に係わったのかについても考察した。

説明の順序として、まず最近の黒田緩和を第一章と第二章で取り扱い、第三章から第七章までにおいて圓の誕生からバブル崩壊までを論じた。そのため、第三章〜第七章、第一章、第二章とお読みいただくと通史的説明となっている。

第一章及び第二章の一部は、日本経済政策学会の全国大会及び国際会議（国際大会）において報告したが、その際に、討論者となっていただいた方々には有益なコメントを賜り感謝を申し上げたい。とりわけ、林直嗣教授（現在、法政大学名誉教授）には、細部にわたる討論をしていただき、御礼を申し上げる。但し、本書の文責は筆者にある。筆者は、これまで多くの方々から御教示をいただいた。御氏名は割愛させていただくが、深謝したい。

近年、国内外の機関や図書館でデジタル化が推進され、地方居住者にも資料の閲覧や検索が容易になった。それでも、鹿児島国際大学附属図書館、レファレンスの方々には大変お世話になり、御礼を申し上げたい。

本書の出版にあたって編集等のお世話になった日本評論社の柴田英輔氏並びに関係各位に深く感謝の意を表します。

二〇二三年一一月

著者

目　次

目次

凡例

一　明治五（一八七二）年一二月の改暦以前は陰暦の年月日を使用した。

二　第二次大戦終結前は、原則として元号を用い、その後は西暦を使用した。しかし、併記、またはいずれか一方を記した個所もある。

三　資料の片仮名文は、原則として平仮名文に改めたが、片仮名文のままにした箇所もある。

四　漢字の旧字体は、原則として新字体に改めたが、旧字体のまま使用した個所がある。第二次大戦終結前の日本の貨幣名は資料に従って「圓」を用いた。但し、資料で「円」が使われている場合には「円」の字を用いた。

五　資料の途中の語句を略した場合には、（中略）とした。

六　読みやすくするため、必要に応じて資料の文章に句読点やふりがなを付し、〔　〕により補足をした箇所がある。また、資料に異字がある場合には「ママ」と添え字した。

七　第二次大戦前の新聞報道は、主として、『明治ニュース事典』、『大正ニュース事典』、『昭和ニュース事典』（いずれも、毎日コミュニケーションズ発行）を参照した。

八　氏名の敬称は、僭越ながら、一律に割愛させていただいた。なお、肩書は、原則として当時のものである。

第一章　黒田緩和とその前夜

一　黒田緩和前夜

物価目標政策を拒否し続けた日本銀行

一九九七年一一月三日、中堅証券会社の三洋証券が無担保コール翌日物の借入金約一〇億円を返済できなくなって倒産した。金融機関が日々利用するコール市場で戦後初めて債務不履行が発生したことにより、資金の出し手が慎重になった。翌日には、経営不安が取り沙汰されていた北海道拓殖銀行がコール市場で十分な資金を調達できなくなった。預金の流出と株価の低迷が続き、都市銀行の一角を占めた拓銀は同月一七日に経営破綻を余儀なくされた。また、二四日には大手証券の山一証券が巨額債務を抱えて自主廃業に追い込まれ、百年の歴史に幕を閉じた。さらに、続く二六日には、仙台の徳陽シティ銀行が経営破綻に至った。金融機関の破綻が相次いで、世情に金融機関に対する疑心暗鬼が渦巻いた。二六日夕刻、ついに三塚博蔵相と松下康雄日銀総裁が、国民に向けて、風評に惑わされず冷静な行動をとるよう緊急声明を発出した。昭和二年の昭和金融恐慌時に、片岡直温（なおはる）蔵相と市来乙彦日銀総裁が流言飛語に惑わされることのないように声明を発して以来の深刻な事態となった。

金融情勢が緊迫する中で、金融行政の本丸も過剰接待問題で揺れていた。九八年四月、金融機関から過剰接待を受けていた一一二人の大蔵省幹部らが処分された。また、日本銀行でも同じ理由により九八人の処分が発表された。日銀では、それに先立って、同年三月に松下総裁と福井俊彦副総裁が辞任し、速水（はやみ）優（まさる）元日銀理事が新総裁に就任した。

九八年四月には、日本版金融ビッグバン（大改革）が開始され、太平洋戦争中に制定された日本銀行法の改正が行われ、日銀の政府からの独立性が強化された。主な改正点は、大蔵省による日銀に対する監督権と人事権が削除され、日銀政策委員会での政府委員の議決権が剥奪されたことである。

速水総裁は、九九年二月、景況の悪化に対応するため、ゼロ金利政策に踏み切った。無担保オーバーナイト物（＝無担保コール翌日物。短期金利）を〇・一五％に引き下げ、事実上ゼロ％にしたため、このように呼ばれている。九八年には巨大銀行の日本長期信用銀行と日本債券信用銀行が破綻し、九九年には地方銀行の破綻が多発した（国民銀行、幸福銀行、東京相和銀行、なみはや銀行、新潟中央銀行）。経済界は積み上がった不良債権処理に翻弄され、銀行の破綻が続いた。

二〇〇〇年一月の日銀政策委員会決定会合では、国内経済は持ち直しつつあるが、デフレ懸念の払拭が展望できる状況にないとしてゼロ金利政策を継続することが決定された。この決定会合において、議長案に中原伸之委員が反対して代案を提出した。中原案は、中期的な物価安定目標として二〇〇一年一〇～一二月期の消費者物価（生鮮食品除く）の前年比上昇率が〇・五～二・〇％となることを目指して、今月積み期の日銀当座預金の超過準備額（法定預金準備を超える残高）を一兆五〇〇〇億円程度とし、その後も継続的に超過準備額を増加させることにより、二〇〇〇年七～九月期のマネタリーベース（現金＋日銀当座預金）が前年比で一〇％程度増えるように量的緩和を図るというものであった。[1] この中原案は否決されたが、「物価目標付きマネタリーベース・ターゲティング」であった。同委員はその後も同様の提案を繰り返し提案した。

アメリカでＩＴバブルが膨張する中で、二〇〇〇年八月の決定会合で、速水総裁が政府委員の反対を押し切って、わが国経済は「デフレ懸念の払拭が展望できるような情勢」に至ったとして、ゼロ金利政策を解除し、コールレートの誘導目標水準を〇・二五％前後に引き上げることを決定した。この議案では中原、植田和男委員が反対した。このことにより、植田委員は狙い撃ちされ、根拠のない植田バッシングが起きた。[2] ところが、翌年一月にはニューヨーク株式市場でナスダック総合指数が急落し、ＩＴバブルが崩壊し始めた。日経平均株価（終値）も一月一一日には一万三二〇〇円台に下げた。株価が一万三五〇〇円台を割るとほとんどの大手銀行の株式含み益が消えて、銀行が融資を圧縮する懸念が生じた（『日本経済新聞』二〇〇一年一月一三日付）。このような状況に直面して、日銀は二〇〇一年二月に再びゼロ金利政策に復帰した。それに続いて、三月には、「補完貸出制度」（ロンバート型貸付制度）の新設を決定した。これは担保があれば公定歩合（二〇〇六年八月に「基準割引率および基準貸付利率」に名称変更）で無限に貸し出すものであり、期間は原則として一日であるので、公定歩合は無担保オーバーナイト物の金利（短期金利）の上限を画するものとなった。補完貸付制度は継続措置を経て現在まで実施されている。

この二〇〇一年四月には、「改革なくして再生なし」と訴えた小泉純一郎政権が誕生し、竹中平蔵が経済財政担当相に抜擢された。翌年九月には、竹中大臣は金融担当相の兼務を命じられ、「金融再生プログラム」を推進した。竹中大臣は様々な妨害や誹謗中傷を受けながらも、二〇〇四年度には大手銀行の不良債権比率を二〇〇三年三月期比で半減させ、その後の金融機関の再生の礎を築いた。後に、竹中は「この総理だからこそ、難しい政策を取りまとめることができた[3]」と述懐している。

他方で、日銀の金融政策に関しては、小泉政権は特に目立った動きを見せなかった。法律的には、金融政策は日銀が行うことになっているので問題はないが、新日銀法でも、第四条において、政府と日銀は連絡を密にし、十分な意思疎通を図ることが定められている。

とはいえ、小泉内閣においても、日銀に対する動きは若干あった。竹中大臣は二〇〇一年八月の政策決定会合で政府委員として出席し、デフレ・ファイターとして日銀の決意を示すにはどのような方法があるか、インフレ・ターゲティング論も含めて議論し、「一層の量的緩和に向けて早い行動」をとって頂きたい旨の発言をしている[4]。なお、この会合では、何人かの委員がインフレ・ターゲティングについて発言した。

一九九〇年初頭、外国では、インフレ・ターゲティングが始動していた。九〇年三月にニュージーランドが物価目標を一～三％、九一年二月にカナダが一～三％、九二年一〇月にイギリスが二％に設定するなど、諸国がインフレ・ターゲティングを実施した。日銀政策委員会でも、上記のように、他国よりも一〇年遅れているが、議論が行われた。それでも、日銀はこれを採用しなかった。

そのため、学識経験者から声が上がり、二〇〇一年一一月に伊藤隆敏『インフレ・ターゲティング』が刊行され、その採用の必要性が唱えられた。[5] また、同書には、「日本の金融システム再建のための緊急提言」が掲載された。その概要は、生鮮食品を除く消費者物価の上昇目標を一～三％に設定し、長期国債、上場投資信託（ＥＴＦ）及び不動産投資信託（ＲＥＩＴ）を大量に購入する金融政策を行うことであった。これは、物価目標がやや異なるが、黒田総裁が実施した金融政策と基本形はほぼ同一のものであった。しかし、日本銀行はこの提言にも応じなかった。速水日銀総裁は、「日本経済が様々な構造問題を抱える中で金利がゼロに達し、金融緩和効果が大きな制約を受けている状況においては、金融政策の枠組みとしてインフレーション・ターゲティングを採用することは適切でない[6]」と述べて、物価目標政策を拒否した。

二〇〇一年春には、景況悪化の懸念が高まり、日銀は再び苦境に立たされた。三月一九日の決定会合で、速水総裁は、日経平均が一万二〇〇〇円割れとなって銀行保有株の含み損が拡大し、景気の停滞色が強まるとの認識の下で、これまで反対してきたマネタリーベース残高を金融市場調節の主な操作目標とすることを議長提案で可決した。この施策は、物価目標を消費者物価上昇率が「安定的にゼロ％以上」としている点が異なるが、これまでに中原委員が提案してきた「量的緩和策」そのものであった。突如として、速水総裁が量的緩和策に舵を切ったのにはやや違和感があるが、「『ゼロ金利』解除とその失敗の責任を問う政界・経済界・マスコミ（さらには、学会）からの日銀批判に対して、増渕理事以下の日銀執行部が日銀を守るために捻りだした苦肉の策」であるとの指摘がある。(7) 日銀を創設した松方正義が生きていれば、さぞ驚くことであろう。二〇〇二年一〇月末には「金融再生プログラム」が発表され、一一月一四日には株価が八三〇三円まで下落した。

速水総裁が辞任を表明し、後継候補にデフレ・ファイターの中原前審議委員が浮上したが、速水総裁ら日銀執行部は福井推薦・中原阻止の一大キャンペーンを張り、速水総裁は政財界の要人に福井推薦を働きかけたという。(8) 二〇〇三年三月二〇日、日銀出身の福井俊彦総裁が誕生した。株価の下落が続き、四月二八日には七六〇七円まで落ち込んだ。ところが、二〇〇四年には竹中改革の成果が表れ始め、外国人による日本買いが強まって、二〇〇五年末の大納会には一万六一一一円まで株価が急回復した。

福井総裁は、二〇〇六年三月の決定会合で、設備投資や個人消費が増加しているとして、量的緩和策を解除し、金融市場調節の操作目標を日銀当預残高からコールレートに引き戻した。また、同年七月には、景気は緩やかに拡大しているとして、コールレートの操作目標を〇・五％に引き上げ、ゼロ金利政策を解除した。さらに、同総裁にあっては、日銀が目指している「物価の安定」は物価上昇率がゼロ％の状態であるとの認識に立っており、二％前後の物価上昇目標を設定するような政策を導入することなどは眼中になかった。

福井総裁の後継人事はもめた。二〇〇八年三月、福田康夫首相が、国会に武藤敏郎日銀総裁候補と伊藤隆敏副総裁候補、白川方明（まさあき）副総裁候補を提案したが、参議院で野党が多数を占めるねじれ国会であり、民主党など野党が武藤総裁候補と伊藤副総裁候補について否決した。白川候補については民主党なども賛成し、副総裁に就任した。その結果、日銀総裁が不在となる異常事態となり、白川副総裁が総裁代行を務めることになった。しかし、総裁の空席状況を放置することはできず、結局、国会の承認手続きを経て、二〇〇八年四月九日に白川副総裁が棚牡丹（たなぼた）的に日銀総裁に昇格した。民主党などがこの人事案を覆さなければ、その後の景色も幾分変わっていたであろう。

白川総裁就任前の日本経済は、小泉改革と竹中改革によって景況が改善に向かいつつあった。ところが、アメリアのサブプライムローン（信用力の低い個人向け住宅金融）の破綻が増加し始め、二〇〇七年夏頃から世界的に景気の下押し圧力が強まった。同年七月末に、アメリカの大手証券会社（投資銀行）のベアー・スターンズ傘下の二つのファンドが、サブプライムローンを担保とした証券化商品の運用で失敗して破綻した。八月七日には、同様の証券化商品の運用を手掛けていたＢＮＰパリバ（フランスの大手銀行）傘下の三つのファンドが、投資家を保護するためとして解約を一時凍結した。イギリス、ドイツ、スイスなどでもサブプライム証券化商品によって金融機関に損失が出ており、同月九日に欧州中央銀行（ＥＣＢ）は信用不安の解消のために一五兆円規模の緊急資金供給を行うなど、米欧で金融情勢が緊迫化し始めた。しかし、サブプライム問題の懸念は払拭されず、株価が下落を続け、景況も下り坂になった。サブプライム問題の深刻さが鮮明になったのは、二〇〇八年九月一五日にリーマン・ブラザーズが破綻した時であった（負債総額約六〇〇〇億ドル〔約六四兆円〕）。リーマン・ブラザーズはサブプライムローンの証券化商品のCDS（クレジット・デフォルト・スワップ）[9]を大量に販売しており、その購入者からの払戻しが殺到し、支払い不能に陥ったのである。ほぼ同時に、アメリカの最大手保険会社AIG（アメリカン・インターナショナル・グループ）も経営危機に追い込まれた。同社は、格付けの低い債券を組み込んだ債務担保証券（CDO）などの証券化商品の元利保証を行うCDSを販売していた。AIGが連鎖破綻すると、未曽有の金融危機に発展するおそれがあった。FRBはこれを放置せずに、同月一六日、直ちにAIGの株式の七九・九％を買い取って政府の管理下に置き、最大八五〇億ドル（約九兆円）のつなぎ融資を行ってAIGを救済することを決定した（融資期間は二四カ月）。この迅速な措置によって、AIGの債務履行が支援され、大手金融機関の経営危機が緩和された。また、一〇月三日には、金融安定化法を法制化し、公的資金による金融機関からの不良債権の買取り（最大七〇〇〇億ドル〔約七四兆円〕）などを行う体制も整えた[10]。それでも、アメリカの金融危機は終息せず、ゼネラルモーターズが経営危機に直面し、実体経済も悪化した。二〇〇七年七月一九日に一万四〇〇〇ドルまで上昇したダウ工業株30種平均が二〇〇八年一一月二〇日には七五五二ドルまで沈み、一年四カ月ほどで半値近くに暴落した。日経平均は、二〇〇七年七月九日には一万八二六一万円まで回復していたが、二〇〇八年一〇月二七日には七一六二円の安値に暴落した。

同年秋には、世界同時不況が濃厚となり、九月の「全国企業短期経済観測調査」（短観）で大企業製造業の業況判断指数（ＤＩ）が五年ぶりにマイナスに転じ、景況が大幅に悪化した。金融危機の影響で世界的に需要が落ち込み、自動車や機械などの産業が不振となったほか、株価の下落等により消費者心理も悪化した。日本の金融機関におけるサブプライムローンがらみの不良債権はさほど大きくなかったが、世界経済の悪化の影響を受けて、生産調整が行われ、非正規雇用者を中心に失業が増大した。このような状況において、白川総裁は一〇月に臨時措置として「補完当座預金制度」を導入した。これは、当時懸念された年末・年始の資金供給を円滑化させるために、金融機関が日銀に預けている当座預金のうちの超過準備額に〇・一％の利子を付与するものであった。株価が一万円を大きく割り込み、金融機関の保有株式の含み損が拡大する中で、金融機関の貸し渋りを避けるための臨時措置として導入された。この〇・一％という数値はコールレートの誘導目標（〇・三％）から〇・二％を差し引いたものであり、この臨時措置の期間は二〇〇八年一一月の準備預金積み期（一一月一六日〜一二月一五日）から翌〇九年三月の同積み期（三月一六日〜四月一五日）までとされた。ところが、この制度は、その後に延長が決められ、二〇一六年のマイナス金利政策の採用によって付利構造が一部修正されたが、現在も継続されている。しかし、長期金利がゼロ％近傍に誘導される中で、金融機関は〇・一％の利息が得られるために、日銀当預の超過積立を増加させ、その分だけ市場から通貨が吸い上げられるという皮肉な結果となっている。

さらに、二〇一〇年一〇月、日銀は「わが国経済が物価安定のもとでの持続的成長経路に復する時期は、後ずれする可能性が強まっている」として、新たな金融緩和策を採用した。ゼロ金利政策に復帰したほか、臨時措置ではあるが、国債、ＣＰ、社債、上場投資信託（ＥＴＦ）、日本版不動産投資信託（Ｊ－ＲＥＩＴ）などの金融資産を買い取るために「資産買入等の基金」の創設を検討することを決めた。こうして、同年一二月一五日からＥＴＦ、翌一六日からＲＥＩＴを日銀として初めて購入し始めた。

白川総裁の任期末期の二〇一二年一月末、ＦＲＢが物価の長期目標を二％にすると発表した。すると、日銀は一転して、翌二月の金融政策決定会合で、これまで拒否し続けてきた物価目標政策の採用を決定した。ただし、白川総裁は、「中長期的な物価安定の目途（めど）」を一％にするという表現に拘った。この決定会合で、白川総裁は「目途」という言葉に拘って、「『目標』という言葉に伴う機械的な目標というニュアンスを避けながら、しかし一方で、日本銀行の意志が感じられる表現ということを考えた場合に、『目途』（めど）という言葉がよいのではないか」[11]、ＦＲＢのいう「longer-run goal」の「goal」を「ある新聞は『目標』と表現しているが、ただ、多くの人は『目標』というと『target』を連想する」ので、「『target』は不適切だろうと思う」と述べた。[12] しかしながら、「goal」を「目標」ではなくて「目途」（めど）と訳すべきだという白川総裁の見解は、英英辞典や英和辞典に照らせば、かなり特異な解釈である。『日本経済新聞』（二〇一二年二月一一日付）のように、「goal」は「目標」と訳すのが妥当であろう。なお、この決定会合では、山口廣秀副総裁が、「ゼロ％台の物価上昇が物価の安定と言い得る物価上昇率であることについては、何がしか抵抗を感じている」[13]と述べて、「物価の安定」に関する従来の日銀見解に疑問を呈する一幕があったことは注目されてよい。

さらに、白川総裁は、約一年後の一三年一月には、日本政府との共同声明を発表し、デフレ脱却のために、二％の物価安定目標を実現することを表明した。一％の物価安定目標を決めてから一年も経たないうちに急に「二％の物価安定目標」を謳った共同声明を発表したことには、これまた大きな違和感があった。この点について、白川元総裁は、退任してから約一〇年後に、当時の状況を次のように説明している。一二年一二月の選挙で自民党は二％の物価目標を設定して「政府・日銀の連携強化の仕組みを作り、大胆な金融緩和を行う」という選挙公約を掲げて圧勝したので、国民の判断は無視できなかった。しかし、政府と日銀の考え方が大きく隔たっており、妥協を模索せざるをえなかった。日銀としては、「日本経済の競争力と成長力の強化に向けた幅広い主体の取組の進展」を前提に、「物価安定の目標を消費者物価の前年比上昇率で二％とする」ことにし、政府が強く主張した「二年」という達成不可能な表現は回避して「できるだけ早期に」という表現で妥協した、と[14]。

すなわち、白川元総裁は、選挙で安倍晋三政権が誕生すると、「選挙に表れた国民の判断」を考慮し、安倍政府と妥協したというのである。白川総裁の物価安定の水準は、当初は、物価上昇率ゼロ％近傍という従来の日銀の考え方を踏襲していたが、一二年一月にＦＲＢが二％の物価目標設定に踏み切ると、翌二月にＦＲＢの後塵を拝して一％の物価「目途」を導入し、翌一二年には大胆な金融緩和を唱える安倍政権

表1-1　速水・白川総裁の主な市場調節

日銀総裁	導入年月	調節手段	概　要
速水優	1999. 2	ゼロ金利政策	短期金利のゼロ％誘導
	2001. 3	補完貸付制度	公定歩合で無限に貸付
	2001. 3	量的緩和政策	日銀当預を主な操作目標
白川方明	2008.10	補完当座預金制度	日銀当預の所要超過額に0.1％付利
	2010.10	資産買入れ基金	長期国債・ETF等買入れ用の基金
	2012. 2	物価安定目標設定	１％の物価安定目標
	2013. 1	政府・日銀の「共同声明」	２％の物価安定目標に向け連携

（出所）筆者作成。

が誕生すると、一三年一月に二％の物価「目標」に変更するというように、目まぐるしく変化した（表1-1参照）。この一連の流れは、白川総裁がアメリカの金融当局の動きや日本国内の政権の動向を考慮して、金融政策を立案してきた姿勢が窺える。換言すれば、新日銀法のもとで、ある種の政治的判断に基づいて金融政策の舵取りをしていたと言える。

しかし、新日銀法のもとでは、日銀総裁は首相の指名を受け、国会の承認を経て選出されているとはいえ、大蔵大臣の業務命令権は抹消され、金融政策決定会合での政府委員の議決権も無くされているので、日銀総裁は、金融政策の責任者として、政府から独立して、時々の金融状況において本来あるべき金融政策を実行することが基本的使命である。その意味では、白川総裁はやや風見鶏的な金融政策の運営を行ったと言うことができよう。しかし、これまでの、速水総裁や福井総裁のように、物価安定水準をゼロ％（近傍）に拘る日銀路線を若干修正した点は評価できる。

ちなみに、日銀と政府との共同声明に触れておくと、白川元総裁は、「現在の国会議員は一〇年前に財務大臣と経済財政政策担当大臣（及び日銀総裁―引用者）が署名した『共同声明』に縛られているとは思っていないと想像する」[15]と述べているが、これは勝手な言い草であろう。安定的に二％の物価目標が達成されていないとされる現状において、この共同声明は生きていると解釈するのが一般的であろう。また、この共同声明は「将来の政策を縛ることができない」としているが、そのような解釈にも無理がある。「共同声明」はなくても、日銀法第四条は「常に政府と連絡を密にし、十分な意思疎通を図らなければならない」と定めている。だが、「共同声明」があれば、日銀はその影響を受けざるをえない。政府と日銀との「共同声明」は不要であり、この事例は例外として、今後は踏襲すべきではない。しかし、黒田総裁の極端な「量的・質的金融緩和」政策があまりにも長かったので、「共同声明」の即座の解消は、市場に与えるインパクトが大きすぎるので、適切なタイミングで解消されるべきである。

ところが、他方で、白川元総裁は、前言に矛盾して、「『共同声明』を現時点で性急に改定する必要性はない」とし、「内外の議論の進展を待つ、つまり『熟成』を待つほうが賢明だと私は思っている」[16]とも主張している。彼は、ＩＭＦ（国際通貨基金）に寄稿した文書で、民主主義社会において、選挙で選出されていないセントラルバンカーが選挙で選ばれた政府にインフレ的支出計画の変更を求めることができるであろうかという問題を提起して、政府と中央銀行の関係に言及している[17]。このような問題を世界的に議論することに意味がないとは言えないが、金融制度や金融政策には各国の事情が色濃く反映されているので、政府部門と白川総裁が署名した「共同声明」については、わが国の判断によって収拾を図ることが求められる。

二　黒田日銀の金融緩和策

量的・質的金融緩和

白川総裁は二〇一三年三月一九日、任期満了前に辞任し、翌二〇日に黒田東彦（はるひこ）総裁（大蔵省出身）が就任した。四月三日〜四日に、日銀政策委員会の金融政策決定会合が開催され、左記の方針が決定された。

①「量的・質的金融緩和」（ＱＱＥ）を導入する。
②消費者物価の前年比上昇率二％の「物価安定の目標」を二年程度で実現する。
③マネタリーベース並びに長期国債・ＥＴＦの保有額を二年間で二倍にする。
④金融市場調節の操作目標を、無担保コールレートからマネタリーベースに変更し、マネタリーベース残高を年間約六〇〜七〇兆円のペースで増加するよう金融市場調節を行う。
⑤イールドカーブ（利回り曲線）全体の低下を促すため、長期国債の保有が年間約五〇兆円に相当するペースで増加し、平均残存期間が七年程度になるよう買い入れる。

⑥　資産価格に働きかける観点から、ＥＴＦおよびＪ－ＲＥＩＴの保有高がそれぞれ年間約一兆円、年間約三〇〇億円のペースで増加するよう買い入れる。

⑦　「資産買入等の基金」を廃止すると共に「銀行券ルール」を一時停止する。

この会合終了後の記者会見で、黒田総裁は、従来の金融政策とは量的・質的に次元を異にし、従来のように「戦力の逐次投入をせずに、現時点で必要な政策を全て講じ」、「二年程度で物価安定目標を達成できる」であろうと述べ、自信を見せた。

黒田総裁のＱＱＥの特徴は、二％の物価上昇目標を二年程度で実現するために、金融市場調節の重点を、無担保コールレートの操作から、マネタリーベース残高の操作に変更し、長期国債を中心にＥＴＦ・Ｊ－ＲＥＩＴを破格の規模で購入するというものであった。具体的には、マネタリーベースを年に約六〇～七〇兆円増加させるべく、長期国債やＥＴＦなどを大量に購入し、マネタリーベース、長期国債及びＥＴＦを二年間で倍増させるものとされた。また、そのため、白川総裁時に導入された「資産買入等の基金」を廃止して長期国債等の資産購入を日銀の通常業務に組み込むと共に、「銀行券ルール」を廃止して長期国債を無制限に購入できる体制に変更した。

黒田総裁就任から約一年が経過した一四年三月になると、市場指標はかなり改善した。同月の消費者物価（生鮮食品除く）が前年三月のマイナス〇・五％から一・三％に上昇し、一三年三月二一日と一四年三月一一日の比較で、株価が一万二千円台から一万五千円台に上昇し、円相場が九五円台から一〇三円台へと是正された。そのため、三月一一日の記者会見で、黒田総裁は、物価上昇シナリオが「順調」であることをアピールした。

しかし、一四年四月一日に消費税の三%引上げが行われると、消費が低迷した。消費税の引上げの影響を控除した消費者物価（前年同月比）は一五年三月に〇・一%に落ち込んだ。黒田総裁は、二年で二%の消費者物価の上昇を実現できると言明していたが、二%の目標には程遠い結果となった。それでも、同総裁は、四月三〇日の記者会見で、二%の物価目標の達成時期が後ずれしていることは認めたものの、QQEは効果を発揮しているので、これを継続して二年程度で実現するというコミットメントを変更するつもりはないと強気の姿勢を崩さなかった。前後するが、一四年一〇月三一日、日銀政策委員会は、物価上昇が鈍化傾向を示す中で、マネタリーベースを年間八〇兆円（一〇兆～二〇兆円追加）のペースで増加するように金融市場を調節し、長期国債の年間残高を八〇兆円（三〇兆円追加）増加するよう購入し、ETFおよびJ-REITについて、保有残高がそれぞれ年間約三兆円（三倍増）、年間約九〇〇億円（三倍増）増加するよう買い入れ、新たにJPX日経400に連動するETFを購入対象に加えるなどの追加策を決定した。この決定が発表されると、午後の株価が急騰し、終値が七五五円高となった。このように、黒田総裁においてはサプライズ効果を狙う手法が目立った。

黒田総裁は、就任から二年の期間で、長期国債の日銀保有を二倍以上に拡大し、ETFは三倍に拡大し

表1-2　２年間の異次元金融緩和の実績

（単位：兆円，倍）

	2013年３月末（a）	2015年３月末（b）	（b）/（a）
長期国債	91.3	220.1	2.4
ETF	1.5	4.5	3.0
J-REIT	0.12	0.21	1.8
マネタリーベース	146	295.9	2.0
消費者物価	-0.5	0.1	

（注）消費者物価は消費税調整済みの生鮮食品除く総合、2020年基準。
（出所）日本銀行「2014年度の金融市場調節」及び22年度版、総務省「消費者物価指数」。

た。また、マネタリーベースも一四六兆円から約二九六兆円へと倍増させた。しかし、消費者物価（生鮮食品除く）は、やや上昇したものの、目標の二％には程遠い〇・一％にとどまった（**表1-2**）。かくして、二年程度で消費者物価を二％上昇させるという黒田総裁の目標は実現されなかった。

安倍政権が消費税の引上げを目指していたとき、黒田総裁は消費税の引上げが経済に及ぼす影響について楽観視していた。一三年八月八日の記者会見では、脱デフレと消費税増税は両立すると語った。しかし、消費税導入後には、消費者物価は次第に低下し、一五年夏から秋にかけてはマイナス圏に落ち込んでデフレ色が濃厚となり、二％の物価上昇目標の達成は後ずれが必至の状況となった。そのため、日銀は、一五年一二月に、翌一六年からイールドカーブ全体の金利低下を促すものとして、日銀保有の長期国債の平均残存期間を七～一二年に拡大することを決めた。この措置は、日銀が一〇年超の超長期国債を購入せざるをえない状況に追い込まれたことを示している。日銀はこのようにして大量の資産買入れを実施したにもかかわらず、黒田総裁が約束した二％の「安定した物価目標」の達成時期はまるで見通せなかった。

マイナス金利付き量的・質的金融緩和

欧州債務危機の中で二〇一二年七月にデンマークがマイナス金利政策を採用し、一四年六月には欧州中央銀行も政策金利を過去最低の〇・一五％に引き下げると共に、マイナス金利政策を導入した。すなわち、民間銀行がＥＣＢに預ける余剰資金に対する金利をマイナスにするという斬新な施策を実施した。その結果、欧州債（短期物）の金利がマイナスとなり、やがて日本の短期金融市場にも影響が及んできた。七月一〇日に新発三カ月物の短期国債の利回りが業者間取引で一時マイナス〇・〇〇二％となり、日本で初めてマイナス金利が発生する事態となった（『日本経済新聞』二〇一四年七月一一日付）。その後、一五年一〇月下旬に一年物国債がマイナスとなり、一一月中旬に二年物、一一月下旬に三年物がマイナス、一二月には一〜三年物国債の利回りがすべてマイナスとなった（財務省「国債金利情報」）。このような状況から、市場では、日銀もマイナス金利政策を実施するのではないかという観測が広がった。しかし、一六年一月二一日の参議院決算委員会で、黒田総裁はマイナス金利政策の導入について「現時点で具体的に考えていない」と述べた。ところが、一週間ばかり後の一月二九日の金融政策決定会合で、一転して「マイナス金利付き量的・質的金融緩和」と呼ばれるマイナス金利政策の導入を決定し、市場を驚かせた。報道によれば、めずらしく五対四の薄氷の可決であった[18]。ＥＣＢの採用から約一年半遅れての導入である。

日本のマイナス金利政策は、各金融機関が日銀に預けている日銀当座預金残高を三階層に分類し、その一つにマイナス金利を課すものであるが、その仕組みは複雑である。図1-1に示されるように、第一の階層は「基礎残高」と呼ばれ、各金融機関の日銀当座預金残高のうち二〇一五年一月〜一二月積み期間の平均残高のうち所要準備額を超える部分であり、プラス〇・一%の金利が付与される。第二の階層は「マクロ加算残高」と呼ばれ、本来の所要準備額（さらに貸出支援基金・被災地金融機関支援による支援措置がある場合はこの残高を加算）であるが、この階層は日銀当座預金残高が増加することを考慮して、適宜「マクロ加算額」（「基礎残高」に掛目を掛けて算出する金額）が加算され、金利はゼロ%である。第三の階層は「政策金利残高」と呼ばれ、各金融機関の日銀当座預金のうち「基礎残高+マクロ加算残高」を超える部分であり、この部分にマイナス〇・一%の金利を課すものである。なお、各金融機関の日銀当座預金の全額ではなくて、「政策金利残高」だけにマイナス〇・一%を適用するのは、「金融取引の価格（金利・株価・為替相場など）は、ある新しい取引を行うことに伴う限界的な損益によって決まる」ので、効果が見込めるとした。資産の買入れでは、年間、国債が八〇兆円、ETFおよびJ-REITがそれぞれ約三兆円、約九〇〇億円のペースで増加するよう買い入れることにした。

このマイナス金利付きQQEが実施された結果、長短金利がマイナスとなった。月末終値ベースで長期金利が二月からマイナスとなり、短期金利（月次平均）も三月からマイナスとなった（図1-2）。しかし、九月から日銀が長短金利操作を実施したために、長期金利は一一月末時点ではプラス圏に回復し、その後は、

図1-1　マイナス金利政策の構造

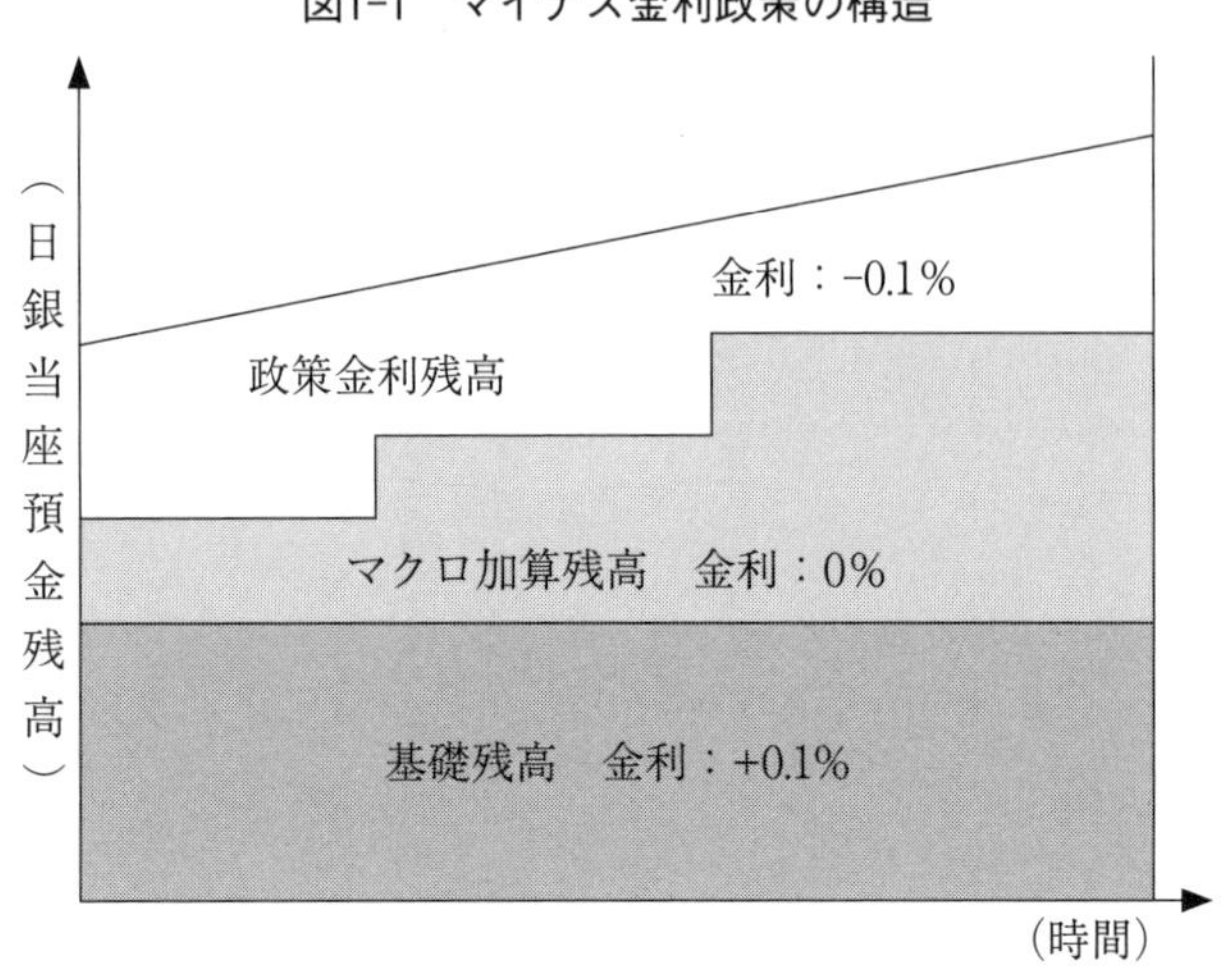

（出所）日本銀行「本日の決定ポイント」2016年１月29日を参考に作成。

図1-2　長短金利の変動（15年９月-16年12月）

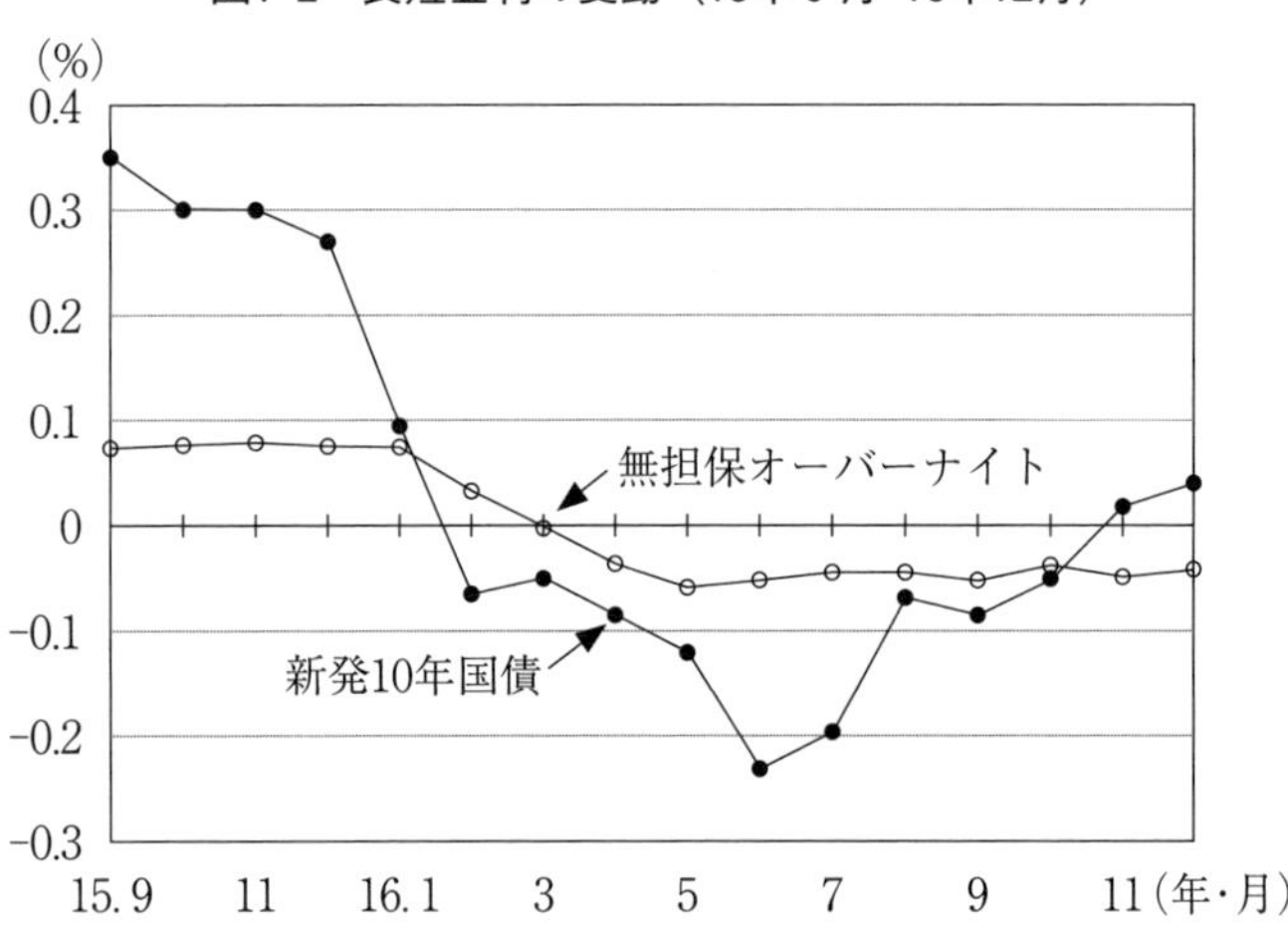

（注）新発10年国債の利回りは月末終値、無担保オーバーナイト金利は月平均。
（出所）日本銀行「マーケット関連」、日本相互証券株式会社提供のデータ（新発10年国債利回り）より作成。

短期金利がマイナス、長期金利がゼロ％近傍のプラス圏で推移するようになった。しかし、このような長短金利の低下にもかかわらず、消費者物価は相変わらずマイナス傾向が続き、二％の物価目標の達成は後ずれするばかりであった。

長短金利操作付き量的・質的金融緩和ほか

一六年九月、日銀はさらなる措置として、原油価格の下落、消費税率引上げ後の需要の弱さ、新興国経済の減速等のために物価上昇率が低下したので、「量的・質的金融緩和」及び「マイナス金利付き量的・質的金融緩和」の政策枠組みを強化するため、「長短金利操作付き量的・質的金融緩和」を導入することを決定した。この施策の要点は、第一に、長短金利の操作を行う「イールドカーブ・コントロール」（ＹＣＣ）、第二に、消費者物価上昇率の実績値が安定的に二％の「物価安定の目標」を超える（オーバーシュートする）まで、マネタリーベースの拡大を継続する「オーバーシュート型コミットメント」であった。具体的には、「政策金利残高」の金利マイナス〇・一％を維持して短期政策金利をマイナス〇・一％に誘導すると共に、一〇年物国債金利がゼロ％程度で推移するよう長期国債の買入れ（現状維持）を行うことを決定した[19]。ＥＴＦについては、年間約六兆円増加するように拡大した。しかし、短期国債はすでにマイナス〇・一％、一〇年物国債金利がゼロ％台で推移しており、ＹＣＣやオーバーシュート型コミットメントが事態を大きく変えるものとはならなかった。

黒田総裁の施策にもかかわらず、二％の物価目標の達成時期は後ずれする一方であり、一七年七月の決定会合では「二〇一九年度ごろ」と六回目の先送りを行った。しかし、ついに一八年四月の金融政策決定会合から、二％物価目標の達成時期の明示を中止した。記者会見でこの変更に関する質問が出たが、黒田総裁の回答は歯切れの悪いものであった。同年七月末には、欧米で行われていた「フォワードガイダンス」（事前に方針を示して効果の浸透を狙う）を導入した。この措置も、市場とのコミュニケーションを円滑化する上では有益であるが、金融市場の状況を根本的に変えるものではないので、物価水準も大きく改善しなかった。

二〇二〇年には、新型コロナ感染症が世界的に流行し、三月一一日にはWHOが新型コロナ感染症パンデミックを認める事態となった。四月七日、日本政府は、東京・大阪など七都府県に「緊急事態宣言」を発出し、同月一六日には全国に拡大された。学校が休校となり、大型施設の利用が制限され、飲食店に対して営業時間の短縮が要請された。また、二一年一月八日には、第二回目の緊急事態宣言が出され、景況悪化が続いた。政府は「持続化給付金制度」（二〇年五月〜二一年二月）を設け、農漁業、製造、小売、飲食等の幅広い業種の法人・個人に対して、合計約五・五兆円を給付した（経済産業省による）。また、二〇年四月には政府が十二兆円超の補正予算を充当して、日本国内に居住する世帯に一人一〇万円を一律に支給することを決定した。コロナ禍において金融が逼迫し、長期国債（一〇年物）の金利が二二年二月中旬には〇・二％前後で推移するようになった。

このような状況に直面して、二一年三月一九日、黒田総裁は、イールドカーブ・コントロールについて、長期金利の変動幅をプラス・マイナス〇・二五％程度とし、同時に、必要な場合には強力に金利の上限を画すため、「連続指値オペ制度」を導入した。このような状況について、日銀が「ステルス・テーパリング」(隠れた出口戦略)を開始したという声も聞かれた。

右の金融政策決定会合では、このような措置のほかに、日銀は、ＥＴＦおよびＪ－ＲＥＩＴについて、新型コロナウイルス感染症の影響への対応のための臨時措置として、それぞれ約一二兆円、約一八〇〇億円の年間増加ペース(上限)を感染症収束後も継続することとし、必要に応じて買入れを行うことを決定した。また、新型コロナによる金融仲介機能への影響を考慮して、機動的に長短金利の引下げを行うため、短期政策金利に連動する「貸出促進付利制度」[20]を創設した。しかし、長期国債の金利上昇トレンドは変わらず、二二年九月末には〇・三％に近づいた。

二二年一二月二〇日、日銀は、金融緩和を維持しつつ、市場機能の改善を図り、イールドカーブ全体が円滑に形成されるように、長短金利操作の運用を一部見直した。各年限間の国債金利の相対関係や現物と先物の裁定などの面で、市場機能が低下しているが、国債金利は社債や貸出等の金利の基準となるものであり、こうした状態が続けば、企業の起債など金融環境に悪影響が及ぶ。そこで、「物価安定の目標」の実現を目指して、長期金利の変動幅を、従来の「プラス・マイナス〇・二五％程度」から「プラス・マイナス〇・五％程度」に拡大した。そのために、一〇年物国債金利について〇・五％の利回りでの指値オペ

表1-3　黒田総裁の主な市場調節

導入年月	調節手段	概　要
2013.4	量的・質的金融緩和（QQE）	２％の物価目標を２年間で達成。操作目標マネタリーベース残を２年間で２倍。長期国債残が年50兆円、ETF1兆円増えるよう購入等。
2014.10	QQEの拡大	マネタリーベース残高を年80兆円増加。長期国債残が年80兆、ETF３兆円増えるよう購入等。
2016.1	マイナス金利付QQE	日銀当預を３分割、「政策金利残高」に-0.1％金利
2016.9	長短金利操作等	YCC等の購入
2020.3	長期金利の変動幅拡大	変動幅を±0.25％に拡大
2022.12	長期金利の変動幅拡大	変動幅を±0.5％に拡大

（出所）筆者作成。

を実施し、長期国債の買入れを従来の月間七・三兆円から九兆円程度に増額する措置を講じた（**表1-3**）。しかし、黒田総裁の金融緩和策の強化にもかかわらず、市場では、長期国債の金利上昇トレンドは続き、一〇年物国債の金利は一％を超え、一～三年物国債の金利もゼロ％近傍に浮上してきた。黒田総裁は残任期間が僅かとなる中で、打つ手を次第に失っていった。

二〇二二年二月、ロシアがウクライナへの軍事侵攻を開始し、ウクライナ戦争が勃発した。アメリカを中心とする西側がロシアに対する経済制裁を強化し、原油価格が急騰した。さらに、ロシアが黒海の船舶輸送を妨害したために、ウクライナ産の農産物の輸出が激減し、小麦価格や食料油等の国際価格が上昇し、各国でインフレが高進した。また、各国で新型コロナ対策が進み、新型コロナウイルスが弱毒化したため、各国の規制が緩和され、需要が回復に向かい、欧米でインフレがさらに加速した。日本でも、原油や小麦粉等が高騰し、輸送価格の上昇や多くの食品の値上げが始まった。物価が上昇する中で、大企業を中心に賃金の引上げも進められた。このような状況下で、二二年の消費者物価は前年比で二・三％に上昇した。黒田総裁の金融政策の評価については次章で検討する。

三　物価至上主義と新日銀法の欠陥

以上見てきたように、日本銀行は「物価の安定」について、微妙に変更しながらも、独特の考え方を持っている。ここでは、この点について検討する。日銀は、二〇〇〇年一〇月付文書「『物価の安定』についての考え方」においては、「『物価の安定』は、国民生活の安定にとって重要であると同時に、経済の持続的な発展を確保するための不可欠の前提条件である。日本銀行の金融政策の理念も、日本銀行法により、『物価の安定を図ることを通じて国民経済の健全な発展に資すること』と定められている[21]」と述べて、金融政策の理念は「物価の安定」を図ることであると強調している。また、日銀のこの文書は、「『物価の安定』とは、国民からみて、『インフレでもデフレでもない状態』である[22]」が、「経済の発展と整合的な『物価の安定』の定義を特定の数値で示すことは困難である」ので、「『物価の安定』の定義を数値で表すことは適当でない[23]」と記している。この文書の序文末尾には、速水総裁の氏名が記されている。速水総裁は物価目標を数値化することは適切ではないと判断しており、二〇〇〇年一〇月時点においても、インフレ・ターゲティング政策に反対であったことは明らかである。

右の文書は、三つの重要問題を含んでいる。第一は、日銀法第二条により、日銀の金融政策の目標は「物価の安定」が第一であるとしている点である。しかし、金融政策の本来の目的は「国民経済の健全な発展」であり、「物価の安定」そのものではない。金融政策が目指すべき最も重要な事項は「国民経済の健全な発展に資すること」である。「物価の安定」は「国民経済の健全な発展」の十分条件ではなく、必要条件の一つにすぎない。木内登英（たかひで）元審議委員は、「『国民経済の健全な発展に資すること』が最終目標であり、『物価の安定を図ること』はその中間目標と位置付けるのが妥当である」と指摘している[(24)]。実は、右の日銀文書の中にも、「金融政策は、第一義的には『物価の安定』を目指して運営されるべきものとされているが、これは『物価の安定』が国民生活の安定にとって重要であると同時に、経済の持続的発展に貢献するからであり、その意味で、究極的な目標は国民経済の健全かつ持続的な発展である」と述べている。ところが、建前として、日銀は「金融政策は、第一義的には『物価の安定』を目指して運営されるべきもの」であるとして、「物価の安定」を絶対視して金融政策を運営している。バブル期には、物価が比較的安定していたので、資産価格が暴騰し景気が過熱していたが、金融緩和を長期間にわたって放置し、悲惨な結果を招いた。

第二は、第一点と関連するが、日銀の金融政策の理念は、アメリカのＦＲＢなどと異なり、経済成長や雇用等の項目を除外して、「物価の安定」のみに限定していることである。ただし、これは速水総裁に責任があるわけではなく、改正日本銀行法そのものに問題がある。(25) しかしながら、日銀は実際に「物価の安定」だけに限定して金融政策を運用しているかというと、そうではなくて、景気や外為相場等の状況も考慮して、金融政策の運用を行っている。それは、金融政策決定会合議事録の議論からも窺い知れる。すなわち、日銀及び政策委員会は、多くの場合、物価だけでなく、景気、雇用情勢、為替等を考慮して金融政策を決定しており、日銀法の定めと現実の金融政策の運用との間に大きな乖離がある。この点でも、新日銀法第二条は、バブル期の教訓を生かしていない。浜田宏一は、「金融政策の目標は政府が決め、日銀総裁は国会の場で説明責任を負うべきだろう。法改正では日銀の目標に雇用の適正化や経済成長もいれるべきだ(26)」と指摘している（『日本経済新聞』二〇一三年一月一七日付）。金融政策の具体的な目標は政府と十分に意思疎通を図って日銀が決めるのが適切と思われるが、金融政策の理念には、少なくとも、雇用や経済成長の安定という事項を含めるべきである。

この問題に関しては、日銀は物価以外には責任が持てないという根強い観念論がある。しかし、すでに明らかのように、日銀は、一〇年以上頑張っても、二%の物価目標の実現に責任を果たせなかった。最近では、二%の物価目標の実現には、産業界における賃金の持続的上昇が必要だと主張し始めている。物価も、経済成長や雇用と同様に、日銀だけで制御できるものではない。物価、経済成長、雇用等は、各経済主体の活動、産業政策、外為相場等に大いに関連している。しかも、物価、経済成長、雇用等は相互に依存関係にある。それ故に、物価、経済成長、雇用等の健全な発展のためには、日本銀行は日本政府と共に、協力していく必要があり、金融政策の理念の中に、物価、経済成長、雇用等を含めることが肝要なのである。日銀が「物価安定」の無理な一本足打法を続ける限り、今後も必ずや日本国民は苦しめられる場面が出てくるであろう。

第三に、右の文書は、「物価の安定」をインフレでもデフレでもない状態と述べ、不況下ではやや物価上昇があってもよいとも説明し、「物価の安定」とは物価上昇率が実質的にゼロ％に近い状態（ゼロ％近傍）を想定している。このことをより明確にしたのが二〇〇六年三月一〇日付『物価の安定』の考え方」である。この文書によれば、「物価の安定」を現実の物価指数の数値で表現する場合、概念的には、物価指数に測定誤差（バイアス）がないとすれば、「変化率がゼロ％の状態である」[27]として、「物価の安定」は物価上昇率がゼロ％の状態であると明記している。このように、福井総裁のもとでの日本銀行は、速水総裁時よりも厳格に「物価の安定」の水準を物価上昇率ゼロ％としており、物価目標政策などは論外であった。既述のように、白川総裁は、長らく物価安定水準を従来のゼロ％近傍と想定していたが、FRBや安倍政権誕生の影響を受けて、任期末期には、一年程の間隔で一％、二％へと変更した。

日本政府は、安倍政権頃から、賃金の引上げが物価上昇に繋がるという考え方が強くなり、特に岸田文雄政権はこのことを強調している。また、黒田元総裁も、任期半ばから賃金の上昇を伴った二％の物価上昇ということを主張し始めた。もしも日銀が消費者物価をゼロ％近傍に維持し続けたとすれば、賃金の引上げが続けられた場合には、日本の資本主義経済は崩壊するであろう。なぜならば、売上高と労働生産性が一定である場合、消費者物価が上昇しなければ、賃金が上昇し続けると、企業の利益は早晩消滅して、全ての企業が倒産してしまうからである。多くの企業は常に販売高と労働生産性を上げ続けることはできないので、賃金の持続的上昇のためには、消費者物価もある程度の上昇が必要なのである。

(1) 日本銀行「政策委員会・金融政策決定会合議事要旨」(二〇〇〇年一月一七日開催)八二頁、日本銀行のホームページ参照。
(2) 藤井良広『縛られた金融政策』日本経済新聞社、二〇〇四年、一五〇〜一五一頁。
(3) 竹中平蔵『構造改革の真実 竹中平蔵大臣日誌』日本経済新聞出版社、二〇〇六年、九〇頁。
(4) 日本銀行「政策委員会・金融政策決定会合議事録」(二〇〇一年八月一三日・一四日開催)一一〇頁。
(5) 伊藤隆敏『インフレ・ターゲティング』日本経済新聞社、二〇〇一年。「日本の金融システム再建のための緊急提言」が添付されている。
(6) 速水優「持続的な成長軌道への復帰に向けて」日本銀行「二〇〇三年二月二五日・経済倶楽部における速水総裁講演要旨」参照。
(7) 黒田晁生『日本の金融政策(一九七〇〜二〇〇八年)』日本評論社、二〇一九年、二一七頁。
(8) 藤井、前掲『縛られた金融政策』二八三頁。
(9) CDSはデリバティブの一種で、CDSの購入者は対象となる企業が破綻した場合に元金及び金利に相当する金額の支払いを受け取り、CDSの販売者はその購入者から保険料を受け取る仕組みの証券化商品である（但し、相対取引）。

(10)『日本経済新聞』二〇〇八年九月一八日付及び一〇月五日付各紙面を参照。

(11) 日本銀行「政策委員会・金融政策決定会合議事録」（二〇一二年二月一三日・一四日開催）一一四頁。

(12) 同右議事録、一二六頁。ちなみに、西尾実・岩淵悦太郎・水谷静夫編『岩波 国語辞典』第七版、岩波書店、二〇〇九年によれば、「めど」の漢字は「目処」であり、「もくと」の漢字である「目途」を書くのは当て字とされている。

(13) 同右議事録、一一五頁。

(14) 白川方明「政府・日銀『共同声明』10年後の総括」『週刊東洋経済』二〇二三年一月二一日号、九三～九四頁参照。

(15) 同右論文、九九頁。

(16) 同右。

(17) Shirakawa, Masaaki, "Time for Change," *FINACE & DEVELOPMENT*, IMF, March 2023, P.19.（https://www.imf.org/en/Publications/fandd/issues/2023/03/POV）

(18)『日本経済新聞』二〇一六年一月三〇日付。なお、この議案に対する賛成者は黒田総裁、岩田規久男副総裁、中曽宏副総裁、原田泰、布野幸利審議委員、反対者は白井さゆり、石田浩二、佐藤健裕、木内登英審議委員であった（同紙、二〇一六年二月九日付）。

(19) 日本銀行「金融緩和強化のための新しい枠組み：「長短金利操作付き量的・質的金融緩和」二〇一六年九月二一日、一～二頁、二〇一六年九月二三日付「日本銀行総裁記者会見要旨」（二〇一六年九月二一日の黒田総裁会見）、一～三頁参照。

(20) この制度は、①カテゴリーⅠは適用金利を〇・二%、対象を新型コロナ対応特別オペ(プロパー分)、②カテゴリーⅡは適用金利を〇・一%、対象を新型コロナ対応特別オペ(プロパー分以外)、③カテゴリーⅢは適用金利をゼロとして、対象を貸出支援基金および被災地オペとするものである。
(21) 日本銀行『日本銀行経済月報』二〇〇〇年一一月号、六一頁。
(22) 同右、六六頁。
(23) 同右、六二頁。
(24) 木内登英『金融政策の全論点』東洋経済新報社、二〇一八年、三九五頁。
(25) 一九九六年一一月一二日、日本銀行法の改正に関連して、中央銀行研究会(座長:鳥居泰彦)「中央銀行制度の改革」が橋本龍太郎首相に提出された(日本銀行『日本銀行月報』一九九六年一二月号所収)。
(26) 『日本経済新聞』二〇一三年一月一七日付。
(27) 日本銀行『日本銀行調査季報』二〇〇六年四月号、一二一頁。

第二章　黒田緩和の功罪

一　長期の平成デフレ

平成デフレの発生時期

黒田総裁の金融政策の評価の前に、平成デフレについて検討する。株価のバブルの崩壊は一九九〇年から始まり、地価のバブルの崩壊は全国的にはその翌年の九一年から始まった。九一年後半にはわが国経済は景気後退に入った（『経済白書』一九九二年版）。しかし、消費者物価はしばらく上昇を維持し、すぐには下落しなかった。平成デフレが始まった時期については、概ね二つの見解に分かれる。

第一の見解は、消費者物価指数（ＣＰＩ）の値そのものが持続的にマイナスになる時点をデフレの開始時期とするものである。たとえば、吉川洋『デフレーション』では、一九九九年にＣＰＩがマイナスに転じてデフレになったとしている[1]。この見解は比較的多い。しかし、二〇〇六年〜〇八年にＣＰＩがマイナス圏を脱しているので、この見解では、平成デフレは二〇〇五年をもって一旦終息したということになるであろう。

黒田総裁の場合、「一九九八年から二〇一三年まで一五年続いたデフレ」（二〇一八年六月一五日の記者会見等）と述べており、この度のデフレは九八年から始まったとの見解に立っている。そのため、CPIがプラスの値であった一九九八年、〇六〜〇八年、及び一三年もデフレであるとみなしている。他方で、一四年一〇月三一日の金融政策決定会合後の会見では、同会合でQQEの拡大を決定した理由として、「今回の措置はデフレ脱却に向けた日本銀行の揺るぎない決意を改めて表明するもの」と説明しており、同決定会合では、一四年秋もデフレが継続していると認識していた。ところが、一四年には消費税が三％引き上げられて、CPI（生鮮食品除く総合）が二・六％の上昇となっており、黒田総裁は一八年には見解を翻した模様である。全体として、黒田総裁のデフレの判断基準は不明瞭である。

第二の見解は、CPIの数値を絶対視せずに、CPIが影響を受ける諸要因を考慮して、実質的なCPIを推測して、デフレを判断するものである。具体的には、CPIのほかに企業物価（旧卸売物価）やGDPデフレーター等を参考にするものである。本書の見解は、この第二の見解に属する。以下、やや詳しく説明したい。CPIは、消費税が引き上げられると、その他の要因に変化が無くても自動的に上昇する特性がある。また、原油等のエネルギー資源の大部分を輸入に頼る日本では、原油の国際価格が一時的に高騰すると一時的に消費者物価が上昇する。また、持ち家の帰属家賃（持ち家居住者も借家家賃と同額だけ家賃を自分に支払うとみなすもの）がCPIに取り入れられているので、不況によって消費財価格が下落しても、帰属家賃は下がりにくい傾向があるため、ＣＰＩを実際よりも嵩上げしている。このように、ＣＰＩ（総合）は必ずしも国内の消費財（サービス含む）価格の変動を正確に表すとは言えない。また、企業物価は国内景気をより敏感に反映する特性がある。

そこで、本書では、国内消費者物価の変化をできるだけ正確に把握するために、消費税引上げや原油価格の一時的上昇等を考慮して国内消費者物価の動向を見ると共に、企業物価や持ち家の帰属家賃を除いたＣＰＩのほか、国内物価の動向をよりよく反映しているＧＤＰデフレーターを考慮して、デフレの時期を判断している。**図2-1**のように、一九九五年に消費者物価（「消費税調整済指数」総合）がマイナス〇・一％（二〇二〇年基準ＣＰＩ総合も同じ値）と僅かに下落したが、九六年にやや上昇し、九七年には〇・七％、九八年に〇・二％上昇している。しかし、九七年には消費税が二％引き上げられており、一年前後はＣＰＩが上振れした可能性が高い（なお、総務省「消費税調整済指数」には過大または過少調整の可能性がある旨の注記があり、完全に調整できていない可能性がある）。また、持ち家の帰属家賃（二〇〇〇年基準）は一九九〇年代後半には年率二％前後で上昇を続けており、ＣＰＩを嵩上げしている。また、ＧＤＰデフレーターは、九五年及び九六年がマイナス圏に沈み、消費税の影響のある九七年と九八年を除けばマイナスが続いた。さらに、景気の動向に敏感な企業物価を見ると、バブル崩壊に伴う不況を反映して、九二年からマイナス一％前後の下落が続いている。特に、「大企業性製品」などの財貨（製品）がより大きく下落した。このように、九六年及び九七年には実質的には国内の消費者物価はほとんど上昇していないものと推定さ

図2-1　国内物価の推移（1995-2022年）

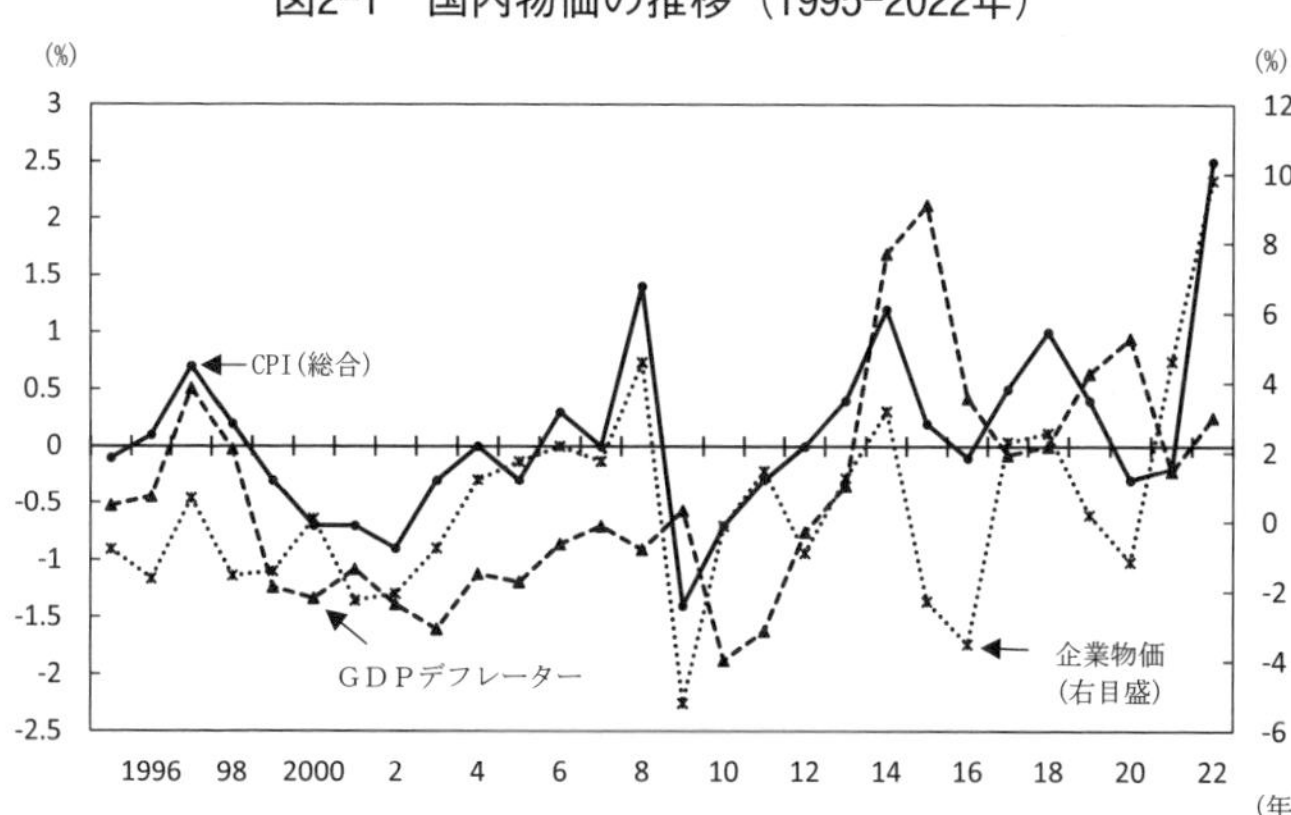

（注）CPIは2020年まで「消費税調整済指数」、2021～22年は2020年基準の指数。
（出所）総務省「消費者物価指数」及び「消費税調整済指数」、IMF, International Financial Statistics、日本銀行「企業物価指数」より作成。

れる。

大型バブルの崩壊によって株価や地価が暴落して不況となり、就職氷河期に至ったが、九〇年代前半にはCPIの値が低下しなかった。この大きな原因は、「大企業性製品」などが九四年から一％を超える下落となったが、医療費や教育費などが上昇して、CPIの下落を相殺したからである。また、八六年には原油価格が一時的に上昇した。すなわち、消費者物価（総合）はサービス料金のほか、原油価格の一時的上昇の影響を受けて下落が遅れた。

なお、GDPデフレーターについて補足しておくと、CPIよりもGDPデフレーターは国内物価の動向をよりよく反映しているとはいえ、輸入物価の国内物価への転嫁の状況も反映されているので、国内消費者物価の動向を純粋に示すものではない。それ故、消費税引上げや原油価格の一時的上昇等を考慮し、GDPデフレーターの動きを考慮すれば、九七年及び九八年の国内消費者物価は、僅かではあるがマイナス圏にあったと推測される。

以上の理由により、本書では、日本経済は一九九五年から実質的に消費者物価がマイナス圏に沈み込み、デフレに陥ったと判断している。すなわち、日本経済は、一九九〇年代後半から長期のデフレに陥ったと見られる。このような考え方は、内閣府『経済財政白書』（二〇〇一年度版）でも採用されており、「一国の経済活動全般の物価水準を示すGDPデフレーターでみた場合は、九〇年代半ば以降緩やかなデフレの状態」にあると記している。[2] さらに、二〇〇三年度版『経済財政白書』では、より明確に「日本経済は、一九九〇年代半ばよりデフレの下にある」と明記している。[3] 本書は、平成デフレの開始時期については、『経済財政白書』のこれらの記述とほぼ同様の見解に立っている（但し、同白書は、年度により執筆者が異なるためか、一九九〇年代末にデフレになったとする記述もある）。

平成デフレの発生原因

歴史的に見ると、大型バブルが崩壊した後には必ずデフレが発生している。イギリスの南海バブルやアメリカの一九二〇代後半のバブルがそうであった。大型バブルが崩壊すると急激に株価が暴落し、経済が収縮して、物価の下落が続くからである。一九八〇年代後半の日本のバブルはこれらの歴史的バブルに並ぶものであり、その崩壊の衝撃は実に凄まじいものであった。

株価が暴落を開始して一年、地価も下落し始めた一九九一年には、企業倒産（負債総額一〇〇〇万円以上）が急増し、不況の目安とされる一万件を突破した。ナナトミ（不動産業、負債総額二八六三億円）、マルコー（リースマンション分譲業、同二七七億円）、ジージーエス（ゴルフ会員権販売業、同二六〇〇億円）、静信リース（ファイナンス・リース業、同二五六二億円）など、バブルに踊った企業が次々に倒産し始めた。九二年には、さらに不況色が強まり、「複合不況」という言葉が流行した。九三年には、村本建設（建設業、五三〇〇億円）等の大型倒産のほか、金融機関の東京協和信組及び安全信組が経営破綻した。九四年には、日本モーゲージ（不動産・金融業等、同五一八四億円）、九五年には、兵庫ファクター、實業ファイナンス、兵庫リース、兵庫ファイナンス（いずれも金融業、二〇〇〇億円以上の負債）等の大型倒産が生じたほか、兵庫銀行が倒産して、戦後初めて普通銀行が倒産する事態となった。同年には、コスモ信組、木津信組等も破綻し、一部の店舗では取付騒ぎが発生した。

不況が深刻化する中で、大型倒産（負債総額一〇〇〇万円以上）が一九九五～二〇〇三年まで、毎年一万五〇〇〇件を超えた（東京商工リサーチ『全国企業倒産白書』）。また、完全失業者も一九九五～二〇一六年まで毎年二〇〇万人を超える状況が続いた（総務省『労働力調査年報』）。労働市場では、有効求人倍率が九一年に一・二八倍であったものが、九五年〇・五六倍へと激減した（図2-2）。労働需給が労働者側に不利となって賃金上昇率が低下していった。国税庁の調査によれば、民間の平均給与の上昇率は九一年には五％であったが、九三年にはマイナス〇・六％の下落に転じ、九四～九六年にはゼロ％台となった（同右図）。このような雇用環境の悪化と民間給与の下落・低迷を反映して、家計の消費支出が減少した。家計

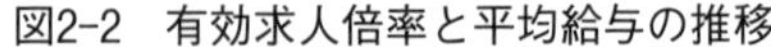

図2-2　有効求人倍率と平均給与の推移

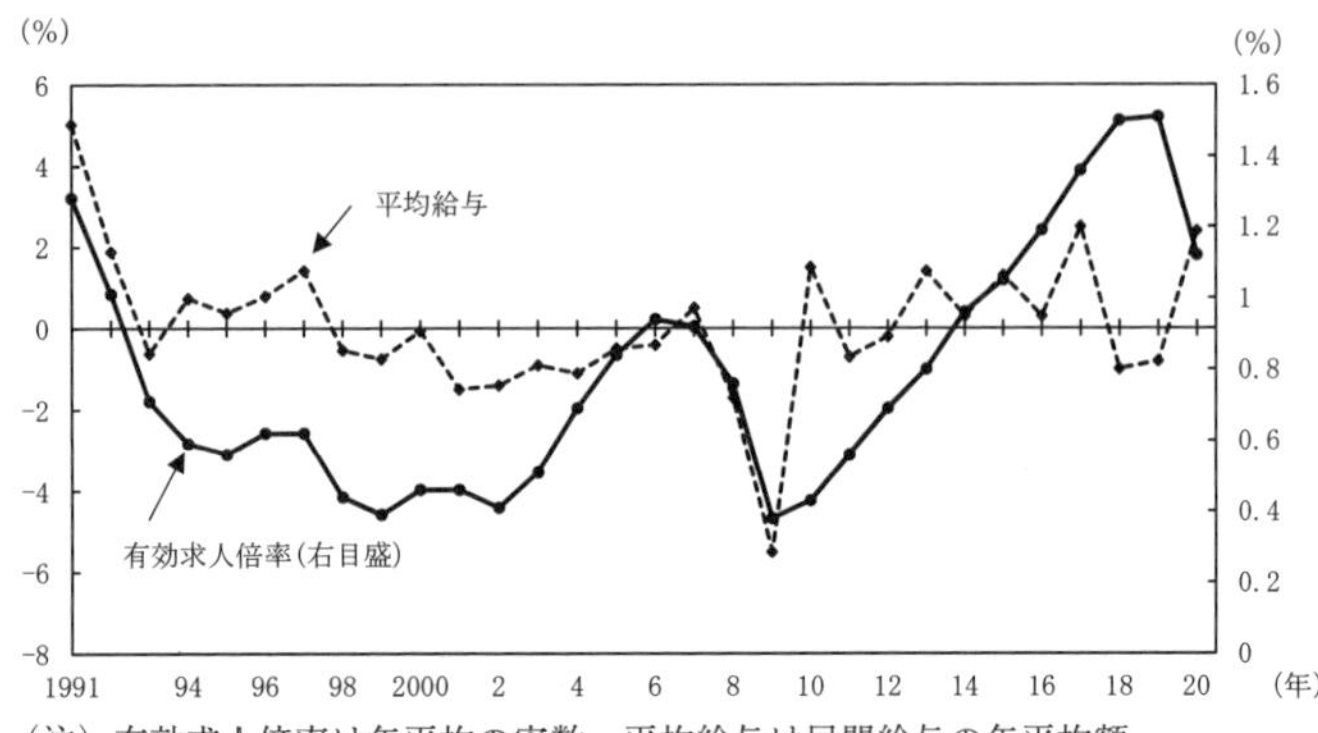

（注）有効求人倍率は年平均の実数。平均給与は民間給与の年平均額。
（出所）厚生労働省「一般職業紹介状況」、国税庁「民間給与実態統計調査」より作成。

図2-3　家計消費支出の推移（1993-99年）

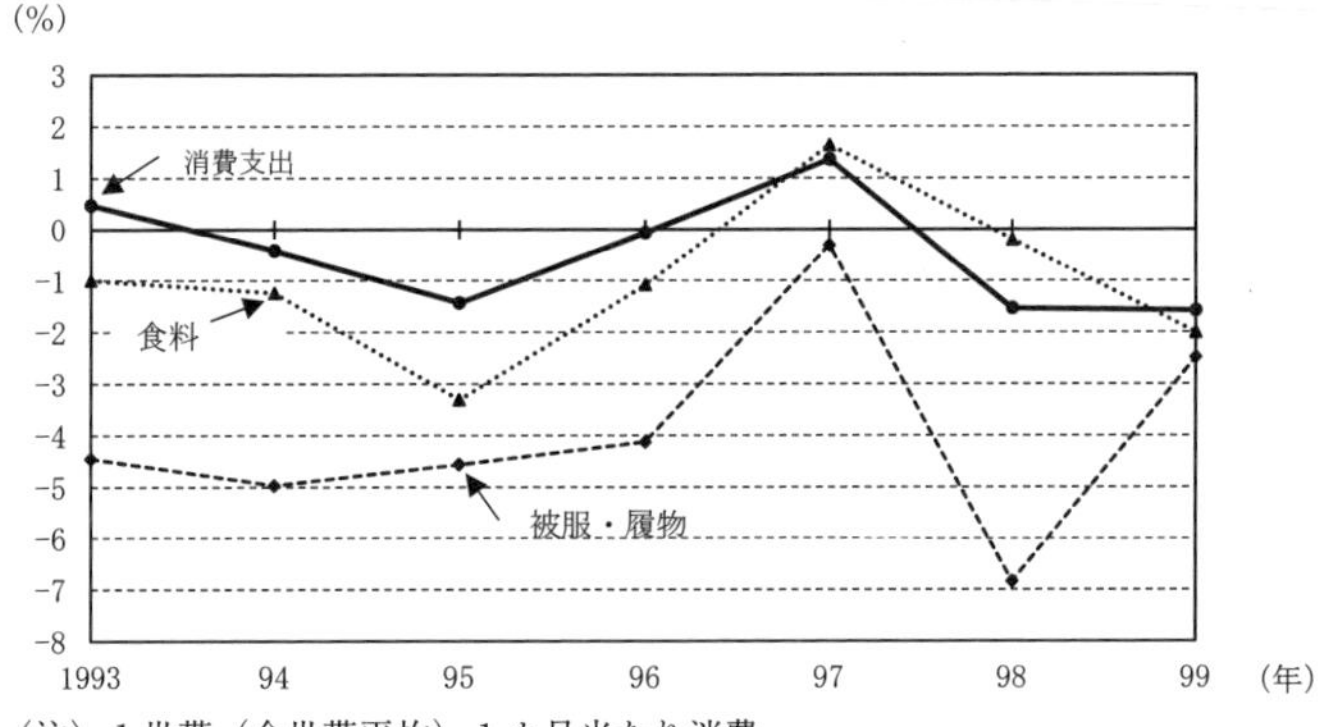

（注）１世帯（全世帯平均）１カ月当たり消費。
（出所）総務省『家計調査年報』2003年版。

消費支出は、九四年から減少に転じ、九五年には一・四％の減少となった。家計消費支出のうち、「被服・履物」と「食料」への支出の減少が際立っており、九三年から減少が始まった。九五年には前者がマイナス四・六％、後者がマイナス三・三％という大きな落ち込みとなった（図2-3）。

このように、バブルの崩壊が大量の企業倒産と失業を発生させ、労働市場の悪化によって民間企業の給与が下落し、家計消費が減少したことが消費者物価を下落させるデフレーションを引き起こす大きな要因であった。なお、財貨の価格が不況を反映して九四年から下落し始めているにもかかわらず、ＣＰＩ（総合）の下落が九五年に始まったのは、前述の通り、サービス価格（医療費・教育費・持ち家の帰属家賃など）が下方硬直的であったからである。

デフレを長引かせた原因

平成デフレは、戦前と比較しても、異例の長さで持続した。その主な原因は以下である。第一に、バブルを生みだしたプラザ戦略を進めた中曽根政権とバブルを放置した日本銀行の失策である。この失策が大型バブルを生み出し、その反動としての長期デフレを発生させた。プラザ戦略は、国際協調と内需拡大の名の下に、超低金利を事実上の国際的な公約とした。そのため、日本銀行は、株価と地価のバブルが膨張し、景気が過熱しても、金融緩和を長期間継続した。また、プラザ戦略による超円高の下で国内物価が比較的安定していたために、日銀は金融引締めを大幅に遅らせた。これは、物価至上主義に立つ日銀の誤謬に起因するものであった。バブルの膨張がピークに近づいた一九八九年五月末に、日本銀行（澄田智総裁、大蔵省出身）は公定歩合を三・二五％に引き上げた。その理由は、「国内景気、物価、為替相場等の動向並びにこれらの動きを反映して市場金利が上昇してきている状況の下で、金融政策の適切な運営を確保するため[4]」であった。また、「公定歩合引上げの趣旨について」（一九八九年五月三〇日付）では、その他に「マネーサプライが引続き高い伸びを続けている[5]」点を補足している。しかし、バブル対策については一言も言及していない。さらに、同年一〇月にも日銀は公定歩合を三・七五％に引き上げたが、引上げ理由は五月と同様であった[6]。

しかも、九〇年の年初から株価のバブルが崩壊し始めたが、日銀はさらに利上げをして、株価の暴落に追い打ちをかけた。株価のバブルは一旦弾けると釣瓶落としで瓦解する。三月一三日には株価が三万二六二〇円に沈み、二カ月余りで六〇〇〇円を超える急落となった。しかし、同月二〇日、日銀は公定歩合を五・二五％に引き上げた。三重野康総裁（日銀出身）は「物価に対する予防的措置を万全ならしめたもの」と強調し、「不安定な動きを続ける金融、株式市場の当面の不透明感をふっしょくするものであり、市場の安定につながることを期待したい[7]」と述べた。日銀の引締めはさらに続き、同年八月末には、公定歩合を六％に引き上げた。三重野総裁は「現実に起こっている物価上昇に対応するというよりはインフレ圧力の顕在化を未然に防ぐという性格が強く、過去四回の利上げの延長線上にある」とし、「これにより、金融、資本市場の安定にも寄与し、内需中心の成長をできるだけ長続きさせたい」と前回と同様の説明を繰り返した。[8] その結果、株価の崩落はさらに進み、九〇年一〇月一日には二万二二一円と、九カ月でピークから半値近くとなった。三重野総裁は、九一年五月の講演で、現状は「バブル的側面が、金融引締めの下で次第に是正されつつある過程ととらえることができよう。これはもとより、わが国経済が今後とも健全な発展を遂げていくために極めて望ましい方向と考えている[9]」と述べ、やっとバブルに言及した。ところが、バブル化した日本経済は、三重野総裁による急激な公定歩合の引上げによって奈落へと沈んでいった。

第二に、平成デフレを長引かせた原因は、政府が金融機関等（住専を含む）の不良債権処理を先延ばしして、適正な早期処理を実施しなかったことである。地価の暴落が進行するなかで、金融機関の不良債権が年々増加していった。ところが、大蔵省は直轄下にある住専の不良債権処理を先延ばしして損失を膨張させたのみならず、農水省と密約しており、税金を農協系住専のみに投入した。竹中元大臣は次のように述べている。「住専（繰り返すがこれは銀行ではない）に公的資金を使うことは誤りであった」。（農協系）「住専が倒れれば、そこへの最大の貸出者である農協の経営が揺らぐ」。「農協は、預金を受け入れ、決済システムを構成する『銀行』である。だから、必要なら農協に公的資金を入れて」その経営者に責任を取らせるべきであった、と。[10]

住専処理で国会（首相・村山富一）が紛糾していた頃、金融機関の破綻が起き始めた。九五年には兵庫銀行が破綻し、九六年には太平洋銀行と阪和銀行が破綻した。しかし、当時、大蔵省は銀行の破綻を甘くみており、普通銀行の一般的な破綻処理方式を整備しなかった。九七年一一月に北海道拓殖銀行が破綻して、やっと大型銀行の破綻処理方式を整備し始めた。しかし、その後も金融機関の不良債権問題に悩まされ、慢性的不況と物価の低迷が続いた。

第三は、バブル経済の中で多くの金融機関、企業、投資家、第三セクター等が投機的行動に走ったことである。具体的には、多くの金融機関による無軌道な過剰融資、企業による不動産・株式投機、投資家による不動産・株式投機、第三セクターによる無謀なリゾート開発等である。これらの投機的行動のために、バブルが弾けると、関連企業の破綻が続出した。一九九一年から二〇一三年までの二三年の間、負債総額一〇〇〇万円を超える倒産が毎年一万件を超えた。有効求人倍率の下落が続き、賃金水準の下落や低迷が家計の消費を委縮させ、消費者物価を長期にわたって下落させる要因となった。

第四に、過剰融資を行っていた金融機関が巨額の不良債権を抱えて、金融機関自身が破綻を余儀なくされた。**表2-1**のように、一九九一～二〇〇二年の一二年間に、預金保険機構が破綻処理した金融機関は合計一七八に上る（但し、重複する金融機関を一部合算しており、破綻処理件数としては一八〇件である）。内訳は、大手銀行三行、地方銀行（第二地方銀行を含む）一五行、信用金庫二七、信用組合一三三である。大手銀行が三行も含まれており、昭和金融恐慌よりも深刻である（昭和金融恐慌当時には、大手銀行に預金が集まった）。しかも、破綻を免れた金融機関も、財務内容が悪化しており、貸し渋り、貸し剥がしが横行する事態となって、日本経済の血流とも言える金融の流れが目詰まりした。企業は資金繰りに難渋し、通常の景気波動をはるかに超える長期不況が持続することとなり、デフレ圧力を強めた。

なお、金融機関の破綻処理には、多額の国民負担が伴った。一九九二年三月（預金全額保護以前）～二〇〇三年三月六日の間に、預金保険機構は総額で約一八・六兆円の金銭贈与を行った。内訳では、日本長期信用銀行に約三・二兆円、日本債券信用銀行に約三・一兆円、北海道拓殖銀行に約一・八兆円、木津信用組合に約一兆円の金銭贈与が行われた。財源としては、九六年一〇月から二〇〇三年三月までの一六八金融機関への金銭贈与約一七・九兆円については、概算で、金融機関が支払う預金保険料等約三・二兆円、交付国債約九・九兆円、借入金約四・八兆円となっており、借入金については将来の保険金が充てられる(11)。すなわち、上記期間の破綻処理で、預金保険機構に係る金銭贈与のうち、約九・九兆円が国民負担となった（一九九一～二〇〇三年度では一〇・四兆円）。国民負担では、長銀、日債銀及び拓銀の処理の比重が大きい。また、長銀と日債銀には瑕疵担保条項による一・二兆円余の支払いが認められた（表2-2）。この時の金融機関破綻処理は不透明感が拭えず、いずれ第三者機関による検証行われるべきであろう。

第五に、プラザ戦略による超円高と前川リポートが企業の海外移転と技術の流出をもたらしたことである。国内工場の怒涛の海外移転並びに技術の海外流出は、戦後築き上げてきた日本経済の屋台骨を大きく揺るがした。表2-3のように、一九八八年度には製造業の海外現地法人が総数で三二四三社であったが、二〇二〇年度には一・一万社超に増大した。特に、中国本土において激増し、八八年度に八〇社であったものが二〇二一年度には三五四七社となり、実に四四倍増となった（世界全体としては三倍増）。その結果、

表2-1　金融機関の破綻処理の推移（1991-2002年）

（単位：件）

破綻年	大手銀行	地方銀行	信用金庫	信用組合	計
1991		1			1
92			1		1
93			1	1	2
94				2	2
95		1		5	6
96		2		3	5
97	1	2		7	10
98	2	2		32	36
99		5	7	27	39
2000			5	13	18
1		1	9	37	47
2		1	4	6	11
計	3	15	27	133	178

（注）長銀及び日債銀の破綻処理は各１件とし、福徳銀行となにわ銀行の特定合併、東京協和及び安全信組の処理は各１件として処理された。
（出所）預金保険機構編『平成金融危機への対応』金融財政事情研究会、2007年、422～441頁より作成。

表2-2　破綻金融機関処理に係る国民負担（1991-2003年度）

（単位：億円）

		金銭贈与	損失補填	瑕疵担保支払
破綻金融機関		186,156	4,500	12,214
	長銀処理	32,350	3,549	8,928
	日債銀処理	31,414	951	3,286
	拓銀処理	17,732		
国民負担		104,326	取得資産の回収状況に依存	

（注）１．国民負担額は第161国会（衆院）答弁（第28号）による。
２．本表とは別に、破綻金融機関からの資産買取があり、これは預金保険料で賄われる。
（出所）金融庁の破綻金融機関処理に関する報告（2005年），金融再生委員会の議決事項（2001年１月）ほか。

表2-3　製造業の現地法人と海外生産比率

（単位：社，％，倍）

年度	アメリカ	中国本土	アジア	全体	海外生産比率
1988	696	80	1,640	3,243	4.9
2000	1,368	1,540	2,947	7,464	14.6
2010	998	3,078	3,111	8,412	18.1
2020	1,063	3,651	4,847	11,070	23.6
2021	1,046	3,547	4.835	10,902	25.8
倍数	1.5	44.3	2.9	3.4	5.3

（注）下段は1988年に対する2021年の倍数。アジアは中国本土を除く。
（出所）経済産業省「我が国企業の海外事業活動」より作成。

わが国の海外生産比率は一九八八～二〇二一年度の間に、約五％から二六％へと五倍に増大した(12)。日本企業が海外で生産して、日本に輸入する事例も多くなり、それまで日本で生産していたものが海外で生産されるようになったので、国内の生産額はその分だけ縮小し、雇用も減少した。しかも、政府が企業の海外移転や完成品の輸入を奨励したので、超円高が進行する中で多くのメーカーが競って海外に転出した。地方では、地域経済の一角を占めた大手分工場が閉鎖され、多くの従業員が解雇された。有望な就職先が少ないために、若年層が大都市に移住し、地方経済の衰退と人口減少が加速した。

しかし、産業の空洞化などは問題ではないといった論調もある。白川元総裁は、「円高によって日本企業の競争が低下していると か日本の製造業が空洞化するという議論がかつてはあったが、円安が進行しても競争力は回復しなかった(13)」と述べている。だが、円安傾向になったからといって、急に何千もの工場が日本に回帰できるはずがない。また、長期デフレの間に、日本の電機メーカーの技術者が周辺国へ多数移動したことが指摘されている。藤原綾乃『技術流出の構図』によれば、日本の大手企業がリストラを行う中で、一九七六年一月～二〇一五年四月の間に、アメリカの特許上では、日本の電機メーカーのトップレベルの技術者が韓国企業に合計四九〇人程度流出し、中国企業へは合計一九六人が流出している（プラザ戦略後が顕著である）。なお、両国によるヘッドハンティングでは、日本よりもはるかに高額の年収（二〇〇〇万円程度かそれ以上）が提示され、高級マンション、通訳、送迎等が無料で提供される特典も付く場合が多いという(14)。アメリカの特許に関連のない技術者や定年退職者を含めると、実際の技術者の流出は相当数に上るものと推測される。超円高及び産業の空洞化というものは、日本の大手メーカーの衰退を生み出し、それが技術者の流出を呼び起こし、いっそう日本企業を衰退させる作用があることを忘れてはならない。

最近になって、アメリカ政府の経済安全保障の強化により、日本政府や企業もやっと本国での生産が重要なことに気が付き始めた。むろん、海外生産も戦略的に行うことは重要である。しかし、プラザ戦略と前川リポートは日本経済を衰退させる大きな原因であった。この点は、後の章で詳しく検討する。

第六に、日本経済は、長期デフレに苦しむ中で、国内外の予期せぬ事態に見舞われた。二〇一一年三月の東北大震災は東日本を中心に日本経済に大きな打撃を与えた。また、バブル経済の処理に失敗した自民党政府に対する不信から、民主党政府が誕生したが、福島原子力発電所のメルトダウンを防止できなかった。政府の対応力と日本の技術力に対する不信は、日本国民の自信をいっそう喪失させただけでなく、諸外国の日本に対する信頼を失墜させ、日本に対する外国人の投資は影を潜めた。

補足しておくと、平成不況が長引く中で、少子高齢化が追い打ちをかけた。しかし、少子高齢化が、デフレの基本的原因であるわけではない。人口が減少しても、経済構造がしっかりしており、政府や金融当局が大きな誤謬を犯さなければ、経済成長は可能である。

人口の密集する東京のような大都市で生活していると、全国的な経済の衰退状況は感じ取れないかもしれない。しかし、様々な統計資料が、日本経済の衰退を黙示している。デフレーションとは、物価が下落を続ける経済現象であり、デフレの長期継続は、比喩的に言えば、日本経済が低体温で長らく不調を訴えているようなものである。政府や金融当局の適切な処方が必要であったが、処方を誤った。そのために、平成デフレは世界史的にも稀に見る長期デフレとなってしまった。

二　黒田緩和の評価

黒田緩和の効果

(1) 株価回復、ＧＤＰ及び賃金の微増

黒田総裁は、平成デフレが二〇年近く続く中で、わが国の金融政策の難しい舵取りを託された。安倍政権は、「大胆な金融緩和」、「機動的な財政出動」、「民間投資を喚起する成長戦略」を三本の矢とするアベ

ノミクスの推進を国内外にアピールした。安倍政権が成立すると株価は急回復し、乱高下しながらも、顕著な上昇傾向を示した。民主党政権末期、白川総裁期の一二年一一月末に九千円台半ばであった株価が、安倍政権が成立した一二月末には一万円台となり、翌一三年三月末には一・二万円台に上昇した。さらに、黒田総裁が就任した二年後の一五年五月一九日には二万円台となり、一五年ぶりの高値となった。その後も、株価の上昇傾向が続き、二一年二月一五日には三万円台に乗せた。その後、新型コロナの世界的流行とウクライナ戦争の影響を受けて株価は乱高下したが、概ね堅調な様相を呈した。金融政策だけで株価が上昇したわけではないが、黒田総裁の金融政策が株価を回復させたことは否定できない。図2-4に見られるように、新型コロナ流行前の一九年頃までは、株価は対ドル相場とほぼ連動した。一二年一月末には対ドル相場が七六円台の超円高であったが、一三年四月末には九七円台、一五年三月末に一二〇円台となり、超円高がかなり是正された。自動車や電子部品等の輸出企業等の収益が拡大し、株価が上昇した。また、円安基調の中で、一五年には訪日外国人が二〇〇〇万人に近づき、観光庁の推計では旅行消費が三兆円台となり、国内需要を刺激した。その後も、新型コロナ・パンデミックが鮮明になる二〇年初頭頃までは、円安基調が続き、株価は乱高下しつつも概ね堅調に推移した。円高是正が進行した要因としては、黒田総裁が二％の物価上昇目標を目指して国債やＥＴＦ等を大胆に購入し続け、金融緩和の姿勢を見せたことが要因の一つであったと考えられる。また、日銀による大量のＥＴＦの購入は、健全とは言えないが、それだけで株価を押し上げた。

図2-4　株価と円相場の推移（2010-22年）

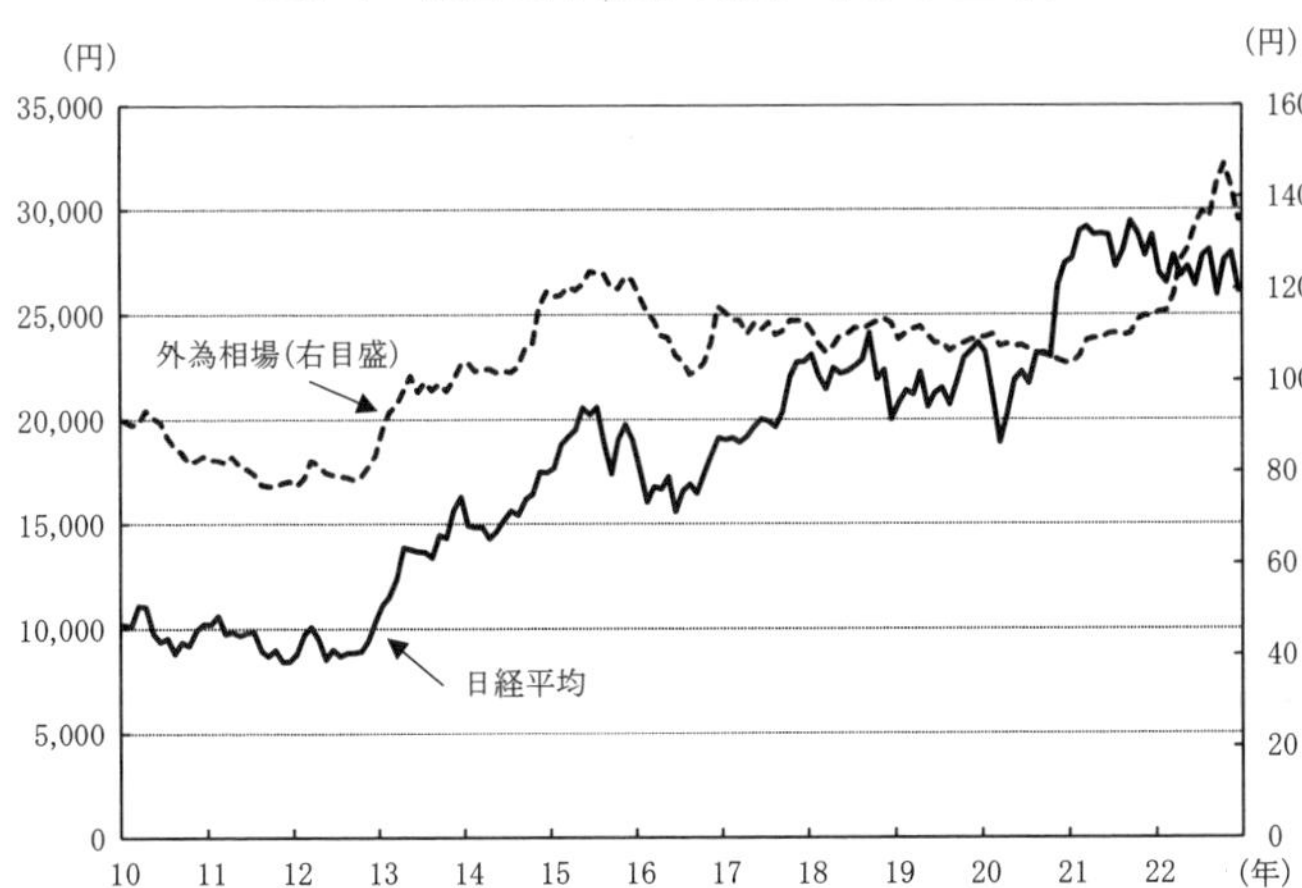

（注）株価は日経平均の月末終値、外為相場は対ドル相場の月平均値。
（出所）日本経済新聞社「日経平均ヒストリカルデータ」、日本銀行「外国為替市況」より作成。

他方で、経済成長に関しては、目立った効果が見られなかった。一九年まで、実質GDPの成長率は白川総裁末期とほぼ同じで、マイナス圏～二％未満で推移した。一三～二二年の期間に、G5（先進五カ国）の実質GDPの成長率は、新型コロナの影響が強い二〇～二一年を除き、米、英、独、仏は概ね二～三％で推移した。G7と比較しても日本は最低であった（IMF, International Financial Statistics参照）。日本の実質GDPの成長率が低いのは、家計消費支出が弱いのが大きな原因であるが、その主因は賃金の上昇がG5の内で最低であることである。図2-5に示されるように、二〇〇一～二二年の期間を見ると、年間給与（名目）の伸びが、新型コロナによって混乱した二〇年を除いて、ほとんど常にG5の中で最低水準であった。しかも、二〇〇一～一九年にかけて、米英独仏の諸国は毎年二～四％上昇したが、

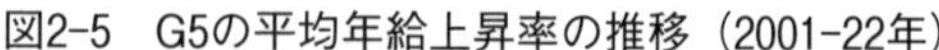
図2-5　G5の平均年給上昇率の推移（2001-22年）

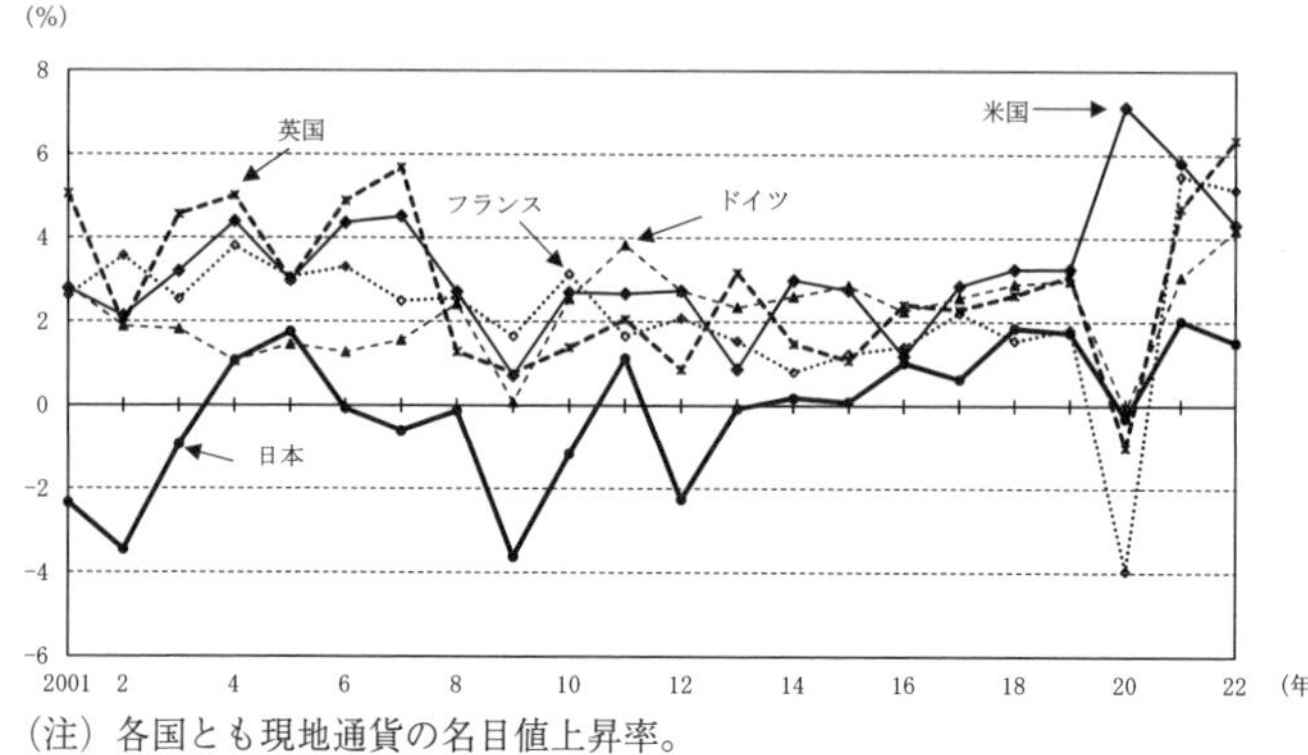

（注）各国とも現地通貨の名目値上昇率。
（出所）OECD. Statより作成。

日本だけは下落した年が多かった。そのため、バブル期とは打って変わって、日本の劣勢が目立った。

とはいえ、「法人企業統計調査」によれば、一三〜一八年度まで、法人企業の営業純益が一〇〜二〇%増加し続け、設備投資（ソフトウェア除く）も概ね一〇%の伸びとなっており、微弱ではあるが景況の改善が見られる。なお、一二年度と比較して、一三年度以降には、内部留保金が二倍以上に増加しており、積極的に先行投資がなされる状況にはなかった。そのため、経済成長において他の先進諸国に後れを取っている。しかしながら、なんとか経済成長率を安定的にプラスに戻し、今後に希望を繋いだことは評価されてよいであろう。

(2) 消費者物価の下落抑止

白川総裁末期には、CPIの値が連続的にマイナス圏で推移し、デフレ傾向が顕著であった。しかし、黒田総裁の金融政策以降は、消費税の引上げが二度行われ、合計五%も引き上げら

表2-4　マネタリーベース・通貨供給量・CPIの変化（2010-22年）

（単位：%，倍）

年	マネタリーベース	日銀当預	M2	貨幣乗数	CPI（生鮮品除く）	備　考
2010	4.8	29.7	2.8	7.9	-1.0	
11	15.2	76.7	2.7	7.0	-0.3	
12	7.2	21.2	2.5	6.7	-0.1	
13	34.0	108.8	3.6	5.2	0.4	
14	44.1	89.9	3.4	3.7	1.1	消費税３%引上げ
15	34.2	52.8	3.6	2.9	0.0	
16	25.2	33.5	3.4	2.4	-0.3	
17	17.2	21.4	4.0	2.1	0.5	
18	7.3	8.3	2.9	2.0	0.9	
19	3.6	3.7	2.4	2.0	0.6	消費税２%引上げ
20	9.0	10.5	6.5	2.0	-0.4	持続化給付金
21	16.2	19.1	15.9	1.8	＊-0.2	
22	1.6	1.2	1.5	1.8	＊2.3	

（注）マネタリーベース等は年平均残高の前年比、貨幣乗数はM2/マネタリーベース。生鮮食品除くCPIは＊2021、22年以外は消費税調整済指数、各2020年基準。

（出所）日本銀行「預金・マネー」、総務省「消費者物価指数」より作成。

れた影響もあるが、ＣＰＩの名目値は微弱ながらプラス圏で推移する年もあった。だが、**表2-4**のように、ＣＰＩはゼロ%台に張り付いており、黒田総裁が目標とした二%には程遠い結果となった。ＧＤＰデフレーター等を考慮すれば、ウクライナ戦争が始まる二二年まで物価はデフレ状態を脱することはなかったと判断される。その主な原因は、やはり給与の上昇が弱く、個人消費が安定的に拡大しないことである。項目別に見ると、一四～一五年にガス・その他光熱費、エネルギー等が下落し、通信・情報通信関係が一六～二二年に下落傾向が続いた。また、授業料が一九～二一年に下落した。さらに、一三～二二年にかけては、家賃も下落傾向となり、持ち家を除く家賃の上昇率がマイナスかゼロ%に落ち込んだ。被服及び履物は下げ止まったが、値上がり率は僅少であった。しかし、黒田総裁期は、それ以前の時期と比較すれば、物価の下落の勢いは概ね沈静化した。

黒田緩和の欠陥

(1)金利の機能不全

マイナス金利付きQQEは、市場における重要な金利機能をほとんど奪い取ってしまった。一九九五年三月に一〇〇〇万円の一年物定期預金の平均金利は二・一二一%であり、一年に二一・二一万円の利息（税込）が受け取れた。しかし、九九年二月のゼロ金利政策の導入によって預金金利が大幅に引き下げられ、その後も下落していった。同預金金利は黒田総裁就任前の二〇一二年三月には〇・〇八三%に引き下げられ、年間利息は八三〇〇円に縮小した（日本銀行「金利・貸出関連」参照）。さらに、黒田総裁のマイナス金利付きQQEの実施によって、同預金金利は一六年三月には〇・〇二九%に落ち込んだ。二二年三月には、〇・〇〇八%となり、この例では利息は僅か八〇〇円になってしまった。同預金者にとっては、九五年と比較すると、二一万円余の損失となった。また、一六年一〇月には普通預金の金利が〇・〇〇一%となり、二〇〇万円の預金では、年間利息は二〇円に落ち込んだ。このような中で、預金を生活費の一部に充てる人々の財布の紐は締められ、消費は削減されて、デフレ色に拍車をかけている。太田康夫『金融失策』は、松下総裁までは「年金生活者に迷惑をかける」という配慮が感じられたが、「そのあと日銀出身の総裁が三代続くが、所得移転で個人に迷惑をかけるといった配慮は全く感じられなくなった[15]」と指摘しているが、黒田総裁になってはさらに酷くなった。

他方で、金融機関もマイナス金利政策によって、貸出金利が極端に低下し、経営悪化の大きな要因となっている。九五年三月の国内銀行の平均貸出金利は三・二九六％であり、年間一〇〇〇万円の貸出利息は約三三万円を得ることができた。しかし、ゼロ金利政策で次第に金利が低下したうえ、マイナス金利付きＱＱＥの継続によって二二年三月には〇・六五九％に下落し、年間貸出利息は六・五九万円に激減した（日本銀行、同右参照）。銀行の本業の実績を示す業務純益は、全国銀行で見ると、一二年度決算の五兆円から二二年度決算では三・五兆円と、三割も減少した（全国銀行協会調べ）。このように、特に黒田緩和は金融機関の経営基盤を脆弱化させた。

さらに、マイナス金利政策によって、短期金融市場の利回りがさらに低下したため、ＭＭＦ（マネー・マネジメント・ファンド）が運用できなくなった。ＭＭＦは安全性の高い短期の債券で運用する投資信託の一種であるが、マイナス金利政策により運用が困難になるため、日興アセットマネジメントは実施前日の一六年二月一五日に繰り上げ償還して運用を停止し、その後、他社も運用を停止した。ピークの二〇〇〇年には二一兆円あったが、一七年五月にはゼロとなって、日本国内のＭＦＦは消滅した。また、貯蓄性保険商品の一部が、マイナス金利政策による運用難から、販売停止に追い込まれたり、保険料が引き上げられたりした。たとえば、富国生命は、一六年二月末をもって、円建ての一時払い養老保険の取扱いを停止した。また、朝日生命保険は一五年度に新規契約が約一万八千件あった年金保険の販売を一六年一〇月から休止した。日本生命は一七年四月二日以降、払込期間二〇年の終身保険（女性）の月額保険料を従来の一万四九一円から二七・三％引き上げて一万三三五〇円に改定した。その結果契約数が落ち込んで、同社の一七年三月期決算で保険料等収入が前期比で一六％減少した。主要生命保険会社一五グループの同期決算では、一一グループが保険料等収入の減少を余儀なくされた。なお、日銀のイールドカーブ・コントロールによって長期金利をゼロ％程度に安定させるという曖昧な操作は、取引参加者を疑心暗鬼にさせ、一七年五月初めには約一日半にわたって一〇年物国債に値段がつかなくなり、『日本経済新聞』は国債市場が「仮死状態」になったと報じた。[16] このように、マイナス金利政策は金融業界や国民に多大な損害を与えた。しかしながら、金利は死ななかった。黒田緩和は、実際には金利をゼロまたはマイナスに低く抑えることを主眼としていた。金利政策は形を変えて生きていた。

(2)日銀の巨額国債保有

黒田緩和の特徴のひとつは、「長期国債」（ここでは、国庫短期証券〔割引短期国債及び政府短期証券〕を除く国債。日銀統計上の名称）を大胆に買い入れることであった。そのため、日銀が保有する国債残高が年々累増し、目を見張るばかりの額となった。一二年度に九一兆円であったものが、一六年度には三七七兆円、二二年度には五七六兆円に激増した。その結果、内国債の日銀保有割合は、一二年度に一一・一％であっ

表2-5　日銀及び国内銀行の国債保有残高とその割合（2012-22年度）

（単位：兆円，%）

年度	内国債（a）	日銀保有（b）	国内銀行保有（c）	（b）/（a）	（c）/（a）
2012	821.5	91.3	166.6	11.1	20.3
13	853.8	154.2	134.1	18.1	15.7
14	881.5	220.1	121.1	25.0	13.7
15	910.8	301.9	100.2	33.1	11.0
16	934.9	377.1	81.6	40.3	8.7
17	959.1	426.6	75.6	44.5	7.9
18	976.8	459.6	63.4	47.1	6.5
19	987.6	473.5	61.4	47.9	6.2
20	1074.2	495.8	89.9	46.2	8.4
21	1104.7	511.2	98.5	46.3	8.9
22	1136.4	576.2	83.7	50.7	7.4

（注）内国債は政府短期証券を含まず、2022年度数値は「国債及び借入金並びに政府保証債務現在高」による。

（出所）日本銀行「日本銀行勘定」及び「国内銀行の資産負債等」、財務省『国債統計年報』等より作成。

たものが二二年度には五〇・七％と五割を超えた（**表2-5**）。これには、ただ驚くほかはない。戦前の教訓から、日銀の国債引き受けは、財政法第五条によって原則禁止されているので、日銀はこれらの国債を市場から購入した。そのため、国内銀行の国債保有額が、一三年度には、一二年度の約一六七兆円から一三四兆円に減少し、保有割合は二〇・三％から一五・七％に減少した。かくして、一三年度には日銀保有額が国内銀行の保有額を超え、その後も国内銀行の国債保有は減少が続き、一六年度に保有額が約八二兆円、保有割合は八・七％に減少し、二二年度には保有割合が七・四％に落ち込んだ。

このような状況は、異常というほかはない。

第一に、日銀が国債を直接引き受けているわけではないが、購入時点での残存期間については、日銀が間接的に国債を引き受けているようなものであり、この限りで財政資金を提供しているに等しい状況である。

第二に、日銀が国債を無制限に購入する姿勢であるので、政府の国債発行規律が緩み、国民負担が増加する可能性が高い。日銀が購入した国債を償還期限まで保有した場合、日本銀行はその元利合計額を受け取ることになるが、その場合、その支払を行うのは国民であり、国民負担の増大となる（借換債を発行しても、この原理は変わらない）。また、日銀が、償還金額を受け取って、それを政府に納入する場合でも、国民には返還されないので、財政ファイナンスとなる（なお、償還金額の一部は配当として政府以外の株主に支払われるであろう）。日銀が国債を買い増し続けることは「ステルス増税」にほかならない。

第三に、日銀が国債残高の半数を超えるまで買い増した結果、市場に出回っている国債が減少し、日銀の国債購入操作が国債市場に大きな影響を与えて、国債市場のメカニズムを阻害している。このことは、日銀が長短の市場金利の操作をしているのだから当然ではあるが、市場経済を採る国としては、不健全な状態である。以上により、日銀は国債保有を徐々に減額し、国債市場のメカニズムの回復を図る必要がある。

(3)マネタリーベースの巨大化

黒田緩和では、マネタリーベースが金融市場における主な操作目標とされたので、その残高がこれまた

図2-6　マネタリーベースの種別残高の推移（2005-22年）

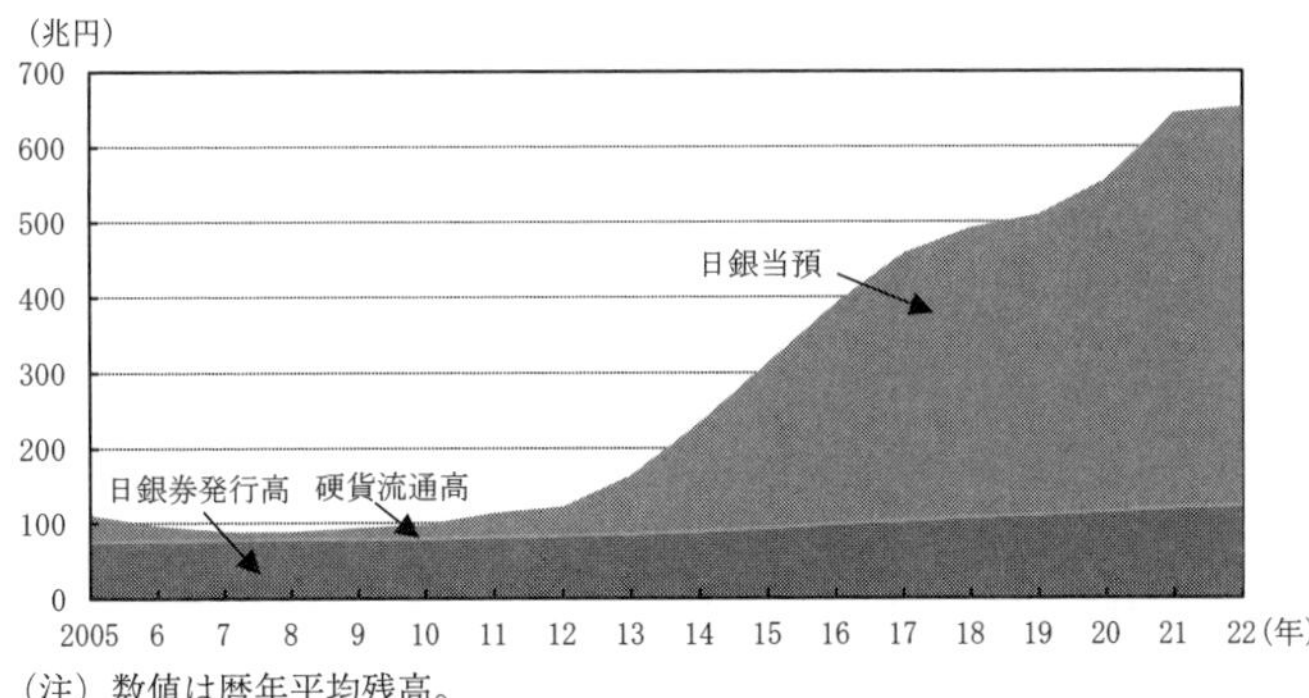

（注）数値は暦年平均残高。
（出所）日本銀行「預金・マネー」より作成。

巨額化した。一二年まではほぼ一〇〇兆円前後で推移したが、一三年から急激に増加し、二一年には六〇〇兆円を突破し、一〇年間で六倍にもなった（図2-6）。しかし、日銀券と貨幣（硬貨）の増加はごく僅かであり、日銀当座預金のみが突出して増加している。この日銀当預の激増は、日銀による金融機関からの国債購入に依るものである。

　換言すれば、この実態は金融機関が日銀から受け取った国債販売代金を日銀内部に預け置いて、市場に流入させていないことを表している。金融緩和とは、本来、この受取代金を金融機関が市場に流入させることを前提としている。ところが、黒田「緩和」では、日銀が支払った国債購入代金を金融機関に対して、日銀当預として日銀内部に残留させることを主要な操作目標にしている。具体的には、日銀が短期金利をマイナス金利、長期金利をゼロ%近傍に誘導して、預貸金利を引き下げる一方で、所要日銀当預を超える超過部分、また二〇一六年二月のマイナス金利政策実施後には「基礎残高」に、プラス〇・一%の金利を付与している。これは、日銀による金融機関に対する「日銀当預給付金」と言うべきものあり、金融機関にとっては安全な収益源であるため、日銀当預から資金を引き出さないのである。

たとえば、銀行は一八年三月には一年物定期預金で一〇〇〇万円を受け入れると、年に二一〇〇円の金利（〇・〇二一％）を支払う必要があったが、この一〇〇〇万円を日銀当預の「基礎残高」部分に預けたとすると、年に一万円（〇・一％の金利）の利息を受け取ることができたので、差し引き七九〇〇円の利鞘を得られた。このようにして、日銀は金融機関に支払った国債購入代金を日銀当預に残留させて、マネタリーベースの増加を図る手段のひとつとしている。さらに、マイナス金利政策実施後には短期金利がマイナスになっているので、ゼロ％金利である日銀当預の「マクロ加算残高」に預ければ損失とリスクを回避できる。この施策も、日銀当預額を増大させてマネタリーベースを拡大する手段となっている。なお、日銀は、マイナス〇・一％金利の「政策金利残高」が大きくなりすぎないように頻繁に微調整している。

しかし、日銀当預にプラス〇・一％の金利を付与したのは、二〇〇八年秋のリーマン・ショック時の緊急的な臨時措置であった。その後、リーマン・ショック時の金融逼迫状況は解消しているので、この措置は廃止し、それ以前の状態に復帰し、民間の金融機関の当座預金と同様にゼロ％金利（付利無し）に戻すべきである。そうすれば、金融機関は預金をより効率的に運用することを迫られ、通貨供給量も顕著に増加するであろう。コロナ給付金が市場に供給されただけで、通貨供給量はかなり増加した。なお、金融機関がその日銀当預を市場で運用する場合、必ずしも現金で引き出す必要はなく、送金システムを利用して、預金通貨形態で利用することができる。積み上がりすぎた日銀当預の内の一〇〇兆円でも金融機関が日銀当預を取り崩して市場に流入させれば、二％の物価目標の達成も早まるであろう。日銀当預のあまりにも過大な積立を是正することが景気を刺激することは明白である。

三　黒田緩和失敗の原因

マネタリーベース偏重の誤謬

黒田総裁自身は自らの政策の失敗を認めなかった。しかし、既述のところから、黒田緩和は、一定の成果を収めたとはいえ、全体としては、成功したとは評価できない。黒田緩和の失敗の最大の原因はマネタリーベースを主たる操作目標として、マネタリーベースをあまりにも偏重しすぎた点にある。

二〇一三年四月一二日の講演で、同総裁は「量的な緩和を行う場合の指標として」マネタリーベースを選択した理由について、「日本銀行が経済全体に供給する通貨（お金）の総量であるマネタリーベースが、私どもの積極的な金融緩和姿勢を対外的にわかりやすく伝えるうえで、最も適切であると判断したからです(17)」と語っている。まず、この認識に重大な間違いがあった。すなわち、マネタリーベースを「日本銀行が経済全体に供給する通貨（お金）の総量」と捉えた点が大きな誤りである。マネタリーベースのうち、日銀券と硬貨（合わせて現金）は「通貨（お金）」として市場に流通するが、日銀当座預金は必ずしも、通貨として市場に出回るとは限らない。高度成長期のように、市場における資金需要が旺盛な場合には、政府と民間企業との資金の取り合いが生じてクラウディング・アウトが生ずるが、長期デフレの状況のもとでは、日銀当預は通貨として市場に出回る可能性が低い。しかも、日銀当預の一部には〇・一%の利息が付与されて、いわば「日銀当預給付金」を受け取れるので、なおさら金融機関が日銀当預を取り崩すインセンティブは低くなる。また、既述のように、ゼロ金利政策のもとでは、短期金利がマイナスであるので、資金をコール市場に出すよりも、ゼロ%金利であっても、日銀当預として預けたほうが有利であり、安全である。要するに、今日の日本経済の状況下では、マネタリーベースは「経済全体に供給する通貨（お金）の総量」ではないのである。

一三、一四年にマネタリーベースが三〇%、四〇%と上昇したが、通貨供給量（M２）の増加率は、白川総裁の時期とほとんど変化がなかった（表2-4）。その理由は一目瞭然である。市場における通貨の増率はほとんど変化しておらず、黒田QQEの実施に従って、日銀当預残高が累積し、通貨となるべきものが日銀内に閉じ込められて、市場に出回っていないのである。すなわち、日銀が金融機関から長期国債やETF等を購入して支払った通貨の多くが市中の金融機関まで行かずに、日銀内で「不胎化」されている。故に、黒田式緩和は日銀当預の「不胎化政策」である。[18]

たとえば、一八年では、年平均で、マネタリーベース残高が四九一兆円に拡大し、日銀内にある当座預金残高も三八二兆円に増加したが、日銀券及び硬貨残高は約一一四兆円にすぎない。ちなみに、一三～一八年の五年間に、マネタリーベースは三二八兆円も増加したが、現金の増加は僅か二一兆円にすぎなかった。このような事情を反映して、マネタリーベースが激増しても、通貨供給量（預金通貨及び現金）はごく僅かしか増えていない。一四年にはマネタリーベースが四四・一％増加したが、M２は三・四％という低い伸びにとどまった。通貨供給量の増加が三％程度というのはかなり低い伸び率である。CPI上昇率が二％前後であった八二〜八五年には、通貨供給量（当時の統計：M２＋CD）は八％前後増加していた。七〇年代後半には、通貨供給量はさらに増加率が大きく、二桁台であった。通貨供給量の数値から判断すれば、黒田緩和は、通貨供給の実態としては大胆な金融緩和とはなっていない。流通通貨量が増大すれば、企業の経済活動が刺激されて景気が回復するので、不況期には、買いオペレーション等を通じて通貨供給量を増大させるのが金融政策の基本である。この場合、景気回復に伴って物価上昇が生じるのが一般的である。

黒田緩和について、「黒田総裁は最近流行の経済理論を過信している」との指摘がある[19]。黒田総裁がどのような理論に依拠していたかは定かではない。しかし、マネタリーベースの拡大を重視しているので、これを拡大すれば経済全体の通貨供給量が増加して、景気や物価が刺激されると考えていたであろうことは推察されうる。それ故、黒田総裁は、貨幣乗数（信用乗数）による通貨量の拡大を想定していた可能性があると言えよう。

しかし、貨幣乗数の定式それ自体は間違っているわけではない。この点について検討してみよう。貨幣乗数は、通貨供給量（マネーストックまたはマネーサプライ）がマネタリーベースの何倍になるかの割合を表すものである。いま、マネタリーベース（＝ハイパワードマネー）をH、マネーストックをM、現金通貨をC、法定準備預金をR、預金通貨をDとすると、貨幣乗数は次式となる。

$$M/H=\frac{C+D}{C+R}=\frac{C/D+1}{C/D+R/D}$$

そこで、この式の両辺にHを乗ずると次式に変形できる。

$$M=\frac{C/D+1}{C/D+R/D}\times H$$

よって、通貨供給量は貨幣乗数にマネタリーベースを乗じたものとなる。しかし、この式の左辺である通貨供給量は、右辺第二項のマネタリーベースが増加すれば、それに従って増加することを明示するものではない。なぜならば、右辺第一項の貨幣乗数はC/D（現金預金比率）とR/D（預金準備率）によって変化するので、マネタリーベースが拡大しても、必ずしもそれに比例して通貨供給量が増加するとは限らないからである。右の式は右辺第一項の貨幣乗数が「それほど低下しなければ」という前提条件のもとでのみ、マネタリーベースが増加すれば通貨供給量も増加するということを示すにすぎない。

日銀は短期金融市場の発展により一九九一年一〇月から預金準備率を変更していないが、現金預金比率は変化している。実際に、貨幣乗数をマネタリーベースに対するＭ２の割合で見ると、黒田日銀時代には、傾向的に低下しており、一二年には六・七倍であったものが、二一年には一・八倍に著減している（前掲、表2-4）。したがって、マネタリーベースが急増しても、通貨供給量はあまり増加しなかったのである。貨幣乗数の定式が誤っているとは言えない。一国の金融政策の責任者が、貨幣乗数が低下していたことを知らなかったとは思われない。また、日銀執行部は当然に知っていたであろう。

黒田総裁のスタンスから判断すると、途中で方向転換するタイプではないようであるので、消費税引上げの恩恵も受けて、ＣＰＩの名目的な上昇傾向が僅かに見られたので、確たる改善策を見出せない中で、黒田総裁は最後まで突っ走ったのはなかろうか。

四　平成デフレの終息と遺された課題

平成デフレの終息

消費者物価（生鮮食品除く総合）は二〇二〇年がマイナス〇・二％、二一年がマイナス〇・二％であったが、二二年には消費者物価が二・三％に上昇した。二二年の物価上昇の主な原因は、同年二月に勃発したウクライナ戦争によって、原油等の天然資源、小麦、食用油等の国際価格が急騰したことである。二〇二二年の消費者物価（平均）は、前年比で、食料品が四・五％の上昇、光熱・水道は一四・八％の上昇、家具・家事用品は三・八％と、顕著な上昇となった。財について見ると、前年比で五・五％上昇し、公共料金は四・八％の上昇となった。品目別では、全体の七七・七％が上昇した[20]。このような強い物価の騰勢は、いわゆる「期待インフレ率」（奇妙な訳語だが予想インフレ率のこと）が上がったからこのようになったのではない。これらの物価上昇の特質は、まずもってウクライナ戦争により小麦や食用油等の供給量が物理的に減少したことや西側諸国によるロシア産原油・天然ガス等の輸入規制によって、需給が逼迫して物価が必然的に上昇したことである。すなわち、この二二年の物価上昇は、ウクライナ戦争を背景として、市場原理によって生じたのである。予想インフレ率の上昇はこの結果として生じたにすぎないものであり、逆ではない。ほとんどの食料品の価格が上昇して家計を圧迫し、賃金引上げ圧力も強まっており、多くの企業が価格転嫁せざるをえなくなっている。当分、このような状況が続くと考えられ、ウクライナ戦争前年の二〇二一年をもって平成デフレは終息したと判断できる。

ちなみに、二〇二三年度版『経済財政白書』は、二二年度のわが国の状況について、「物価を取り巻くマクロ環境は依然として力強さを欠くものの、デフレではないという状況が続いている[21]」とし、今は「デフレ脱却に向けた動きが出てきている状況だ[22]」と記している。

遺された課題

黒田総裁の後任人事もやや難航した。黒田総裁の「遺産」である巨額の国債及びＥＴＦ等の保有と、長期のマイナス金利政策の後始末をするのは、至難の業である。雨宮正佳（まさよし）副総裁が有力候補とされたが、本人は固辞したと報じられている。

岸田首相が、初めて、学界出身の植田和男元審議委員を起用したのは、英断であった。日銀総裁ポストは、従来、日銀と大蔵省及び財務省の間で占められてきたが、日銀総裁は省庁の利害に拘らない金融専門家に託すのが適切である。官僚組織的な利害に執着せず、専門的な判断から適正な金融政策が推進されることが望ましい。

黒田総裁は、二％の物価上昇は世界標準だと主張するが、世界のインフレ・ターゲティングの歴史を見ると一％～三％位が多数を占めている。バーナンキ他『*Inflation Targeting*』（一九九九年）でも、インフレ・ターゲティング導入諸国の経験から判断して、一％～三％が適当であろうと述べている[23]。二〇一九年に白井さゆり元審議委員は、二％を基準に前後一％の変動幅を設けることを提言している[24]。筆者は、日本経済の実情では、三％はやや高すぎると思われるので、一～二％の幅を持たせた物価目標がよいのではないかと考えている。また、一度決めた目標に長期間拘るのではなく、カナダのように、一定期間が経過すると、その時々の情勢に即して物価目標等の枠組みを見直すフレキシブルな対応がなされて然るべきである[25]。

二三年四月の就任会見において、植田総裁は、金利操作や資産購入等について問われて、「ネット〔正味―引用者〕で経済にどういう効果があったのか、それから副作用のコストが仮に測られたとして、引き算してお釣りが残るどうかというのが、評価の基準になる[26]」だろう、と答えている。金融政策は経済主体によって利害が異なることが少なくない。これまでは、国民目線が不足していた。多数の国民のためになる次元において、金融政策を実施すべきである。当面は、まずもって、マイナス金利政策の廃止、金利機能の回復が課題である。また、マネタリーベースを主たる操作目標としている現行の方針は、早期に変更される必要がある。さらに、補完当座預金制度を廃止して、日銀当座預金に対する付利を全廃すべきである。中期的な課題を挙げれば、本書で指摘したような項目について、日本銀行法の改正に取り組むことが期待される。

（1）吉川洋『デフレーション』日本経済新聞出版社、二〇一三年、五三頁。また、吉川洋「デフレーションと金融政策」吉川洋編『デフレ経済と金融政策』慶応義塾大学出版会、二〇〇九年、一一七頁でも同様の見解が述べられている。
（2）内閣府『経済財政白書』二〇〇一年度版、三九頁。
（3）内閣府『経済財政白書』二〇〇三年度版、四二頁。
（4）日本銀行『調査月報』一九八九年五月号。
（5）同右。
（6）日本銀行『調査月報』一九八九年一〇月号。
（7）『読売新聞』一九九〇年三月二一日付。
（8）『読売新聞』一九九〇年八月三〇日付。

(9) 日本銀行『日本銀行月報』一九九一年六月号、五四頁。

(10) 竹中、前掲『構造改革の真実　竹中平蔵大臣日誌』六七頁。

(11) 預金保険機構「預金等全額保護制度下における破綻処理（資金援助）の終了等について」二〇〇三年三月六日参照。

(12) 経済産業省『我が国企業の海外事業活動』及び「海外事業活動基本調査」各年度版を参照した。

(13) 白川、前掲「政府・日銀『共同声明』10年後の総括」九五頁。

(14) 藤原綾乃『技術流出の構図』白桃書房、二〇一六年、二六～三一頁及び九七頁。

(15) 太田康夫『金融失策20年の真実』日本経済新聞出版社、二〇一八年、一七五頁。

(16) 『朝日新聞』二〇一七年六月一五日付、『日本経済新聞』二〇一六年二月八日、二月九日、一八日、一〇一七年二月三日、五月三日、五月二六日付参照。

(17) 黒田東彦「量的・質的金融緩和」（読売国際経済懇話会における講演）二〇一三年四月一二日、四頁。

(18) Kinugawa, Megumu, "The unconventional monetary policy of the Bank of Japan during the period 2013-2018: comments and views on Shirai," *International Journal of Economic Policy Studies*, Vol.13, No.2, 2019, p.357.

(19) 「レジェンドによる『総括』」における翁邦雄の見解（『週刊東洋経済』二〇二三年一月二一日号）、七六頁。

(20) 総務省「二〇二二年平均消費者物価指数の動向」参照。

(21) 『経済財政白書』二〇二三年度版、七七頁。

(22) 同右書、六九頁。

(23) Bernanke, Ben S., Thomas Laubach, Frederic S. Mishkin and Adam S. Posen, *Inflation Targeting: Lessons from the International Experience*, Princeton University Press, 1999, p.30.

（24）Shirai, Sayuri, "Overview of the Bank of Japan's unconventional monetary Policy during the period 2013-2018," *International Journal of Economic Policy Studies*, Vol.13, No.2, 2019, p.342.

（25）下記文献によれば、カナダ銀行とカナダ政府は物価目標等の枠組みを五年ごとに見直している。Carter, Thomas J., Mendes, Rhys R. and Lawrence Schembri L., "Credibility, flexibility and renewal: The evolution of inflation targeting in Canada," Bank of Canada Staff Discussion Paper 2018-18, December, 2018, p.26.

（26）日本銀行「総裁・副総裁就任記者会見」（二〇一三年四月一〇日）、七頁。

第三章　圓の選択

はじめに

明治四（一八七一）年五月の新貨条例によって、日本の貨幣名が「両」から「圓」（新字体では円）に変更された。明治政府は、新貨条例の制定に先立って、明治二年三月四日に、京都での朝議において新貨幣について審議した[1]。この朝議で、参与会計官掛大隈八太郎（重信）と造幣判事久世治作（喜弘）が、新貨幣について建議を行い、この建議が承認された。ところが、この朝議の関連史料は二度の大火によって焼失してしまった。そのため、「圓」の採用に関して、多くの研究がなされているにもかかわらず、未だに謎が残されたままとなっている。主として、次の二点が大きな関心事となっている。第一は新貨幣名「圓」はいつどこで決定されたのかということであり、第二は何故に「圓」という名称が選択されたのかということである。本章では、この二点を中心に考察する。また、圓の数奇な運命についても概観する。

一　明治新政府による新貨の鋳造

明治初年の通貨事情

明治新政府は旧幕府勢力との戦いや政府の活動において多くの資金が必要であったが、まだ財政基盤は整っていなかった。新政府は明治元（一八六八）年二月に金銀旧貨幣を当分の間通用させる布告を行い、江戸幕府の貨幣制度を引き継いだ。また、新政府は、同年五月に太政官札（「金札」という名の不換紙幣）を発行し、明治二年五月までに四八〇〇万両を発行した。諸藩・農商に貸与して産業を興隆させるのが名目であったが、政府の財源としても使われた。結局、明治初年には、旧貨幣・藩札・太政官札・民部省札等、種々の通貨が混在して流通し、通貨事情は複雑さを極めていた。

明治元年閏四月、太政官（政府中枢機関）に会計官（中央官庁の一つ）を置き、その中に貨幣司等を設置した。貨幣司は、貨幣を管轄する機関であり、二分金（にぶきん）・一分銀・一朱銀・天保通宝を鋳造した。しかし、貨幣司が鋳造した貨幣には銀台に金メッキを施した劣悪なものもあり、外国から批判を受けた。

他方で、明治元年三月、新政府は、貨幣分析所を京都二条の金座に設けて、慶長期以降に鋳造された古金銀貨、当時通用していた金銀貨、および欧米各国の五〇種余りの貨幣の品位を調査分析し、日本の貨幣の劣悪さから国際的に通用するものでないことを認識し、元年四月に画一純性の新貨幣を鋳造することを決定した[2]。

新貨鋳造に向けて組織改革が行われ、明治二年二月に貨幣司を廃止して太政官の中に造幣局を置いた。また、同年七月に会計官を廃止して大蔵省が設置されると、造幣局を造幣寮と改称して大蔵省の所属とした（大蔵省は三年閏一〇月に皇城内に移転）。前後するが、明治初年に新政府は、造幣寮・鋳造場を大阪に建造し、遊休していたイギリス領香港の貨幣鋳造機械を購入して新貨幣を鋳造することにした（この時点で、東京が首都になることはまだ確定していなかった）。明治元年八月に工事が始められたが、翌二年一一月に火災が発生し、工事中の屋舎や香港から購入した鋳造機械は灰燼に帰した。工事は中断を余儀なくされたが、オリエンタルバンク[3]（Oriental Bank Corporation）に委託して再びイギリスから鋳造機械を購入し、同年一一月に造幣寮・鋳造所が竣工した。元香港造幣局長キンダー[4]（Kinder, T. W.）のほか、ヨーロッパの熟練の技術者十余名を雇用し、同三年一〇月には新貨の試鋳が始められた。

大隈と久世の建議

新政府は、明治二年三月四日の京都での朝議（議事院上局会議[5]）を経て新貨幣制度の実現に向けて本格的に動き出した。それまでは、政府が新貨鋳造を行う目的は貨幣の品質を改良することにあり、その形状は旧来の方形を主とし、その貨名も旧来の朱・分・両を用いることになっていた[6]。ところが、参与大隈と造幣判事久世は、この朝議において、新貨幣について左記のような斬新な建議を行った。

第一、わが国の従前の金銀貨幣は方形が多いが、各国貨幣は圓形であり、携帯に便利になっている。これに対し、方形は大変不便であるので、旧制の方形を廃して圓形に改めるべし。

第二、わが国の従前の金銀貨幣の価名である朱分両の数は計算上大いに不便ゆえ、この際新貨を鋳造するに当たっては、旧称の朱分両を廃して、十進一位の価名に改めるべし。

朝議では、旧来の方形の貨幣の形状を圓形に改める第一の建議に対して反対する意見が出された。しかし、大隈らは甲州金も圓形であり、親指と人差し指で丸い形をつくれば貨幣とわかる、また方形は摩損が多いと主張した。朝議は、新貨幣の形状を圓形にする二名の建議を承認した。

次に、朱・分・両の貨幣名を廃して十進一位に改める第二の建議に対しても反対意見が出されたので、大隈らは次のように反論し、その中で新貨幣の名称を提案した。我が国貨幣名に両を用いたのは慶長小判に始まるが、その源は支那の制量である両を我が国の四匁余りに対して言うことに発している。慶長小判の量目(りょうめ)（重量）は四匁余りであり、両の名に相応しかった。しかし、その後旧幕府はたびたび改鋳ごとに量目を減少させており、法定するに足らない。一分は両の量目四分の一であり、一朱は両の十六分の一である銖の字から転じたものである。「数ハ十進一位万国皆同シ、故ニ今新貨ノ貨位ヲ立ルヤ宜ク旧来沿襲ノ陋制(ろうせい)ヲ廃シテ各国通行ノ制ニ則トリ百銭ヲ以テ一元ト定メ、以下十分ノ一ヲ十銭トシ銭ノ十分ノ一ヲ一厘ト為セハ計算上ニ於テ従前ノ煩雑（三匁七分五厘或ハ十一匁二分五厘等ノ如キ）ナク数歳ノ後民間取引ノ便却テ今日ニ倍蓰(ばいし)セント」と述べた（ふりがなは引用者）。朝議は大隈らに同意し、「新貨価名十進一位の議」が決定された[7]。

さて、ここで、大隈と久世が朝議で「百銭ヲ以テ一元ト定メ」と建議し、新貨の呼称として「元」が承認されたにもかかわらず、なぜ新貨条例において「圓」と定められたのかという問題が生じるのである。この問題に関する研究は少なくないが、明快な解明は行われていないのが現状である。解明が難航している主因は、先述の通り、明治五年二月に江戸の大火によって紙幣寮（旧江戸城内に設置）が焼失したうえ、翌六年五月には皇居炎上によって太政官衛が焼失して、貨幣関係の重要書類が全て灰燼に帰してしまったことである。

そこで、本章では、先行研究と資料を参考にこの問題の解明を試みる。三上隆三は『円の誕生』（一九七五年）において、「元」が建議された朝議と「圓」の呼称が初めて使用された公文書（明治二年七月七日付各国公使宛て書状の別紙）の事実から推測して、「元案がでた明治二年三月四日現在ではまだ新貨幣呼称は決定されていず、その決定はこの三月四日から前記公文書がでた七月七日までの約四カ月の間にされたということになる[8]」と述べ、この点に関する究明を続けた。

他方で、大蔵省編『大蔵省沿革志　下』は大隈らが上記の朝議で「一百銭ヲ一圓ト為シ」と建議したと記載している[9]。三上は同文献を「元」誤植説の代表的文献であるが、根拠を明示することなく元を円にするのは「史実に対する挑戦もよいとこ」と断じたい気持ちになると批判した[10]。

ところで、前記公文書よりも以前に、新貨幣名について「円」（明治初期だがこの字体を使用）の呼称が報じられた事例がある。明治二年三月二四日付『官許　六合新聞』第二号（不定期の民間の彫刻印刷物）がそれであり、「今般御製造に相成る貨幣之分量」のタイトルで、新貨幣「円」に含有される金量と新旧貨幣の交換比等を記載している。たとえば、「金幣分量金十一分青銅一分　十円　全量四匁七分二厘　在来の八両ニ当る／銀幣分量銀九分青銅一分　一円　全量七匁二分　在来の三分三匁ニ当る」などと記されている。しかし、円の補助単位に当たる「銭」「厘」についてはまったく記載されていない。三上は、これは当時の「大スクープ」と評価し、情報源は大蔵省が有力と推測し、金貨と銀貨の品位が不統一であること、また円未満の単位である銭・厘について記載していないことなどから、三月四日の朝議以前に新貨の呼称が最終決定をみたとは思われないと述べている。[11] 確かに、『六合新聞』が当該朝議の内容をスクープしたとするならば、大隈らが提案していたように、新貨の基本単位の他の「銭」や「厘」にも言及するのが自然であり、朝議の内容をスクープしたものとは考えにくい。

これに対して、田中将英（日銀調査局）は、日本貨幣協会誌『貨幣』に掲載された論稿において、上記『六合新聞』の取材時期・原版彫刻の時日を考慮すると、「『大蔵省沿革志』に記載の三月四日に『円』の新貨幣単位を決めたとする方が妥当のように思う」と述べている。また、新貨幣の見本の試造や『六合新聞』の内容からみて、「新貨幣を『円』単位とする原案は三月四日までに作成されていて、大隈・久世の両名は、この原案を基にして同日の貨幣会議に臨んで議論したと推理できる」と記述している。[12]

田中は、『図録　日本の貨幣』第七巻の第二章以下の執筆者であるが、同書第二章での説明において、

「大蔵省沿革志」における「一百銭ヲ一円ト為シ」という記述を引用して、大隈らが朝議で新貨幣の名称を「円」と建議したものとして記述している。[13] 但し、注記として、『明治財政史』第一一巻において「百銭ヲ以テ一元ト定メ」と記載されていることも付記している。

山口宗之「新貨単位〝円〟制定に関する臆説」も、田中説と同様に、新貨幣名「圓」の採用は当該朝議で決定されたという見解に立っている。[14] 山口の所説に関しては、後述する。

また、山本有造『両から円へ』は、「新鋳すべき貨幣については、明治二年三月大隈重信の建議により形状を円形とし算則は十進法とすることとし、ついで価名を『円』とすることも決せられていた[15]」と述べており、当該朝議で新貨幣の基本単位は「円」に決定されたという見解に立っている。しかし、その理由については全く説明がなされていない。

なお、『日本銀行百年史』第一巻は、朝議の内容について『明治財政史』の記述を採用して「百銭を以て一元と定め」と記した上で、朝議で「元」と定められたにもかかわらず、なぜ「円」となったかは「諸説あって断定しがたい」と判断を留保している。[16]

二　新貨名「圓」はいかにして決定されたか

「圓」の起源

新貨幣の呼称「圓」の採用はいつどこで決定されたかという問題を考える際に「圓」の起源について考察することは必須であり、「圓」は中国の貨幣事情と密接な関連があることが明らかにされている。

宮下忠雄『近代中国銀両制度の研究』によれば、中国では、明末期から対西洋貿易を通じて開港場のあった華南地方にスペインドル銀貨を中心に外国銀貨（洋銀）が流入していた。[17]『中国歴代貨幣』においても、「明朝の末年、国際貿易の発展に従い、西洋の銀貨が中国に流入を始めたとされている。銀貨の質量形式が画一で使用に便利なところから、労せずして広がり、広範に流通[18]」したと記載している。

中国の銀貨は秤量（しょうりょう）貨幣であり馬蹄形または不定形であったのに対して、スペイン銀貨等の洋銀は圓形であった。華南の人々は、この圓形という特徴に着目して、これらの洋銀を「銀圓」と呼ぶようになった。また、洋銀は品位・重量の正確さと利便性から個数で計算されるようになり、やがて「圓」が枚数計算単位として使用されるようになった。[19]もう少し詳しく見ると、一七七〇年代以降には広東地域を中心にスペインドル銀貨はプレミアム付きで個数払いで授受されており、道光九（一八二九）年には、洋銀は黄河以南の各省で流通していた。[20]福建では乾隆後期、浙江地方では道光時代、広東省では一九世紀初めには、

「圓」という貨幣の計数単位が広く慣用されていた。また、圓という文字は画数が多いために、中国語で圓と同音（「ユアン」）であり画数の少ない「元」という文字が、道光末から代用字として使用され始め、その後に広く普及していった。[21]ちなみに、「円」という日本語の字体は、中国語には存在しない。

なお、一八二一年のメキシコ独立後、メキシコは、スペインドル銀貨の文字・画紋のみを変更してメキシコドル銀貨として改鋳した。メキシコドル銀貨は、スペインドル銀貨に対する信認（信用）を継承し、またメキシコにおける圧倒的な銀生産量を背景として、国際通貨として広く流通していった。

このような通貨事情のなかで、一八六四年にイギリス領香港において、イギリス政府がメキシコドル銀貨を駆逐するために、香港ドル銀貨を発行した。この香港ドル銀貨には、表面にヴィクトリア女王の肖像が配置され、裏面には「ONE DOLLAR HONG KONG」という英字のほかに、「香港　壹圓」という漢字が刻まれた。これが、歴史上、貨幣に「圓」という文字が使用された最初である。香港ドル銀貨において、「壹圓」とは「一ドル」のことを香港の人々向けに併記したものである。中華圏で広く流通することを企図して漢字表記が行われたと考えられるが、実際には、メキシコドルに打ち勝つことはできず、三年後には鋳造中止に追い込まれ、造幣局も閉鎖された。

要するに、貨幣に関する「圓」という文字の使用は、明代末に華南の人々が中国の銀貨（馬蹄銀等の秤量銀貨）と区別するために、スペインドル銀貨などの洋銀をその形状に着目して「銀圓」と呼んだことがその始まりである。その後、洋銀の別称となった「銀圓」の「圓」が独立して洋銀の計数単位に発展し、洋銀の貨幣単位の別称として慣用されるようになった。たとえば、スペインドル銀貨一ドルのことを「一圓」と呼ぶようになったのである。[22] スペインドル銀貨の後継として国際通貨として浮上してきたメキシコドル銀貨についても同様であった。かくして、「圓」は洋銀の貨幣単位「ドル」を表すものとして華南地域を中心に慣用され、中国の各地域に拡大していった。

ところで、先述のように、中国の人々は、圓という文字は画数が多くて煩雑なために、中国語で同音である「元」を日常取引・書類・文献等において代用字として広く使用するようになった。三上は、「元」という文字が「圓」を凌駕して普及した理由として、古来よりこの文字が中国の貨幣に多用されてきたこと、「天・はじめ」などの良い意味を有すること、わずか四画と画数が少ないことなどを挙げている。[23] ちなみに、日本においても、『六合新聞』のほかに、戦前に「円」（四画）という簡単な字体が使用されていた事例があることは、国を超えて人々の工夫があることを知らされる。

中国幣制における圓と元

次に、中国の貨幣制度の近代化の過程において、「圓」と「元」がどのように使用されてきたのか概観する。既述のことと重なるが、百瀬弘の研究によれば、福建においては、乾隆後期にはスペインドルが表価貨幣となり、貨幣の授受において「圓」なる単位の使用が確立し、浙江地方では道光時代に明らかに成立していた。また、広東省では、十九世紀初めには圓単位が普及していた。[24]

光緒一五（一八八九）年になると、清朝は広東に最初の造幣廠を設置し、翌年には広東造幣廠がイギリスから輸入した鋳造機械によって「光緒元寶」を製造した。この新銀貨は洋銀と同様に圓形であり、表面に「光緒元寶」の文字が刻印され、裏面には蟠龍紋などが配置された。そのため、龍洋とも呼ばれた（「龍洋」という名称は、元来、一八七一年に発行が開始された日本の貿易用の一圓銀貨〔表面に龍の紋様が刻印されている〕に対して、華南地方の人々が使用した名称であった[25]）。しかし、新銀貨に混入する銅の価格が高騰したため、光緒二〇年に鋳造を停止した[26]。

清朝は国家財政の赤字に対処し、また複雑な貨幣制度を整理するために、一九〇五年に最初の国家銀行である大清戸部銀行を北京に設立した。この銀行に対して、一般的な銀行業務のほかに、貨幣や紙幣を発行する特権を付与して、銀両・銀元（銀圓のこと）・制銭票[27]を発行させた[28]。すなわち、一九〇〇年代初頭には、清朝は、既存の中国の貨幣単位「両」とともに、洋銀の貨幣単位「圓」（その代用として「元」を慣用）を容認しつつ、「圓」への統一化を模索した。また、国家紙幣の活用を積極化させた。

『中国歴代貨幣』に依拠して中国貨幣の推移を見ると、光緒二九（一九〇三）年に天津造幣廠が鋳造した円形銀貨「光緒元寶」（同書、三六頁、図1）の貨幣単位には「一両」と刻印されている（試鋳であり流通していない）。光緒三二（一九〇六）年に天津造幣総廠が製造した「大清銀幣」（同頁、図3）にも「壹両」と刻まれている。しかし、光緒三三（一九〇七）年に天津造幣総廠が鋳造した「大清銀幣」（同頁、図4）には「壹圓」と刻印されているが、これは試鋳であり流通していない。

他方で、銀行券については、一九〇六年に発行された大清戸部銀行兌換券（六九頁、図10）には、「壹圓」と印刷されている。これは、同行が一九〇五年に国家銀行として、清朝政府から「圓」兌換銀行券を発行する権限を付与された結果と考えられる。他の銀行券の例では、一九〇八年発行の信義工商儲蓄銀行の壹圓銀行券（六八頁、図8）、一九〇九年発行の上海四明銀行の貳圓銀行券（同頁、図6）にも「圓」の単位が印刷されている。

また、民間の地方金融業者である銀号（「銀荘」の別称）の銀票について見ると、萬義川銀号及び昇昌銀号が一九〇八年に発行した「銀票」（五六頁、図7及び図8）に「圓」が使用されている（銀票は銀両に代替するものとして銀号が発行した民間紙幣）。

さて、銀貨に話を戻すと、広東造幣廠の製造した銀圓は、広東・福建・天津等で流通し、やがて上海にも流入した。また、日清戦争（一八九四年）以降には、銀貨の造幣廠が他の諸省でも開設され、銀元が流通に供された。一九〇二年九月には英清通商航海条約が調印され、清国は画一的な国幣を鋳造する措置を採り、この国幣を両国人が税の支払いや債務弁済に使用できる法貨とすることを約束した。翌年には、アメリカや日本とも、類似の通商航海条約を締結した。これらの事情からも、清朝当局は中国の幣制の近代化をさらに推進せざるをえなくなった。一九一〇年五月、清朝政府は「幣制則例」（貨幣法）を公布して銀本位制を採用し、国家貨幣を洋式の円形銀貨とし、貨幣単位を「圓」に変更することを決定した。かくして、清朝は一九一〇年になって貨幣単位を「圓」と刻印した「大清銀貨」を鋳造することを決定し、近代的幣制に向かって歩み出した[29]。

要するに、清朝政府は、洋銀一枚を一ドルと呼び、またそれを一圓と呼んできた慣習的呼称を承継して、一九〇五年の国立銀行の設立を契機に、洋銀と同じ圓形の新貨（大清銀幣）の貨幣単位を「圓」と称すこととし、一九一〇年の「幣制則例」で法制化し、貨幣名「両」を正式に「圓」に変更したのである。なお、前掲の大清戸部銀行の一圓兌換券の裏側（六九頁、図11）には、「ONE DOLLAR」と印刷され、一九〇九年発行の上海四明銀行の拾圓銀行券（六八頁、図7）にも、裏面に「TEN DOLLARS」と印字されている。したがって、「外国銀弗（ドル）に関して生じた円（ママ）なる貨幣単位が清末に至り中国の国制に採り入れられるに至った」という宮下の認識は妥当であると考えられる。

ちなみに、「元」については注意が必要である。浙江興業銀行（一九〇六年設立）の銀行券（六七頁、図3）には「伍元」、一九〇七年の華商上海信成銀行の銀行券にも「壹元」と印刷され、「元」の文字が使用されている。硬貨ではほとんど見られないが、一九一六年発行の洪憲元年開国記念銅貨（三二頁、図27）には「當十銅元」と刻印されている。他に一九一一年発行の中華民国軍票（七五頁、図5）等の使用例もある。しかしながら、これら若干の事例は、画数の多い圓に対して同音でかつ四画で済む「元」を用いていた慣習をそのまま使用したものに過ぎず、「元」という呼称が国の正式な貨幣名（通貨単位）として政府から認可されたわけではないのである。そのため、銀行紙幣においても、多くの場合は本位銀貨と同じく「圓」の文字が使用されている。

ここで、廃両改元とその後の事情について触れておきたい。「幣制則例」後の宣統三（一九一一）年に天津造幣廠が鋳造した「大清銀幣」（三六頁、図7及び8）には「壹圓」と刻印され、この貨幣は流通に回っている。秤量貨幣を基礎とした「両」の幣制が新たな「圓」の幣制に移行したことがわかる。しかし、この新貨幣は辛亥革命後の国民三（一九一四）年の袁世凱貨幣の鋳造によって製造中止となり、短命に終わった。清朝はその末期において「幣制則例」によって「両」から「圓」への転換を図ったが、一気には進まなかった。多種多様な貨幣が流通していたことや、旧来の幣制において利益を得る勢力があり、新貨幣単位が全国的に普及していくには長い歳月を要した。

一九一一年一〇月に辛亥革命が勃発し、翌年二月に清朝は崩壊して中華民国となり、清朝の幣制改革は頓挫したかに見えた。しかし、北京共和政府は、国民三（一九一四）年二月に「国弊条例」を公布し、清朝と同じ方向で幣制改革を実施した。本位貨幣を銀貨として銀本位制の採用を決定し、品位と重量は「幣制則例」を踏襲した。新銀貨の呼称も「圓」とし、無制限の法定通用力を有するものとし、計算方法として十進法を採用した。新貨幣が発行され、袁世凱の肖像が配置されたために「袁像銀元」と呼ばれた。この貨幣は、中国の銀貨の中で最低の銀含有量に近かったために、グレシャムの法則によって他の銀貨を駆逐して大量に市場で流通し、廃両改元を促進した(30)。

さて、国民政府も通貨の統一を目指し、一九三三年四月に全国的な「廃両改元」を断行した。また、同年三月には銀本位幣鋳造条例等が発表され、国民政府中央造幣廠が銀本位幣の鋳造を開始した。本位銀貨幣は二種類あり、一種は表面に孫文の胸像が配置され、裏面には「壹圓」と刻まれていた。しかし、裏面に旭日の図柄があったためか、同年六月に発行停止となった。第二種は、これに代わるもので、翌七月から裏面の旭日などの図柄を削除して鋳造された。中央銀行条例によって中央銀行が国幣の発行特権を付与され、中央銀行がこの銀貨を発行することになった。全国的な廃両改元が実施された後も部分的には銀両の流通が残存したが、次第に幣制の統一化が進み、旧来型の資本が衰退し、資本主義的資本（特に銀行資本）が隆盛となっていった。(31)

「廃両改元」とは「両」を廃止して「元」に改正するという意味であるが、日本人においては注意が必要である。先述のように、一九世紀頃から華南を中心に中国の人々は、画数の多い「圓」に対する代用字として「元」の文字を使用しているので、中国においては「廃両改元」が自然な表記であるのだが、その実体としては「廃両改圓」なのである。すなわち、「廃両改元」においては、廃止される貨幣単位は「両」であったが、新たに採用する貨幣単位は「元」ではなくて「圓」なのである。そもそも「元」は中国において正式な貨幣名ではなかった。

当時の英語文献では、たとえば、カン（Kann, E.）の『*The Currencies of China*』（一九二六年）は、中国の貨幣について、「Tail」（両）を使用している（「Shanghai teil」〔上海両〕など）。香港銀貨については、「Hong Kong dollar」を使用し、日本の貨幣については「Yen」または「Japanese Yen」を用いている。カンは、日本政府が一八七一年の法令（新貨条例）により鋳造した貨幣を「Ｙｅｎ」と呼称することにしたと記している。このように、「圓」は国家の貨幣名としては日本で最初に命名され、「Yen」は日本政府が最初に使用した貨幣名である。なお、この時点では、「Chinese Yuan」はまだ使われていない。

一九四九年一〇月、中華民国は中国共産党との闘いに敗れ、中華人民共和国が成立した。同年一二月に中国人民銀行（中央銀行）が設立され、同年に中国人民銀行券（人民元）が発行された。『中国歴代貨幣』（一九八二年六月刊行）では、一九四八年発行の一人民元札（一八九頁、図1）には「壹圓」と印刷され、一九六五年発行の人民銀行券（一九八頁、図25）を含め、他の人民元札にも「圓」の文字が印字されている。ところが、一九八一年発行の硬貨（一九九頁の図）には「壹圆」と刻印されている。また、筆者がネットオークションに出品されている一九八〇年発行の中国人民銀行の拾元札を確認すると、その表面には「拾圓」と印刷されていた。なお、一九七九年に中国銀行（前身は大清戸部銀行）が発行した外貨兌換券にも圓の字体が使用されている。

以上のことから次のことが言える。第一に、中国人民銀行が発行する通貨（硬貨及び紙幣）の基本貨幣単位は「圓」である。人民「元」と呼称されており、また中国人民銀行編纂『中国歴代貨幣』の説明文においても、「圓」の字は「元」という字が用いられているが、実際の中国人民銀行が発行している鋳貨や銀行券（紙幣）には、「元」ではなくて「圓」が使用さている。第二に、その後、旧字体の簡体字への変更に伴って、中国人民銀行は貨幣単位「圓」の文字を「圆」という簡体字に変更している。

中華人民共和国では、国務院の指導の下に一九六四年に「簡化字総表」が発表され、それまでの漢字

（繁体字）の簡体字への変更が開始された（その後、改訂版が発表されている）。一九六五年発行の中国人民銀行券には「圓」の字が使用されているが、その後、一九八〇年に至るまでの間に中国の通貨単位は「簡化字総表」に沿う形で簡体字の「圆」に変更されている。ちなみに、一九八二年に発行された『中国歴代貨幣』の説明文において、「圓」の文字は全て「圆」という字体となっている。

現在、中国人も、日本人も、中国人民銀行が発行する通貨の基本単位を「元」（中国語では「ユアン」、日本語では「ゲン」）と発音し、また両国において書類・新聞・文献を含めてすべて「元」と表記している。しかし、繰り返しになるが、実際の中国の通貨には簡体字への変更前には「圓」、簡体字への変更後は「圆」という文字が印刷されており、「元」の文字ではないのである。日本人のなかには、中国の通貨には「元」という文字が印刷されていると誤解している人がいるかもしれない。中国の商店で「一〇元」と記載されている場合は「一〇圆」のことである。また、中国の土産物店等で値札に￥1000と印刷されていると、これは中国の通貨で一〇〇〇元＝一〇〇〇圓のことである。

「圓」の採用が決定された日付と場所

さて、いよいよ新貨の呼称として「圓」が決定された日付と場所を判断することにしたい。現存する一次史料において、このことに関して最も詳細な記述がなされているのは「貨政考要」である。「貨政考要」は副題が「正貨事歴」とされ、明治二〇（一八八七）年五月に秘密印刷されたものである。前付けに

「本書ハ大蔵大臣ノ決判ニ依リ謄寫ノ労ヲ省カンカ為ニ秘密印刷ニ付シテ以テ省務参照ノ用ニ供スルモノナリ」という注意書きがあり、大蔵省で活用されていたものと考えられる。しかし、一九六四（昭和三九）年三月に、大内兵衛・土屋喬雄編『明治前期財政経済史料集成』第一三巻に収録され、一般の利用に供されるようになった。また、「貨政考要」は「例言」において、金銀銅新貨幣・政府紙幣・銀行紙幣等に関する詳細は『明治貨政通誌』を撮約して纏めた旨を記載しており、出典を明示している。さらに、『明治前期財政経済史料集成』第一三巻に掲載されている「『明治貨政考要』解題」には、「『明治貨政通誌』は明治前期の貨幣政策に関する総括的な官廳的記録のうち、恐らくは最も詳細なものであったらうと推考される」が、同文献は大蔵省文庫等には残存しておらず、確認することができないと記されている。

他方、『明治財政史』第一一巻には「貨政考要」と酷似する記述が多くあり、当該朝議の内容もほぼ同一である。同書は、大蔵省内に置かれた「明治財政史編纂會」が編集したものであること、また初版が明治三十八年一月であることなどから判断して、同書の明治初期の貨幣事情に関する内容は「貨政考要」の記述に依拠しているものと考えられる。

さて、「貨政考要」は、明治二年三月四日の京都における朝議の顛末を詳細に記述している。それによれば、大隈と久世は新貨の呼称について、第二の建議項目において、江戸期の朱・分・両の旧貨幣名を十進一位の貨幣名に改めるべきであると建議している。しかし、この段階では、まだ新貨幣名をどのような呼称にすべきか具体的な呼称を表明していない。だが、朝議の中で、貨幣名を変更することに反対する者があり、大隈らは、これに反論する形で、「百銭ヲ以テ一元ト定メ以下十分ノ一ヲ十銭トシ銭ノ十分ノ一ヲ一厘」とすることを提案し、議論の末にこの建議が承認されている。

ところが、明治四年五月に制定された「新貨条例」では、新貨の呼称は「圓」と定められた。そこで、先述のように、三上は、明治二年七月七日付の各国公使宛公文書に新貨について「圓」という呼称が使用されている事実から、朝議が開催された明治二年三月四日からこの公文書の日付である同年七月七日の間に、「元」から「圓」への変更がなされたであろうという仮説を立てた。(33)

しかし、明治二年の三月四日から七月七日までの期間に、上記朝議で決定された内容を変更するような重要な会議が開催された形跡は確認されていない。また、当時の最高意思決定機関で一旦決定された重要事項が、三カ月程度で簡単に覆されるということは極めて考えにくい。

他方、「大蔵省沿革志」は、「貨幣寮第一」という項目のなかで、三月四日の朝議について比較的簡単に記述し、大隈らが朝議で「一百銭ヲ一圓ト為シ」と建議したと記載している。(34)この「大蔵省沿革志」は、明治八年九月に大蔵卿大隈重信の命により大蔵大書記官遠藤謹助ら大蔵省職員九名が編纂を開始し、明治一三年一月に発行されことが記録されている。

ここで注目されるのは、「大蔵省沿革志」の編纂を命じたのが朝議で新貨の呼称等を建議した大隈その人であるということである。編纂を命じた者として、一般的には、大隈は「大蔵省沿革志」に一度は目を通しており、建議での自分の発言内容もチェックしていたであろうと思われる。また、担当の大蔵省職員は関連史料が大火で焼失しているために編纂に苦労をしており、朝議で建議した大隈本人が近くにいるのであるから、当然ながら朝議の内容を本人に確認していたであろう。このような事情を考慮すれば、「大蔵省沿革志」の記載が全くの誤記であるとも言えないと思われる。

先述のように、中国の人々は洋銀一枚を一「圓」と呼ぶようになり、一八〇〇年代には、一「圓」のことを一「元」と慣用していた。一八六六年、イギリス政府がイギリス領香港で一ドル香港銀貨を鋳造し、その裏面に「ONE DOLLAR HONG KONG」という英語表記とともに、中国人向けに「香港　壹圓」という漢字を併記した。換言すれば、「ONE DOLLAR」に「壹圓」という訳語を充てた。その背景には、当時中華圏で洋銀に対して用いられていた「圓」という字を充てることによって中華圏で香港ドル銀貨が広く流通することを期待した事情があった。しかし、当時、東洋において国際通貨の地位を席巻いたメキシコドル銀貨に打ち勝つことはできず、一八六八年には製造を中止し、造幣局も閉鎖された。当時、チャーマーズ（チャルマーズ Chalmers, R.）は、「British dollar」（香港ドル銀貨のこと）は当時流通していたメキシコドル銀貨と同質であったにもかかわらず、中国人は一％の割引をしないと受け取らなかったと記している(35)。

大隈らは、外国（特にイギリス）の政府関係者、銀行員、専門家と日本の貨幣制度の改革について頻繁に相談しており、通貨事情について意見交換をしていた。また、不平等条約の下で、通貨の改革は欧米列強と相談する必要もあった。そして、長崎のグラバー邸で知られる、グラバー（Glover, T.）を通じて、遊休していた香港の鋳造機械を購入することを決めた。大隈らは香港ドル銀貨の現物を見たはずであるし、当時の香港や中国の通貨事情も研究していたはずである。そのため、中国や香港の人々が、メキシコドル銀貨「一圓」(一ドルのこと)を一メキシコ「元」と呼んでおり、一香港ドルを一「元」と呼んでいたことも認識していたと思われる。

中国では、中華人民共和国となってからも、貨幣単位「圓」(簡体字では「圆」)を「元」として使用する用法は現在まで踏襲されている。今日では、日本人も中国の通貨(基本単位)を「元」と言い、記述している。しかし、先述の通り、実際の中国人民銀行の銀行券(紙幣)には「圓」(簡体字で「圆」)の文字が印刷され、「圓」(圆)が基本通貨単位である。

さて、朝議に戻るが、大隈らは、旧貨幣名を変更するべきだという建議第二項目に対して、反対意見を述べた者に対して反論し、新貨幣名を初めて提案した。大隈らは、なぜ最初から建議第二項目で新貨名を提案しなかったのであろうか。旧称「朱・分・両」については明記しているのだから、不思議に思われる。朝議に列席する重鎮たちが驚かないように配慮したのであろうか。今となっては知る術がない。しかしながら、大隈らが議論の中で新貨幣の呼称を急に思いついたということはありえない。大隈らは、朝議で貨幣名の変更を建議する以上、朝議に参加する以前に新貨幣名について検討し、決めていたと考えるのが自然である。また、博識の大隈は、日本でも使われていた「圓」が中華圏で「ドル」を意味する貨幣名として慣用されていたことを知っており、江戸期の「両」から脱却し、新時代に相応しい呼称として「圓」を基本貨幣名とすることを選択したのではないかと推測される(伊藤博文も、新貨条例制定前の明治三年一二月二九日付書簡で、一〇ドルのことを「拾圓」と書いている）。しかも、大隈はその「圓」が中華圏では「元」と慣用されていたことも認識しており、今日の日本人が言うのと同じく「圓」のことを「元」と言ったのではないかと考えられる。

くどいようであるが、「元」と発音するが、実際には「圓」であり、貨幣の現物には「圓」（簡体字採用後は「圆」）と記載されており、「元」とは記載されていないのである。貨幣の現物に「圓」と印刷されているのに「元」と呼ぶのは間違っていると思う日本人は少なくないかもしれない。三上もそのように考えたのではなかろうか。しかし、それは中国で長らく慣用されてきたことであり、日本人が勝手に変更することはできない。現在、日本人も一般的に中国の「圓」（「圆」）のことを「元」と呼んでおり、筆記もしている。

したがって、「大蔵省沿革志」における「一百銭ヲ一圓ト為シ」という記述については、大隈は「元」を実質的に「圓」を意味するものとして使用したつもりであるので、これでもよいと判断した可能性がある。以上のことから、新貨の呼称「圓」は、明治二年三月四日の朝議において、大隈と久世の建議に基づいて決定されたと考えられる。

大隈は多くの文書類を残しているが、このことに関する記述は発見されていない。大隈自身は、中華圏での「元」と「圓」の使用法を、中華圏の人々や今日の日本人が何の違和感もなく用いるのと同様に使用したと推測できる。そのため、大隈は大騒ぎをするほどのことではないと考えていた可能性もある。

この筆者の見解に類似しているが、異なった考え方として山口宗之の見解がある。山口は、「明治二年廟堂の議論ははじめ〝元〟といい、ついで〝円〟に決ったのであるが、それは異質の単位呼称として議論を呼んだのではなく、むしろ旧来の俗称の正規採用に対する議論にほかならなかった」と述べている。(36)

この点について、次に検討する。

三　「圓」の成立と将来

なぜ呼称「圓」が採用されたか

すでに検討してきたところから、貨幣名としての「圓」は、中国の華南地方で圓形の洋銀に対して銀圓と呼ばれ、それが一ドルを表す一圓という貨幣名として呼ばれるようになったことに起源を発することは明らかであろう。

問題は、大隈を含む明治政府が何故に新貨の貨幣名を「圓」に決定したかということである。「圓」が日本の貨幣名として決定されるに至った理由を明示する史料は現在のところ発見されていない。おそらく、今後も発見される可能性は極めて少ないであろう。これまで種々の研究が行われて諸説あるが、定説として確立したものはない。あえて分類すれば、①圓形状説、②香港ドル起源説、③江戸期慣用説などのほか、これらの混合説がある。

圓形状説は、新貨について審議した朝議で、大隈が指で円形をつくって、こうすれば誰でもお金とわかる旨を述べたので、「圓」とすることが決定されたというものである。しかし、ただこれだけのことから、朝議に参加した重鎮の面々が容易に承認したとは考えにくいし、大隈自身もこれだけの理由で新貨の名称を提案したとは考えがたい。

香港ドル起源説は、イギリス政府がその統治下にあった香港で発行した香港一ドル銀貨に「壹圓」と刻印しており、それを製造する機械を明治政府が購入したので、その影響を受けて新貨の呼称が「圓」に決定されたというものである。確かに、鋳造機械を購入する以上、その機械がどのような鋳貨を製造できるか調べるのは当然であり、香港ドル銀貨に「圓」の文字があることは大隈ら関係者も知っていたであろう。「両」は秤量貨幣にその起源を持っており、時代遅れであった。それに対して、質的に統一された洋銀は、中華圏で洋銀一枚（一ドル）について一圓と呼ばれており、近代的な雰囲気が感じられる呼称であった（日本でも一部の人々はこのような使い方をしていた）。このような視点に加えて、大隈らが、新貨の呼称の選択に際して、香港ドル銀貨を参考の一つにした可能性は十分にあったであろう。ただし、大隈らが香港ドル銀貨の影響を受けたことが、新貨幣名を「圓」にした唯一の理由とは考えにくい。

江戸期慣用説は、まず江戸期や明治初年の日本における「圓」の使用事例の多さを指摘している。山口は、江戸期から明治二年二月までに、圓の使用事例が四二件あることを明らかにしている。使用者は書生には限られず、明治政府に関与する人々も含め、私的な書簡・覚書等においてかなり広く使用されていた。

山口は、「圓」は「両」のことを砕けた形式で使用したものとしている。[37] そのうえで、「すでに幕末以前からあるていどなじまれていた〝円〟の方が—維新の国家主義・国民主義的観点からも—かえってよしとせられ、これが採用されることになったのではなかろうか」と結論づけている。[38] 要するに、山口は、朝議では幕末以前からある程度馴染まれていた両の別称である圓の方がよいということになって、圓という呼称が採用されたと推論している。

以上の見解には次の疑問がある。第一の疑問は、「両」の別称として江戸期からある程度馴染まれていた「圓」の呼称の方がよいとして採用されたという主張である。大隈は、当該朝議において、「両」は悪鋳が繰り返されて法定するに値しないうえ、両・分・朱の旧単位は計算が複雑であり、国際的に使用されている十進法に基づく元・銭・厘に変更すべきであると反論している。大隈にとって、欠点のある江戸期の「両」を新貨幣名として提案する意思は全くなかったであろう。朝議は保守的な面々も構成員であり、「両」からの変更に反対する者もあったが、大隈は旧来の「両」の難点を挙げて反論し、結果的に反対意見を押し切っている。したがって、「〝円〟の採用は、実は徳川期以来の俗称に尾をひく慣例的貨幣単位の法制化にほかならない」[39] として、明治新政府が「両」の別称である「圓」を法制化したとは考えにくい。

朝議では、確かに旧来の「両」の名称を変更することに対する反対意見が出された。また、「貨政考要」には、二年二月に造幣局を設けて新貨を鋳造する目的は「貨幣の品質の改良」であり、新貨の形状や名称を改めることは想定されていなかった旨が述べられている。[40] これらの事実から、メンバーの何人かは

「両」を支持し、また「両」の俗称としての「圓」を可とする者もいたであろう。しかし、「貨政考要」には、呼称変更に異論を唱える者に対する大隈らの反論内容を詳しく述べた後に、「朝議竟ニ亦二人ノ建議ニ同意ス、是ニ於テカ新貨價名十進一位ノ議爰ニ決定ス」と記している。すなわち、反対意見が出されたが、議論の末、大隈らの新貨幣名と十進一位の建議は、大隈らの反論を聞き入れて、朝議で決定されたとされている。したがって、「両」の俗称としての「圓」の方が「元」よりもよいという理由で採用したとは言えないであろう。

第二に、「進取ハイカラ主義の大隈がはじめ中国貨幣の単位である〝元〟の踏襲を考え」と述べているが、明治二年当時において「元」が中国貨幣の単位であったという事実はない。「元」は洋銀の慣例的呼称としての「圓」の中国における代用語であり、正式な「中国の貨幣単位」ではなかった。清朝政府が「圓」を貨幣単位として自国通貨に使用し始めたのは一九〇五年の国家銀行設立によって「銀圓」を発行させた時であり、当該朝議よりも後の事である。さらに、清朝政府が「圓」を正式な貨幣単位として法定したのは、それよりも後の一九一〇年公布の「幣制則例」においてである。

なお、山口は、別の箇所で、江戸期「両」の別称を制度化したという所説と矛盾する左記の見解も述べている。「維新の為政者乃至知識人は（中略）徳川期より〝両〟の別称として親しまれ、また早く中国に流入し秤量貨幣ではなくより便利な評価〔表価―引用者〕同額の鋳造貨幣として中国幣制に大きな転機をもたらした洋銀に由来をもつ〝円〟を、新生日本の新貨単位として採用するに足るものと考えたのではないだろうか」[41]。この記述は、江戸及び明治初期に「両」の別称であった「圓」を採用したという主張、すなわち「旧来の俗称の正規採用」[42]という論理と矛盾している。

当時の日本において、「圓」は「両」の俗称だけではなく、一部の人々には「ドル」の別称としても用いられていた。明治元年六月五日付の書簡で、上野敬助は貨幣鋳造機械の購入報告書の中で「圓」を使用しているが、この場合は、香港ドルの「ドル」を意味するものとして使用している[43]。進取気鋭の大隈が、「両」ではなく「ドル」につながる「圓」の呼称を選択した可能性は大いにあると考えられる。

三上は、京都の金福寺における「圓」の使用例では、「両」を否定して新貨幣名たるべきものとして使用されていると述べている[44]。また、三上『¥の歴史学』によれば、大隈が新貨幣名の課題に取り組んだときには圓の大合唱の中にあり、博学多識の大隈は圓や元以上の貨幣名を考えようではないかというのが貨幣会議（朝議）での彼の発言であった。しかし、多事多端の折でもあり、「異口同音の円大合唱が改めての貨幣名（価名）決定会議開催を実質的に無用化してしまった」。結局、「円の大合唱のうちに明治二年七月七日までの間にスンナリと自然発生的に貨幣名が円に決まったものと考えざるをえない」との結論を導き出している[45]。三上は、「元」と「円」は別物という前提に立って研究を進めているために、必然的にこのような結論に至ったと思われる。朝議の重要な結論を変更するならば、やはりそれに相応しい会議が開催されるのが自然であって、自然発生的に貨幣名が圓に決まったということは考えにくいと言わざるをえない。

以上、諸説を検討し、史料から導出できる筆者の結論は以下である。「圓」という呼称は、中国の華南地方で洋銀の慣用的呼称として使用され始め、その後、中国・香港・台湾等において「ドル」の別称となった。「圓」の呼称は、江戸期に日本の書生・知識人・政治家等を通じて日本に流入し、「両」や「ドル」の別称として私人間などで使用されるようになった。このような状況下で、大隈らは、ドルの別称としての「圓」に新規性や国際性を見出して採用したと考えられる。また、現物の香港ドル銀貨に「圓」の文字が刻印されていたことも「圓」採用を後押しした可能性は否定できないであろう。そして、明治二年三月四日の朝議において、この「圓」のことを「元」と表現して提案し、裁可されたものと考えられる。この朝議で、「元」とは「圓」のことを意味するのかという質問が出されたかどうかは不明だが、今日でも、ごく一部の人を除けば、「元」とは「圓」のことかという質問を出す者はほとんどいないと思われる。

なお、当該朝議で、新貨の呼称「圓」が決定されたほかに、従来の複雑な計算法を十進法に基づく圓・銭・厘の単位に変更して統一を図ったことは、明治初期の幣制改革の意義として高く評価されるべきことである。

貨幣単位「圓」の運命

日本では、一九四九年の「当用漢字字体表」によって漢字の簡易化が推進された。このこと自体は、利点の多いことであり、特別に批判さるべきことではないであろう。しかし、理由があって使われている古くからの漢字の使用もすべて新字体（簡易体）に変更するのは避けるべきであったであろう。筆者は、その一つとして、日本の貨幣名「圓」は保存すべきであったと考えており、新字体「円」にされてしまったことは実に残念でならない。確かに、圓の画数は一三画もあって筆記には面倒であり、国民が「圓」の代用字として四画の「円」の漢字を使用するのは妥当であったと考える。中国でも、圓を四画の「元」の字で代用してきた。しかし、中国では、貨幣の実物には「圓」の字体を保存してきた。一種の文化財の保存と言ってもよいであろう。ところが、世界で初めて「圓」を国の貨幣名と正式に法定した日本ではそれが放棄され、「円」の字に変えられてしまった。

日本政府は、昭和二四年四月二八日付「内閣訓令第一号」において次のように告示した（「当用漢字字体表の実施に関する件」）。「政府は、今回国語審議会の決定した当用漢字字体表を採択して、本日内閣告示第一号をもって、これを告示した。今後、各官庁においては、この表によって漢字を使用するとともに、広く各方面にその使用を勧めて、当用漢字字体表制度の趣旨の徹底するように努めることを希望する」。この内閣訓令は、「努めることを希望する」という官庁的用語を用いているが、「各官庁においては、この表によって漢字を使用」という文言を含む「訓令」であるので、実施したのが実情であったと推測される。学術文献ですら、史料の中に記録されている「圓」の文字をわざわざ「円」と書き改めており、実際の史料と異なった文字が使用されているケースが非常に多い。日本銀行もこの訓示に従って「圓」を「円」に全て変更してしまったのかもしれない。これ以降には、日銀自身の文献ですら、戦前に「圓」の字で記録されているものをあえて「円」に変更している。

今後、国会等において議論が行われ、銀行券（日本銀行発行）と硬貨（日本政府発行）の両方において、役所の戸籍で旧字が使用されているように、「圓」の文字が復活することを期待したい。ただし、実際の使用にあたっては、新字体の「円」でよい。この点に何らかの不安があるならば、誤解のないように法律で定めれば済む。

ちなみに、当用漢字表の適用に関する問題点は他にも少なくない。たとえば、旧字体で役所に届けた氏名の漢字を新字体で書かかせる指導かつてなされたと記憶している。そして、実際に、銀行口座の届け出なども、それでよかった。ところが、最近になって、デジタル化の進行やマイナンバーカードの普及によって、本人確認の事情からか、役所への届け出の旧字体と同じ字体でないと受け付けない事例などが出てきているようである。字体の変更は今後も可能性はあるが、その運用の仕方については、各方面の意見を十分に聴取して、歴史・文化等の視点も含めて、極めて慎重に対応すべきである。

ところで、一九九七年七月に、香港が中国に返還された。その直前に、香港ドルの漢字表記が「圓」から「元」に変更された。たとえば、一九九四年に香港上海銀行が発行した「港幣貳拾元」には「元」の字が印字されている。

かくして、いまや本来使用されていた「圓」の字体を貨幣名として使用しているのは、台湾のみとなってしまった。手元にある中華民国中央銀行発行の百圓紙幣（中華民国八九〔二〇〇〇〕年製版）を見ると、

「圓」の文字が使われており、歴史の重みを感じずにはおられない。

(1) 明治五年一二月の改暦までは、陰暦を使用する。
(2) 「貨政考要」大内兵衛・土屋喬雄編『明治前期財政経済史料集成』第一三巻、明治文献資料刊行会、一九六四年、五三頁。明治財政史編纂會編『明治財政史』第一一巻、吉川弘文館、一九七二年、三一三頁。
(3) 「東洋銀行」と訳される。当時の代表的な外国銀行（英国）で横浜に支店があった。
(4) しばしば「キンドル」と訳されるが、発音に近づけた。臼井勝美・高村直助・鳥海靖・由井正臣編『日本近現代人名辞典』吉川弘文館、二〇〇一年でも「キンダー」である。
(5) 議事院上局会議は、王政復古から間もない当時において、天皇親臨のもとに、宮家・公家・諸侯が重要問題を審議・決定する機関。
(6) 前掲「貨政考要」五六頁、前掲『明治財政史』第一一巻、三二四頁。
(7) 同右「貨政考要」五六～五七頁、前掲『明治財政史』三二四～三二六頁。
(8) 三上隆三『円の誕生』東洋経済新報社、一九七五年、一七六頁。
(9) 『大蔵省沿革志　下』大内兵衛・土屋喬雄編『明治前期財政経済史料集成』第三巻、明治文献資料刊行会、一九六二年、所収、三頁。なお、「大蔵省沿革志」は、大蔵卿大隈重信が大蔵省職員に明治八年九月四日を以て編纂することを命じ、明治一三年一月に上梓が開始されているが、それらが全体として何巻であったかは不明である（大内・土屋編、同右書第二巻「大蔵省沿革志解題」一頁）。
(10) 三上隆三『¥の歴史学』東洋経済新報社、二〇〇一年、六〇頁。

(11) 同右書、六一～六七頁。
(12) 同右、六五頁における引用を参照した。
(13) 日本銀行編『図録　日本の貨幣』第七巻、東洋経済新報社、一九七三年、一六五頁。
(14) 山口宗之「新貨単位〝円〟制定に関する臆説」森博士還暦記念会編『対外関係と社会経済』塙書房、一九六八年、四九四頁。
(15) 山本有造『両から円へ』ミネルヴァ書房、一九九四年、二五頁。
(16) 日本銀行百年史編纂委員会編『日本銀行百年史』第一巻、日本銀行、一九八二年、八頁。
(17) 宮下忠雄『近代中国銀両制度の研究』有明書房、一九九〇年、三一頁（『中国幣制の特殊研究』丸善、一九五二年）。
(18) 中国人民銀行《中国歴代貨幣》編纂組編『中国歴代貨幣』新華出版社、一九八二年、三六頁、（日本語訳附録）伊達宗嗣訳、富士ジャーナル、一五頁。
(19) 宮下、前掲書、三一頁、三上、前掲『円の誕生』一八〇頁等を参照した。
(20) 同右書、四五六頁。
(21) 同右、四六四頁。百瀬弘「清代に於ける西班牙弗の流通」（中）『社会経済史学』六巻三号一九三六年六月、三八～三九頁。
(22) 三上、前掲『¥の歴史学』九一頁。
(23) 同右書、九二頁。
(24) 百瀬、前掲「清代に於ける西班牙弗の流通」（中）四七頁、五〇～五一頁。
(25) 宮下、前掲書、三七九頁。

（26）同右書、四八〜五〇頁参照。
（27）明朝及び清朝が定め、官によって発行された銅貨を「制銭」と呼び、これを代替するものとして用いる紙幣を「制銭票」という（前掲『中国歴代貨幣』二〇九頁及び二一一頁、翻訳五二〜五三頁を参照）。同書には、「江南裕蘇官銀銭局制銭票壹千文」（六二頁、図14）などの制銭票の複写が掲載されている。
（28）前掲『中国歴代貨幣』六九頁、翻訳二二頁。
（29）宮下、前掲書、五〇〜六三頁。「幣制則例」の関連では、前掲『中国歴代貨幣』二〇四頁、翻訳四七頁も参照した。
（30）同右書、五二二〜五三〇頁。
（31）同右、六一五〜六二三頁。
（32）Kann, Eduard, *The Currencies of China*, Kelly and Walsh, 1926, p.108, p.136, etc. なお、一八九三年出版の次の文献も同様である。Chalmers, Robert, *A History of Currency in the British Colonies*, Eyre and Spottiswoode, 1893, p.373, pp.376–377, etc. 但し、後者では、British dollar の語が使用されている。
（33）三上、前掲『円の誕生』一七五〜一七六頁。
（34）前掲「大蔵省沿革志」（下巻）、三頁。
（35）Chalmers, *op. cit.*, p.376.
（36）山口「新貨単位〝円〟制定に関する臆説」、前掲書、五〇四頁。
（37）山口、同右論文、前掲書、四九七〜五〇二頁参照。
（38）同右、五〇八頁。
（39）同右、五〇四頁。

(40) 前掲「貨政考要」前掲書、第一三巻、五六頁。
(41) 山口、前掲論文、五〇七〜五〇八頁。
(42) 同右、五〇四頁。
(43) 日本経営史研究会編『五代友厚伝記資料』第二巻、東洋経済新報社、一九七二年、二一一〜二一二頁。三上、前掲『¥の歴史学』九一〜九二頁。
(44) 三上、同右書、一二三頁。
(45) 同右、一三一頁。

第四章　明治幣制と銀行誕生秘話

一　金銀複本位制の採用

銀本位制の採用案

前章の通り、明治政府は、明治二（一八六九）年三月四日の朝議において、新貨幣の呼称を「圓」、「銭」、「厘」とすると共に、十進法を採用することを決定した。その後、維新政府は、オリエンタルバンクのロバートソン（Robertson, J.）に諮ったうえで、同年一一月九日に各国公使に宛てて新貨鋳造方案通告書を送付した。その中で、本位貨幣は銀貨とし、量目（りょうめ）四一六グレーン（一グレーン≒〇・〇六四八グラム）、品位一〇分の九としてメキシコドルと同一にすること、またその他の鋳造貨幣の種類・量目・品位等を記載した。これに対して、英、仏、独、米の公使からは特段の異論が出されなかったが、新規発行の補助銀貨に通用制限を設けること、外国人が保有する旧貨幣の一分銀（いちぶぎん）等を新貨に交換することなどの意見が出された。造幣首長に決まっていたキンダーは、本位銀貨の量目・品位は香港ドル銀貨と同一で異論がないとした。

ロバートソンも、大蔵卿に宛てて、新貨の量目・品位に関するキンダーの意見に賛同するとともに、本位貨幣は銀貨とすべきであり、金銀複本位制の採用は経験上適切ではない旨の書面を寄せた。

維新政府は、これらの意見を考量して、明治三年一一月に「新貨幣品位及ヒ重量表」を決定し、本位一圓銀貨は品位銀九分銅一分・量目四一六グレーンとするなど、本位銀貨、補助銀貨、補助金貨、銅貨の品位並びに量目を定めた(1)。すなわち、明治三年一一月時点で、大隈らは銀本位制の採用を内定し、金貨は補助貨幣としていた。

伊藤博文による金本位制への変更建議

ところが、貨幣及び財政等の調査のためにアメリカに出張していた大蔵少輔(しょうゆう)(2)伊藤博文が、明治三年一二月二九日付書簡で銀本位制ではなく、金本位制を採用するように進言してきたため、事態が急変した。伊藤は、アメリカ議会で審議中の新貨幣の量目表を添付して、次のように主張した。日本の拾圓金貨は品位が純度九分で同じだが、量目は二四八グレーンであり、米国の金貨拾圓（金貨一〇ドルのこと—引用者）は二五八グレーンよりも軽いので、日本の新貨もこれに従うべきである。近代西洋の碩学が金貨を本位とする論に収斂してきており、いま新幣制を採用する国があれば金貨を本位とするのは疑いないので、日本も金貨を本位貨幣とすべきである、と。

当時、政府の幣制改革に関与していた参議大隈重信・大蔵卿伊達宗城・大蔵少輔井上馨・大蔵少丞(しょうじょう)渋沢栄一は、伊藤の建議とオリエンタルバンクの意見を斟酌し、明治四年二月三〇日付の書簡で、多銀少金の東洋の地においてやむをえず銀貨を本位とすることにしたが、貴書を拝見してカーゲル（Cargil, W. W. 東洋銀行支配人）の意見も聞いて検討を重ね、「金銀両本位」とする旨を返信した。しかし、伊藤は自説に固執して納得せず、随員吉田二郎を帰国させて働き掛けを強め、省議が金本位制の採用に傾いた(3)。大隈らは金本位制を採用することに変更し、明治四年四月二日付で、アメリカ滞在中の伊藤に対して、金貨を本位とすることとし、同時に貿易の便宜のためにメキシコ銀貨と同一の貿易銀も鋳造する内容を通知した。

かくして、四年四月、伊達大蔵卿は銀本位制を金本位制に変更すること及び貿易銀を鋳造する伺書を太政官に提出し、裁可された。翌五月には、各国公使に対して、従前通知の銀本位制を金本位制に変更して、一圓金貨を本位貨幣とする旨を連絡した。添付された別紙の「本位金貨重量表」には、金貨の品位は金九銅一であり、一圓本位金貨の純金重量は一・五グラム（二三・一五グレーン）であることなどが定められていた。これに対して、各国公使から多くの異論が出された。特に、英国代理公使アダムス（Adams, F. O.）は、金貨を本位としない諸国との貿易において銀本位制は経済の理に適っており、金本位制に変更することは誠に遺憾であり、条約の趣旨に障碍となる場合には英国としても対処せざるをえない旨を通知してきた。しかし、明治政府は、外国の反対意見を受け入れず、新貨条例を布告した(4)。

なお、アメリカの議会案は、一八六七年六月にパリで開催された第一回国際貨幣会議での議決（金本位制の採用、貨幣の量目・品質の統一化など）に対処するものであったが、その議決に強制力はなく、結局のところで実現しなかった。金本位制を採用すべきだという伊藤の主張は、当時の日本においては経済的に合理的ではなく、新生日本は欧米列強と同等の幣制を採用すべきだとの政治的判断によるものであった。

新貨条例――実質的金銀複本位制

以上のような経緯を経て、四年五月一〇日に「新貨条例」が公布された。その本文で主旨説明がなされ、別紙「新貨幣例目」、「新貨幣品位量目表」、「新貨幣通用制限」に細目が定められた。「新貨幣例目」において、①新貨幣の呼称を圓とし、圓を原称とする、②十進法を採用し、一厘十で一銭、一銭十で十銭、十銭十で百銭、百銭を一圓とする、③在来通用貨幣との関連では、一圓を一両（永一貫文）とし、五十銭を二分（永五百文）とする、④一圓は品位九〇％、純金重量一・五グラム（二三・一五グレーン）とする等々が規定された。また、「新貨幣通用制限」において、①本位金貨幣（二十圓・十圓・五圓・二圓・一圓）のうち一圓を原貨とし通用制限を設けない、②銀貨は補助貨とし一口の払いに十圓を上限とする、③銅貨は一口の払いに一圓を上限とする、④開港場における貿易の便宜のため貿易銀を鋳造する、⑤貿易銀は国内の取引には使用できないが、私的な相対取引はこの限りではないことなども定められた。

貿易銀は、先に銀本位制を決めた際の一圓銀貨をそのまま流用したものである。政府は貿易銀をメキシコ銀貨と同等とするとしていたが、実際には香港ドル銀貨とほぼ同一であった。その当時に東洋で流通していたメキシコドルの平均は、標準的メキシコドルよりも軽く、香港ドル銀貨（四一六グレーン）に近似しており、[5]実態に合わせたものとなっている。

金本位制では貿易決済も金貨または金塊で行わなければならなかったが、伊藤がいくら大隈らに詰め寄ったとしても、明治政府は十分な金貨及び金塊を保有しておらず、わが国の経済が欧米列強に後れを取っている状況下では、金貨・金塊は流出する一方であり、完全な金本位制を実施することは到底不可能であった。そのため、伊藤の主張の通りに完全な金本位制を実施できず、大隈らは、日本の幣制を管理運営する者として、貿易銀を使用せざるをえなかったのである。なお、イギリス側が日本政府に銀本位制の採用を強力に推奨した背景には、日本の銀本位制採用により銀への需要が高まり、同国が保有する銀貨の価値の低下を防止できるという事情があった。

二　金銀複本位制と貿易

金銀複本位制度で凌いだ明治初頭の貿易

貨幣制度と貿易の関連を正確に把握するのは簡単ではない。貿易は貨幣制度だけでなく国内経済及び国際経済に係る諸条件が関連している。だが、幣制の異なる一〇年程度の期間に顕著な傾向がある場合には、幣制が貿易収支に一定の影響を及ぼしたと考えられる。金銀複本位制の時期は、明治四（一八七一）年五月の新貨条例に始まり、明治一八（一八八五）年五月の銀兌換券の発行前までである。ここでは、金銀複

表4-1　金銀複本位制下の貿易動向（明治4-16年）

（単位：万圓，％）

	平均輸出額	構成比	平均輸入額	構成比	収支
食料品	992	36	421	15	571
原料	345	13	105	4	240
原料用製品	1,077	42	755	26	322
完成品	134	5	1,488	52	-1,354
貿易額	2,563		2,865		-302

（出所）日本銀行『明治以降本邦主要経済統計』1966年、280頁より作成。

本位制の時期を新貨条例布告の四年から兌換銀行券条例施行の前年の一六年までの期間として検討する。

表4-1に示されるように、金銀複本位制の時期には、年平均で、輸入額が輸出額を上回って貿易収支が三〇二万圓の赤字（輸入超過）となった。しかし、貿易赤字額は後に見る金本位制下での赤字額よりもはるかに少なかった。輸出では原料用製品（加工原料）が一〇七七万圓で輸出の内の四二％と最大であり、次いで食料品が九九二万圓（三六％）となっており、この二品目で輸出額の七八％を占めた。また、完成品の輸出は一三四万圓（五％）に過ぎず、わが国の工業化は極めて遅れていた。輸入では、完成品が最も多く一四八八万圓で輸入の内の五二％と輸入の過半を占めた。次いで、原料用製品が七五五万圓（二六％）であり、原料の輸入は一〇五万圓（四％）であった。

個別商品では、主要輸出品の原料用製品の中心は生糸であり、一〇年に九六三万圓、食品は緑茶が主品目で四二九万圓であった。[6]輸入は完成品が中心であり、綿織物が一〇年に四二〇万圓であり、機械船銃砲類（同年二二九万圓）等が続いている。加工原料は綿織糸であり、同年四〇八万圓であった。また、食品のうち砂糖類の輸入も多く、同年に二七九万圓であった（『日本貿易精覧』）。このように、この時期は、完成品を輸出の基軸に据えるだけの工業力がなく、完成品の輸入が輸入総額の過半を占めており、わが国の輸出競争力はきわめて脆弱であった。

明治政府は貿易銀による貿易取引を企図したが、金本位国からの輸入の決裁は金貨・金地金による決済（明治二〇年まで）を余儀なくされ、それ以外の輸出入決済が銀貨・銀地金で行われていたので、実質的に金銀複本位制であった。日本国内で、一〇年頃までは、金貨や銀貨に対する紙幣の相場は比較的安定していたが、紙幣の増加に伴って一二年頃から金貨や銀貨の相場が急騰し始め、金貨と銀貨の価値が上昇し、国内通貨の紙幣は減価を続けた。したがって、輸入品の物価が上昇して国内物価の高騰をさらに刺激したが、必要な物は輸入しなければならなかった。

他方、世界的には、銀貨の金貨に対する減価傾向が続いていたので銀による決済では圓安となったが、当時は主な貿易相手国が金本位国の欧米列強であり、これらの国からの輸入は金貨・金地金の支払いであったので、圓安効果はあまり働かなかった。また、当時は工業がほとんど発達していなかったので、圓安による輸出競争力も発揮できなかった。このような事情から、この時期の日本の貿易収支は輸入超過の年が多かった。金銀複本位制であった四〜一六年までの期間において、四〜一四年までは、明治九年を除いて貿易赤字が続いた。しかし、松方デフレによる輸入の減少と輸出奨励策によって、一五〜一七年の期間は貿易収支が黒字となった。

金本位制採用に対する評価

伊藤が金本位制の採用を主張したのは、欧米列強が金本位制を採用する方向にあり、日本も欧米列強に準ずるべきであるという判断からである。これに対して、大隈らは伊藤に反駁するだけの論理を持っておらず、伊藤に押し切られる形で金本位制の採用を決めた。また、大隈らは、伊藤宛の明治四年四月二日付書簡でわが国の金本位制の採用について、「東洋之一小島徹ニ於テ早ク着鞭イタシ候儀ニテ真ニ痛快此事ニ御座候(7)」との所見を述べており、明治政府としても金本位制を採用することを是とした。伊藤のみならず大隈らも、当時の政権担当者として、日本が欧米に比肩することは望むところであったのである。

とはいえ、金貨及び金塊が不足しているために約束した太政官札の兌換さえままならぬ明治政府が、完全なる金本位制を実施できるはずもなかった。大隈らは、法令的には金本位制を謳いながら、実際には貿易取引用に「貿易銀」を使用する対応をとり、事実上の金銀複本位制を採用せざるをえなかった。伊藤も、アメリカの幣制改革議案の中に「貿易銀」が記載されていたこともあってか、貿易銀の鋳造を排除することはしなかった。

今日において、明治政府が伊藤の建議に従って金本位制を採用したことについては、評価する意見がかなり多い。たとえば、田中将英は「西ヨーロッパ先進諸国と共通の金本位制度に進むことを法律的に確定した点は、わが通貨史上、画期的重要な意味がある(8)」と高く評価している。しかしながら、筆者は、明治四年の段階では、大隈らの当初案であった銀本位制の採用が適切であったと考える。産業が未発達で輸出

表4-2　明治前期貨物・金銀の貿易収支

（単位：万圓）

年	貨物輸出	貨物輸入	貨物貿易収支	金貨・地金輸出入収支(a)	銀貨・地金輸出入収支(b)	金銀貨地金収支(a)＋(b)
明治5	1,703	2,618	-915	268	-190	78
6	2,164	2,811	-647	60	144	204
7	1,932	2,346	-415	812	480	1,292
8	1,861	2,998	-1,137	1,058	379	1,437
9	2,771	2,397	375	515	-274	241
10	2,335	2,742	-407	606	121	727
11	2,599	3,288	-689	460	154	614
12	2,818	3,295	-478	402	563	965
13	2,840	3,663	-823	587	372	959
14	3,106	3,119	-13	225	339	563
15	3,772	2,945	828	125	-298	-173
16	3,627	2,845	782	101	-330	-229
17	3,387	2,967	420	112	-173	-61

（注）明治５年の金銀貨地金の収支については『明治前期財政経済史料集成』第11巻ノ１を参照した（４年の統計は見当らない）。

（出所）『明治前期財政経済史料集成』第11巻ノ１及び『明治以降本邦主要経済統計』278、298、300頁より作成。

競争力が極めて脆弱であり、貿易赤字が続くことは不可避であり、正貨が海外に流出し続けることが必至であったからである。実際に、松方改革前の明治元年～一四年には日本の貿易収支は明治元年と九年を除き全て赤字であった。また、継続的に正貨（金貨・金塊）が流出し、国内の通貨供給量を減少させ、景気と庶民生活の悪化をもたらした。

五～一六年までの間に金貨・金塊の国外流出が継続し、合計五二一九万圓が流出した（表4-2）。その結果、同期間における金貨の国内在高は二六一六万圓から一二六六万圓に半減した。ちなみに、同期間に銀貨・銀塊は一四六〇万圓流出し、金銀正貨は全体として六六七九万圓が流出した。純粋な金本位制が実施されて金兌換が行われていたならば、この期間の日本経済は極めて厳しい不況に喘ぐことになったであろう。しかしながら、政府は西南戦争をきっかけに政府紙幣を濫発し、各地の国立銀行が不換銀行券を激増させ、同期間に不換紙幣は六八四〇万圓から一億三二二八万圓に膨張した。結果的に、金本位制の経済収縮効果が緩和され、逆にインフレが高進した。

立脇和夫は、いみじくも新貨条例による「金本位制の採用は、理想主義を追うあまり、日本経済の発展段階や国際環境を無視したもので、後にさまざまな問題を惹起することとなる」[9]と指摘している。この通り、わが国経済の発展段階を考慮せずに金本位制を採用したことは適切な選択ではなかった。銀本位制を採用しておれば、輸入超過や正貨流出ははるかに軽微で済んだであろう。

なお、イギリスをはじめとする欧米列強は日本に対して銀本位制を勧めておきながら、他方では、金本位国からの日本の輸入については金貨での支払いを強いるなどのしたたかさがあった。ちなみに、『日本貿易精覧』によれば、「政府発表の貿易表に依ると、其の価額統計は、明治二〇年以前は金圓と銀圓との混計」であり、同書においては政府発表の価額による旨が記されている。[10]

この時期の産業は、工業が未発達で、四～一六年の年平均の工場数は八一八に過ぎなかった（『明治大正国勢総覧』）。製糸（繭から生糸を製造）では、明治五年に官営富岡製糸工場が開業し、石炭を使った蒸気機関を動力として使用したが、機械化された工場でも他の工場は水力を動力とするものが多かった。一般的には、座繰りの小規模生産者が多く、機械化された製糸工場は少なかった。紡績（綿花から綿糸を製造）

では、慶應三年に薩摩藩がミュール紡績機の購入及び外国人技術者の招聘によって鹿児島紡績所を開設するなど、すでに江戸期から若干の工業化が進められていた。しかし、一般には、手回し・足踏み式の小型の織機が多く、改良されたものでもせいぜい水力によるものであった。明治政府は、輸入抑制・輸出増進のため、機械紡績の育成策を採り、一一年にはミュール紡績機四台を中核とする二〇〇〇錘紡績機二基を発注して、官営の愛知紡績所と広島紡績所の開設に動いた。さらに、一二年には、二〇〇〇錘紡機を一〇基購入して、翌一三年一一月に「工場払下概則」を定め、奈良・栃木・山梨・静岡・三重・岡山・長崎などの紡績所に払い下げ、各地に小規模紡績所（二〇〇〇錘）を育成した。しかし、この時期には工業の近代化は萌芽段階であった[11]。ちなみに、統計のある五〜一六年の期間の年平均の人口（内地本籍）は、約三四〇〇万人であり、現在の四分の一強であった。

三　政府による銀行制度の育成

銀行の前身としての為替会社

明治日本が近代国家として発展するためには、資本主義経済の発展が必要であった。しかし、当時の日本では、株式会社や銀行に関する知識は稀薄であった。渋沢栄一は、明治五・六年頃に株式会社に熟練した者や銀行経営を知っている者は誰もいなかったし、官尊民卑であって民力で事業発展を実現するなどということは思いもよらぬ有様であったと述べている[12]。

このような中で、維新政府は、商業の振興を図るために通商司を置き、そのもとで民間の通商会社と「為替会社」を設立させた（渋沢も大蔵省官吏として関与した[13]）。この為替会社は、Bankの訳語であり銀行のことであるが、まだ「銀行」とは称されていなかった。江戸期に御用為替方を務めた三井・小野等の他、地方の富豪などが設立者となって、東京・横浜・京都・大阪・神戸・大津・新潟・敦賀為替会社の八社が設立された。政府は巨額の太政官札を貸し付けて資本不足を支援した。

為替会社の紙幣のうち、金券は正金と引き換える純粋な兌換券であったが、規定がなかったのでその準備率は一定していなかった。また、銀券（銭券）は太政官札と引き換えることになっており、不換紙幣であった。為替会社は、政府の保護のもとに一定の金融仲介機能を果たしたが、政府保護ゆえの脆弱性、法規の不備等によって、通商司の廃止（明治四年七月）と国立銀行条例の制定によって解散する運命をたどった（ただし、横浜為替会社だけは国立銀行に移行した）。とはいえ、為替会社の経験は、わが国の民間人が西洋の銀行が行っている預金・貸出・紙幣発行等の金融業務について学ぶ機会となり、四年頃より次々と銀行の開業を願い出る民間人が現れた。

銀行論争の背景

わが国の銀行制度が整うまでには、幾多の紆余曲折を経なければならなかった。為替会社の経営が順調に進まないので、政府は別の形態でBankを育成する必要に迫られた。しかし、ここでも、大蔵省の銀行設立計画に伊藤博文が異論を唱え、大蔵省内で論争が展開されることになった。

維新政府は、旧幕府の資産と負債を引き次いだが、継承した資産は少なく、政府の財政は貧弱であった。そこで、維新政府は、参与三岡八郎（由利公正）の建議により、慶應四（明治元年）年閏四月、太政官札を発行する太政官布告を行った。太政官札発行の目的は太政官札貸付による各藩財政の再建及び殖産興業とされた。太政官札は「金札」と称されたものの、正貨との兌換がない不換紙券であり、太政官札は市場での減価を避けられなかった。明治元年五月から翌二年五月までに四八〇〇万両が発行されたが、三〇〇〇万両は政府財政の赤字補塡、残りの大部分は藩の赤字補塡に使われた[14]。

太政官札を発行した由利を批判して会計官副知事に就いた大隈重信は、太政官札の大幅減価とそれに対する外国領事による抗議に直面して、二年五月の太政官布告により、太政官札の発行を停止し、明治五年末までに太政官札を新貨幣と兌換すること、兌換しない場合には月利五朱（年利六分＝六％）の利息を付与することにした[15]。しかし、政府は、四年の新貨条例によって新貨を鋳造したものの、太政官札の兌換のためだけに四八〇〇万両もの新貨を製造する余力はなく、太政官札の兌換を実現できなかった。そこで、今度は、四年一二月に、金札及び藩札をドイツに製造委託した精巧な新紙幣と交換するという新たな太政官布告を公布した。[16]『明治財政史』は、「金札モ一朝其性質ヲ一変シテ紙幣兌換ノ紙幣トナリ、遂ニ我邦不換紙幣ノ端緒ヲ啓（ひら）ケリ[17]」と述べ、太政官札が完全に不換紙幣となったと指摘している。

さて、このような情勢の中で、官民においてバンク（Bank）を設立しようとする気運が高まってきた。このような折、大蔵少輔伊藤博文は、三年一〇月二八日付で、「万民の貧富は実に財政の当否に依る」が、現今では、巨額の不換紙幣が流通しており、贋金（にせがね）の弊害も生じ、救済策も尽きようとしている。幣制改正は急務であり、国家の安危盛衰がかかっている。近頃、合衆国国債償却法及び紙幣条例等を読んで、その適切さを知ったので、訪米して国債・紙幣・貨幣製造等について見聞・調査したいと政府に願い出た。[18]なお、芳川顕正（あきまさ）によれば、伊藤は、米国ナショナル・カレンシー・アクトを訪米前に福地源一郎に翻訳させて読んでおり、バンクについて概略理解していたという。[19]

この伊藤の願書は政府に認められ、福地源一郎、芳川顕正、吉田二郎らの大蔵省職員の他、為替会社の代表など総勢二一名で訪米することとなり、同年一二月一〇日にワシントンに到着した。その後、諸官庁を訪れて資料を精力的に収集・翻訳し、質問を繰り返すなど調査に努めた。その結果、ワシントン到着から三週間も経たない同月二九日付で伊藤は、岩倉大納言・伊達大蔵卿・大隈参議・江藤中弁（ちゅうべん）・渋沢大蔵少丞に宛てて、長文の建議書を送付してきた。

銀行論争前期

銀行論争は、右の伊藤建議書によって始まるが、論争の主体と主な争点が途中で変化するので、本書では、銀行論争を前期と後期に分けて検討する。銀行論争前期は、伊藤の建議書が提出された三年一二月二九日から伊藤が帰国する四年五月九日までの時期とする。

論争前期において、伊藤は次のように建議した。米国のナショナルバンクは「万国無比の良法」であり、我国で採用するならば、富国の基本となりうるものである。米国で発行されている紙幣は、会計局が発行する紙幣とナショナルバンクが発行する紙幣の二種類がある。後者は国債証書を会計局に引当として預け置き、許可を得て発行する手形である。両紙幣は流通において差異がない。わが国が新紙幣発行について法定する際には、これらの両紙幣を採用すべきである。政府紙幣は廃止できればよいが、現況では到底できない。伊藤は続けて言う。我国に国債がないのは苛政（かせい）の証と言うべきである。「今より国債の正法を設け置度、尤（もっとも）兼て御布告相成候通り、六分の利息を紙幣へ可払義に御決議有之上は、目今の紙幣彌々（いよいよ）国債の体を具候得ば、今国債証書を発行し、漸（ぜん）を以（もっ）て紙幣を国債に引替候様に処置致候はゞ、数年の後は新紙幣（フランクフオルトへ注文の分を云なり。）半は正金に引き替へ、（大蔵省の責任なり）半は国債と変じ、通用の紙幣は皆会社〔銀行―引用者〕の紙幣而已（のみ）と相成、実に信証の紙幣真貨に異らざる物に至らん事、今より之を保証すべし[20]」。

右の建議において、伊藤は概ね次のように建議している。①紙幣は政府発行紙幣とナショナルバンク発行紙幣の二種類にすべきである、②国債を発行して、漸次紙幣を国債に引き替える措置をとり、数年後には、フランクフルトに注文した新紙幣の半分は正貨に引き替え、残りの半分は国債に替え、流通する紙幣はナショナルバンク紙幣のみとし、紙幣が正貨と同等のものとなるようにすべきである。

ちなみに、伊藤が「御布告相成候通り、六分の利息を紙幣へ可払義に御決議」と述べている箇所は、二年冬から五年までに太政官札を新貨幣に兌換し、それに漏れた太政官札には一カ月五朱（＝年利六分）の利息を付加するという明治二年五月二八日の布告のことを指している。しかし、先述の通り、政府は巨額の太政官札を兌換するだけの新貨幣を鋳造する余裕はなく、この布告は実現されなかった。

他方で、大蔵省は巨額の政府紙幣とその弊害に悩まされており、この伊藤の建議を受け取る前の四年一月二日付で、参議兼大蔵大輔（たいふ）大隈重信と大蔵少輔井上馨が連名で訪米中の伊藤に次のような書簡を送った。

「在来楮幣（ちょへい）〔紙幣─引用者〕凡五千万圓此新楮幣〔ドイツに注文した新紙幣〕を以て一応引換る策の由。然るに新貨は人民信用し従て人の好みに応し新楮は又引換も五ヶ年はなくして信用も薄く相成は必然と思ふ。故に在来楮幣を当年中不残壹両以上の分千圓已上の国債にして通用せしめ、来年中八朱楮幣三年中は利足（ママ）なし。来々年より五分〔六分の誤記─引用者〕利足を払ひ、従て此国債は別物にし官職並是迄先無地子の地へ地税を相懸け凡て禄税抔（など）を起せは、一種払帰すの目的は凡二十ヶ年位にて不残払返すの目的あり。〔中略〕新楮一圓以上の分は却て三井の如く大家にバンクヲフジャッパンとなし、又政府よりも利足を安く貸下置引換付にて発行せしめは、新金銀ソブシジアーレーコイン〔政府が鋳造する金銀貨〕を売出すにも余程都合よきかと相考へ候。（中略）新楮幣一圓已上の分はバンクの元金に従て漸々多くする時は誠に堅固にして新楮幣の威権も自ら備わり信用も克なる時は仮令は六万両の元金備置けは十万両の遣出しあり。此往鉄道其他新築の事件実に多し。政府も自ら融通を得て可然歟」[21]（句読点は引用者）。

つまり、大隈と井上は概ね次のように述べている。太政官札約五千万圓が新紙幣に引き換えられるが、新紙幣は五年間引換がなくて信用も薄くなるのは必然と思われる。そこで、一両以上の太政官札は残らず千圓以上の国債にして再来年から年六分の利息を払い、これは官職や無税地への課税及び禄税などを起こして、二十年間程で償却することにする。また、一圓以上の新紙幣については、三井などの大家にバンク・オブ・ジャパンを設立させて、この紙幣を低利で貸し付け、新紙幣を発行させれば、鋳造予定の新金銀貨を売り出す際にも都合がよい。一圓以上の新紙幣は、バンクの元金〔正貨〕の積増しに応じて次第に増加させる場合には信用が強固となり、元金以上に発行できる。鉄道その他の建設案件が多い中で、政府も融通を受けてもよろしいのではないか。

以上の両者の主張において、伊藤の構想は米国式のナショナルバンクの設立を認め、国債証書を大蔵省に準備金として預け、許可の範囲内で銀行紙幣を発行させるものであった。それに対する大隈・井上の構想は、三井などの大家にバンク・オブ・ジャパンを設立させ、割り引いた新紙幣を貸し付けて新紙幣を発行させるが、新紙幣発行には正貨準備を義務づけるというものであった。このため、銀行論争はナショナルバンクと「ゴールドバンク」とを巡る論争であったと言われることが多い。

なお、両案ともに、濫発された太政官札の処理策を盛り込んでおり、伊藤案では、太政官札の半分を正貨、残りの半分を国債に交換して処理し、大隈・井上案では、太政官札を新紙幣に交換し、その新紙幣はバンク・オブ・ジャパンの発行の紙幣として割り引いて貸し付け、交換されない残りの一両以上の太政官札は国債に交換して二十年程で償却するというものである。

かくして、伊藤案と大隈・井上案において、太政官札の処理の仕方にはその内容に違いがあるとはいえ、最終的に残存した太政官札は国債に引き替えて消却することが構想されており、太政官札の処理については大きな争点とはなっていない。他方で、銀行をどのような制度として設立するのかということ、すなわち銀行の設立形態に関する議論が真っ向から対立している。

さて、三年末の伊藤の建議書は翌四年二月上旬に大蔵省に届いた。バンク・オブ・ジャパン設立を構想していた大隈・井上らは、伊藤に対してナショナルバンク方式では紙幣の整理には繋がらないとして反対した。同年二月三〇日付の連名の書簡で、渋沢大蔵少丞・井上大蔵少輔・大隈参議・伊達大蔵卿は、伊藤提案の国債法は新旧紙幣の交換とともに法制化したいこと及びアメリカでの紙幣の製造注文は見合わせて欲しいことを伝えると共に、概ね次のように書き送った。国債証書を以て紙幣を発行するのは便利ではあるが、人民の権利に差別が生じうるほか、紙幣法の取扱についても不都合が生じうるので、帰国してから面談のうえ審議したい(22)。

また、四月二日には、吉田太郎（清成）・渋沢・井上・大隈・伊達の連名で、伊藤宛に次のような書簡を送った。「国債相行はれ候上其証書を引当といたし会社（銀行—引用者）の紙幣発行之儀は過便にも御答申上候得共尚更審議再案いたし候処到底国計急促之際根拠なく発行せし楮弊之流通を拯救（じょうきゅう）する一時権宜（けんぎ）之処為にして臨機之活法には有之候得共果して無上之良法とも難申歟」と。

すなわち、国債を発行してそれを準備金として銀行が紙幣を発行する件は改めて審議したい、そのような方法は既発の政府紙幣に対する一時的処方であって、最良の方法とは言い難いと述べて、伊藤案に反対した。さらに、「今稀少の会社（銀行）をして右紙幣発行に従事せしめ候は、他日正金会社設立にも差支可申」と言い添えている。(23) この正金会社とは中央銀行のことであり、中央銀行による正貨兌換を想定したものと考えられる。

『明治財政史』は、五月以降の両者の具体的なやり取りに言及せずに、廃藩置県によって民治の基礎ができると共に紙幣の整理が急務であること及び金融機関の不備があることから、政府は一挙両得の策として伊藤の建議を採用して米国型の紙幣銀行を設立しようとし、次のような妥協がなされたと纏（まと）めている。銀行条例の制定については政府内で賛否があり、伊藤の米国型のナショナルバンクによる紙幣消却の方法と英国型のゴールドバンクによる兌換制の方法とが対立して熾烈な議論が展開されたが、一一月には、前者が紙幣兌換主義を改めて正貨兌換となすことを承諾し、また後者は公債証書を抵当として銀行紙幣を発行することに対する攻撃を控え、両者の妥結が整ったというのである。(24)

従来、この『明治財政史』における纏めがしばしば引用され、これに沿う形で論争整理がなされることが多い。たとえば、岡田俊平『明治期通貨論争史研究』は、伊藤と大隈・井上・吉田との主張を手短に紹介した後、「わが国の銀行券発行制度を整備するにあたって、紙幣銀行（ナショナル・バンク）と金券銀行（ゴールド・バンク）のいずれの制度をとるべきかの議論が起こった」と述べている。(25)

しかし、田中生夫は、『明治財政史』の右の記述では、「当時の貨幣金融上の諸問題の中で両派がどの点に重点を置きどのような手段をもってそれに対応しようとしているのかの差異」が明らかにならないと指摘した。(26)そして、「ふつう国立銀行条例をめぐる伊藤・吉田論争として知られているものは、明治四年に大蔵省開明派官僚の間で行われた銀行論争の一部であり、その最終局面にほかならない」と述べている。(27)田中が指摘するように、『明治財政史』は銀行論争の重要論点を看過している。そこで、この点について、次項「銀行論争後期」において検討する。

なお、大隈・井上案とされるバンク・オブ・ジャパン構想は、米国滞在中に吉田清成が伊藤博文と面談していたこと、吉田が明治三年一二月には帰国していたこと、及び吉田が翌四年二月一一日に大蔵省出仕となっていることなどを考慮すれば、吉田が早くから大蔵省と意見交換していた可能性が濃厚であり、大隈・井上案には英国銀行制度に詳しい吉田の意見が反映されていたと考えられる。田中は、大隈と井上が明治四年一月二日付で伊藤に宛てた書簡における銀行構想は「私見ではこれこそが後の吉田の金券銀行の原型にほかならない」と述べている。(28)また、『三井銀行　一〇〇年のあゆみ』は、「明治五年末の流通期限まで一年半を残すだけとなった大量の政府紙幣の整理方法として、イギリス流の中央銀行を創設しようとする考え方が強力であった。吉田清成の主張がそれであった。かれはイングランド銀行を模範とする中央銀行を設立し、その銀行券発行によって政府紙幣を整理しようと考え、政府内部にも多くの支持を得ていた。三井組の銀行設立計画は、いわばその具体化であった」と記している。[29]

銀行論争後期

銀行論争後期は、伊藤が帰国した五月九日から論争の決着がついた一一月頃までの時期である。しかし、伊藤は帰国後に長期の大阪出張を命じられたために、実質的には、銀行論争後期は伊藤が大阪出張を終えた八月二七日以降に本格化した。また、論争後期は対面での論争であり、大隈・井上に替わって吉田清成(太郎)が伊藤の論争相手となった。大蔵省の審議は何度も行われているが、議事録が残されていないので、その吟味は審議に加わった者が遺した言説等によって検証するほかない。

吉田清成は、薩摩英国留学生としてイギリスに留学、次いでアメリカに留学し、政治経済も学んだ。三年一二月に帰国し、翌四年二月一一日に大蔵省出仕となり、五月九日に大蔵少丞、七月二八日に租税権頭、一〇月一八日に大蔵少輔就任と異例のスピード昇進を果たした。[30]

さて、渋沢によれば、吉田は次のように主張している。「兌換は正金を以て兌換だが、兌換制度を直ぐ立てる事は出来ないと云ふので、中央銀行を立てなくちゃいかぬと云ふ論だった。亜米利加のやうに唯バラ撒き銀行を立てゝは統一ができぬからいかぬ。然らば兌換法はどうするか、それは今の所では、(中略)

ないでも宜しい。到底せぬで宜しいといふ論ぢゃないが、今出来ないから、それは遣らぬでも、銀行の金融機関を作るが宜しいぢゃないか、さうして其様な世話をしてやるには、万国銀行〔中央銀行のこと〕のやうなものを造るが宜しいと云ふ論だった(31)」。

ここで、次の三点が注目される。①正貨兌換制度はすぐできないのならば今はやらなくてもよい。②アメリカのようなバラ撒き型の銀行は統一がとれないからいけない。③金融機関としての銀行を設立し、その世話をする中央銀行を設立しなければならない。

このような吉田の主張に対して、渋沢は、伊藤が左記のように反対したと述べている。「今日本が兌換紙幣を銀行に依て出させたいと云ふ以上は亜米利加式に倣わなければならぬ、一旦これに依て後に英吉利式に依るとも遅からぬ、いま中央銀行を立てると云つた所で決して立はしないぢやないか、さなきだに国立銀行でも容易に立つかどうか分からぬ、理屈はあつても出来ない相談に終わると云ふことは採らない、今金札引換の公債証書を渡してやれば予算上算盤は持てるから京阪その他の都会に十数若しくは数十の銀行は立たぬものではなからう、故に軽便なる方法に依頼らぬでどうするか、唯卓上の議論に偏するは学者としては宜しいが政治家の行為ぢやない」と(32)。

伊藤は、いま中央銀行を設立するのは難しいから、まずはアメリカの銀行制度を採用して太政官札引換の公債証書を渡してやれば、都会に十数または数十の（発券）銀行ができる、このような簡便な方法を採るべきだと主張した。また、渋沢は、「英吉利に留学され銀行家としての完全なる修行はしなかったが、英語も能く出来る英吉利の銀行の事も相応に見聞して帰られたから、亜米利加の国立銀行組織は完全なるものでない、英国の英蘭銀行は所謂中央銀行である、日本でも先ず中央銀行から設立せねばならぬ、そうでなければ必ず金融の不一致を生ずると云ふのが吉田氏の説である」と述べている[33]。

これに対して、伊藤は「物事は先つ成立し後に発展してから初めて統一するものである、之に反して其頭から作ると云ふことのあろう筈がない、統一が必要であれば他日自然と一致する故に、今日は何でも亜米利加に倣ふて国立銀行制度にして、之に依つて不換紙幣を兌換せしむるのが必要である」と反論した[34]。

以上のように、銀行論争後期の主要論点は、金融機関としての銀行を設けると共にイングランド銀行のような通貨発行特権を持つ中央銀行を設立するか、それともアメリカのナショナルバンクのような通貨発行権を持つ民間銀行を各地に設立するかの論争であった。なお、岡田俊平『明治期通貨論争史研究』は、吉田らの主張について、「彼〔「金券銀行論者」―引用者〕らの主張の中に、アメリカの分散主義的銀行制度について批判する点は見られないし、さらに中央銀行の機能を十分に理解しているとも思われない[35]」と批判している。しかし、先述の通り、吉田は「亜米利加のやうに唯バラ撒き銀行を立て々は統一が出来ぬからいかぬ」と分散主義に反対し、イングランド銀行型の中央銀行を設立することを強く主張している。また、吉田は中央銀行の金融政策などの機能について争っていた訳ではなく、各銀行を統括する唯一の発券銀行たる中央銀行の設立を主張していた。「伊藤さんと吉田さんと口角泡を飛ばすと云ふ程に大激論をやられた事もある[36]」と渋沢が記しているごとく、吉田が非常に奮闘した形跡が窺える。

一方で、大隈は明治一三年二月に大蔵大臣を解かれ、参議の資格で大蔵省に関与していたが、『明治財政史』や『渋沢栄一伝記資料』では、何故か銀行論争に関する大隈の言動について言及がなされていない。他方で、井上は、論争後期には、大蔵大輔として省務を取り仕切っていたが、伊藤に対する態度は論争前期と大きく変貌を遂げている。渋沢は、「伯〔井上―引用者〕の考えは既に伊藤が米国に於いて充分取調たる上にて見込を付けて来たのだから、先ず此法で銀行を起こして見たら宜しからう、殊に米国に的例（ママ）のあることなら、日本の銀行は寧ろ各地方に小さく創立させるが適当であらうといふ論旨であった様に覚えて居ります[37]」と述べている。ここで、注目されるのは、井上がナショナルバンク方式に賛成する理由として「伊藤が米国に於いて十分取調たる上にて見込を付けて来たのだから」と述べていることである。井上が伊藤に一目置いた言い方である。井上は、そもそも中央銀行設立提案を吉田に依拠していたと推測され、信念をもって自ら主張していたとは思われないうえ、尊王攘夷運動の時から行動を共にしてきた同郷の伊藤に強く言われれば、断れなかったであろうと思われる。また、別の箇所で、渋沢は「井上さんの説は、亜米利加式に依つて兌換引換をしやうと云ふ、不換紙幣を兌換しやうと云ふのが趣旨だった」と述べている[38]。これは、論争の最終段階における井上の姿勢に関する所見であったと思われるが、伊藤案を基本とする考え方であり、中央銀行を基本とする考え方ではない。

では、銀行論争はどのようにして決着がつけられたのであろうか。渋沢は次のように語っている。「伊藤さんと吉田さんと頻に論じたことがありました。四年〔岩倉使節団の欧米歴訪の出発時期―引用者〕にお立ちなさる前にも論じた事がある、それで私共覚えて居る。私共は何方が宜いか甚だ判断に苦しんで、此上は井上さんに判断して貰ふ外ないと云ふので、井上さんに言ふと、『好い加減に判断して行るが宜しいぢやないか』と言はれた様に覚えて居る。併し吉田さんは頻りに不承知を言って居た。それを結局井上さんが反対、私共も同説で、八月に決定して銀行を願に依つて組立てる事になつた」と。[39]

すなわち、渋沢は、伊藤の欧米歴訪前に、いい加減に結論を出すべきだと井上に進言したという。確かに、論争は大蔵省内で半年以上も続けられており、伊藤が欧米歴訪に出かければ、さらに論争が長引くことが必至となる。伊藤が出発する前のタイミングで結論を出すべきであるというのは至極当然な建言であろう。こうして、伊藤案の採用となった。但し、吉田は「頻りに不承知を言って居」り、井上の結論に納得していなかった。

論争の終結に関して、田中生夫は次のように分析している。廃藩置県前後に不平士族の不穏な動きがあったが、政府にはその備えが十分ではなかった。このような政治情勢の中で、九月一日の会合で伊藤が井上らの進める三井金券銀行設立に強く反対を唱えたために、井上と吉田がそれに反論したであろうと察せられるが、結局のところ、伊藤の欧米歴訪の出発日が近づいたため、留守中における西郷隆盛ら保守派の反撃を懸念して、井上馨が論争を妥協に導いたと論じている。[40] 廃藩置県が推進され、財政・金融の制度を速やかに構築することが求められる中で、不穏な政治情勢と伊藤の欧米歴訪後に予想される事態を斟酌して、省務を仕切る井上が銀行論争を決着させたという田中の分析は、当時の実情を深堀した説明として注目されよう。

ちなみに、「三井金券銀行」と称されているものは、七月に三井組から「三井組『バンク』」として設立願書が出されたものを指し、その添付書で「証券〔銀行紙幣―引用者〕発行の員数は準備金積額に応し証券壹万圓に付正金七千五百圓の割合」を超えないものと記されており、七割五分の正金準備金の範囲内で銀行紙幣を発行するものとされている。この正金準備率が非常に高いことから、「ゴールド・バンク」または「金券銀行」と称されたようである。また、三井組は、「此証券は英国政府の銀行『バンク・オフ・イングランド』発行の法に倣い内地一般の諸税の上納物其外借貸商売共交通候様御允可被成下度候事」と記載し、法貨とすることを願い出ている。大蔵省はこれを認め、銀行紙幣は貨幣の流通を補い商業上須要のものであり、西洋各国で発行が許され政府紙幣と同様に流通しているので、我国でも同銀行の開業と同紙幣の発行を許可し、その紙幣は政府が製造・下付することを七月二七日付で稟議し、裁可を得た[41]。しかし、前記のように、九月一日の会合で伊藤が反対したために、その設立が取り消された。もっとも、その後も議論が続き、『明治財政史』によれば、伊藤案が正式に決定されたのは一一月とされている[42]。

ところで、ここで疑問となるのは、井上がなぜ吉田案ではなく、伊藤案をベースに妥協したのかという点である。井上は、そもそも、信念をもって中央銀行としての三井金券銀行の設立を推進しようとしたとは考えにくい。しかし、井上は政商保護政策を実施し、西郷から「三井の番頭さん」と呼ばれており、井上が中央銀行としての三井金券銀行の設立について私的な拘りを持っていた可能性がある。他方で、井上は、尊王攘夷運動で行動を共にした盟友であり、百戦錬磨の伊藤を説得するだけの力量がなかったと推察される。換言すれば、伊藤博文は後に明治の元勲と呼ばれるに相応しい政治力を発揮し続けたと言える。

なお、三井金券銀行の弱点として考えられることは、中央銀行を三井組に任せ、三井の名を冠したことであろう。三井組等の民間企業が中心に出資するが、政府も出資して、「日本銀行」の名称で設立願を提出すればよかった。但し、このようにしても、中央銀行の設立は無理であったかもしれない。伊藤は一年以上前からナショナルバンクに狙いをつけて、米国紙幣条例を福地源一郎に翻訳させ、部下らを引き連れて米国出張までして調べており、大蔵省勤務半年ばかりの新参者の吉田に覆されたのでは、到底面目が立たないので、頑として譲らなかったであろう。銀行論争においても、経済の理屈よりも、伊藤の政治力が勝ってわが国最初の「銀行」である国立銀行の設置が決められた。

渋沢栄一はどう対応したであろうか。「慎重に審議を尽くした結果愈々(いよいよ)亜米利加式に依てやらうぢゃないかと云ふことになった、私は固よりこれに賛成の首脳であった」と記している。渋沢は、論争前期には、伊藤案に反対する二月並びに四月の書簡に名を連ねており、このような記述は矛盾している。しかし、彼は設立が容易なように見える伊藤案に内心では賛成していたのかもしれない。もっとも、渋沢は後日談として、「今日から考えて見れば、英吉利の制度の方が良ひに違ひない」とも回想している[43]。

なぜ『明治財政史』は論争後期の分析を捨象したのであろうか。加藤俊彦・大内力編『国立銀行の研究』は次のように指摘している。「『明治財政史』は一名『松方伯財政事歴』といわれ、『紙幣整理始末』、

『明治三十年幣制改革始末概要』はいずれも当時大蔵大臣であった松方正義が時の首相にたいして提出した報告書である。したがってこれらの資料に依存するかぎり、松方正義の姿が異常なまでにクローズ・アップされてこざるをえないことになる」と。[44] たしかに、『明治財政史』では、中央銀行としてのバンク・オブ・ジャパンの設立案とナショナルバンクの設立案とが鋭く対立した論争後期がほとんど無視されて、中央銀行設立の論争に触れておらず、編集において、日本銀行を設立した松方正義に対する忖度があったのではなかろうか。

ちなみに、加藤俊彦は、吉田清成に言及して、「明治初年に英米両国の金融の実情の分かっていた人といえばこの人を措いてなく、英蘭銀行を模範とした中央銀行の創設を主張したのも分かるような気がするし、この吉田の意見が通っていたと仮定するならば、日本銀行は明治五年に創設されていたかもしれない」と指摘している。[45] 明治五年に日本銀行が設立されておれば、通貨の一元的管理がしやすくなり、その後展開される通貨を巡る一連の大混乱はもっと軽微で済んだであろう。

その後、吉田清成は岩倉使節団に随行して秩禄奉還に関連する外債募集に尽力するなど活躍し、七年九月に特命全権公使として米国勤務を命じられ、条約改正に取り組んだ。一五年七月には外務大輔となったが、当時外務卿であった井上馨と意見が対立したことで、一八年九月に農商務大輔に左遷された。犬塚孝明『薩摩藩英国留学生』は、「井上馨との間に条約問題につき意見の齟齬を生じたことで、彼の政治生命は終わりを告げる」ことになったと記している。[46] 吉田は銀行論争で伊藤博文に対して果敢に挑戦したが、井上馨にはよく思われなかったかもしれない。吉田清成は明治二四年に四七歳の若さで病没した。

「銀行」という訳語

バンク（Bank）の訳語について補足する。一九八二年に、伊藤尚武が日本で最初にバンクを「銀行」と翻訳したのは塩田三郎であると指摘している[47]。それは、慶應二（一八六六）年に、塩田がオリエンタルバンク代表トルヘ・トッドの文書を翻訳し、「バンク」に「銀行」という訳語を充てた事例であるという。塩田は仏語と英語が堪能で通訳として活躍し、洋書を多数蒐集しており、塩田文庫の中に香港で発行された『英華字典』（Lobscheid, W., *English and Chinese Dictionary*, Dally Press, 1866）が所蔵されている。この『英華字典』の Bank の項目には、①「岸」等のほかに、②「銀行」「銀舗」「銀号」などの語が記載され、「the Bank of England 大英国銀行」などの事例が列挙されている（一三五頁）。塩田は香港を訪れたことがあり、香港の金融事情及び同書を参考にした可能性が高いと考えられる。なお、中国で銀行に相当するものが「銀荘」「銀号」「銀舗」などと呼ばれていたことは広く知られているが、武藤長藏は、康熙五三（一七一四）年製造の広東にある釣鐘に「銀行會館」とい文字が刻まれていること、また道光七（一八二七）年の香炉にも「銀行會舘」の文字が存在することを発見し、「銀行」という語句が当時の中国で用いられていたことを指摘している[48]。また、「金銀行」という語句は唐の時代に遡ることも指摘している[49]。中国では古くから銀貨が貨幣の中心であり、「行」は「店」などの意味があるので、中国において貨幣を扱う業者を

「銀行」と呼ぶのは自然な成行きである。一八六六年発行の『英華字典』に「銀行」の文字があることや、それ以前に中国で「銀行」という文言が使われていたことから、「銀行」の語源が中国に由来することは明白である。

ところで、上記の塩田の翻訳以外にも、「国立銀行条例」以前から、「バンク」を「銀行」と訳した例がかなり存在している。たとえば、明治二年六月二四日（一八六九年八月一日）付で、オリエンタルバンクとの間で造幣所における外国人雇用に関して締結した「貨幣鋳造条約書」において、オリエンタルバンクが「東洋銀行」と訳されている[50]。

また、三年一〇月付の福地源一郎訳『官版　会社弁』（銀行に関する簡明な解説書）において、福地は「会社とは総て百般の商工会同結社せし者の通称にて、（中略）特に銀行に限るの議に非すといへとも、今此書暫く『バンク』の訳字として銀行の字に代用す」と明記し、バンクの訳語は「銀行」だが、ここでは「会社」とするという断書きをしている[51]。福地は、慶應元年に、鉄鋼所備品調達の実務集団に塩田と共に通訳として渡欧しているが、その時の塩田の通訳ぶりを称賛しており、同書執筆時には塩田がバンクを銀行と訳していたことを知っていたであろうと推察される。しかし、当時は銀行というものが一般に知られていなかったので、福地は当分の間「会社」という語を代用することにしたものと思われる。なお、渋沢栄一『立会略則』（会社設立の解説書）も同時に大蔵省から発行されているが、銀行のことを「為替会社」または「会社」と記しており、まだ銀行という用語を使用していない。当時、渋沢と福地は交流があり、両者がバンクの訳語について意見交換していた可能性は濃厚であるが、この時点では渋沢もまだ「銀行」という訳語を選択していなかった。

大蔵省がバンクに「銀行」の文字を充てることになった経緯について、渋沢は、明治四年に「三井バンク」の設立願書が出された際に、「バンクといふ字は言葉がをかしいから、何といふ名にしやうかと福地や私共が評議して、遂に大蔵省で銀行といふ名にした。それは即ち井上さんが銀行といふ名で宜しいと、判断を与へて下すった。あれは大蔵省が付けた名なんです」と述べている。[52] こうして、大蔵省によって「ナショナルバンク」が「国立銀行」と翻訳された。渋沢は、バンクの訳語に関連していくつかの説明を残しているが、当時、バンクが両替屋・為替会社・銀行などと呼ばれている中で、渋沢らが銀行という語句を選択したというのが実情であったと考えられる。そして、「国立銀行条例」が法定され、「国立銀行」が設立されていく過程で「銀行」という用語がわが国で広く用いられるようになった。他方で、中国では、一九〇〇年前後まで一定規模以上の金融機関には「銀号」という語句が用いられており、その後、日本と同様に「銀行」という用語が広範に普及していった。かくして、金融制度としての「銀行」という用語の使用は最初に日本において確立した。

なお、「国立銀行」は国有銀行と誤解されやすいので、「国法銀行」が適当であるということが指摘されており、戦後の専門書では、アメリカのナショナルバンクに関しては概ね「国法銀行」という訳語が使用されている。

四　国立銀行の設立と廃止

正貨兌換の国立銀行条例

右のような経緯を経て、渋沢栄一らが銀行条例の条文作成に当たり、明治五年一一月に国立銀行条例が公布された。国立銀行条例では、次のような事項が定められた。①国立銀行は資本金の一〇分の六を政府の公債証書を抵当として大蔵省に預けて同額の銀行紙幣を受け取る、②国立銀行は資本金の一〇分の四を本位貨幣（正貨）で兌換準備として積み置き、この兌換準備は銀行紙幣発行高の三分の二以上でなければならず、また兌換を拒んではならない、③免許の有効期限を二〇年とし、その後は更新を願い出る。他方で、政府は、明治六年三月に金札引換公債証書発行条例を公布して、金札（太政官札）を六分利付公債証書に交換する措置をとり、国立銀行設立希望者に資本金として利用させると共に、金札の回収を図った。

伊藤博文が強力に主張したアメリカのナショナルバンク制度は一八六三年二月制定の「全国通貨法」（「An Act to provide National Currency」）に始まり、南北戦争時に増発された政府証券の市場を拡大させると共に、乱雑に流通していた各州法銀行券に対して全国的な通貨を供給する目的があった。[53] 同制度では、ニューヨーク等のナショナルバンクは銀行券と預金の合計に対して二五％以上の額を合衆国の「合法貨幣」（lawful money）で手元に保有しなければならないとされていた。この合法貨幣は注意が必要であり、高垣寅次郎は、この合法貨幣とはアメリカに特殊な概念であり、預金準備として適格であることを認められたものであり、一般的な法貨（legal tender）ではないと指摘している。[54] 高垣は、同法の原本と対照して、渋沢らが作成した「紙幣条例」（国立銀行条例の基となる試案）は上記六三年 National Currency Act またはその修正法を底本とし日本の事情に合うように修正したものであることを検証している。[55] この「紙幣条例」の第三一条は「此条中に記したる府港に於て創立する紙幣会社（銀行）は其発行紙幣並に預り金を合算したる高の二割五分は準備金として是非とも正金を以て会社の庫中に貯へ置へし」とし、National Currency Act をベースにしている。

ところが、国立銀行条例では、国立銀行は資本金の一〇分の四、かつ銀行紙幣発行高の三分の二を正貨で準備することとされ、ナショナルバンクの準備率二五％よりもはるかに高い準備率が定められている。なぜこのようになったのかは明白ではない。しかし、『明治財政史』は、明治四年「一一月に及ひ国立銀行論者はその主張に係る紙幣兌換主義を改めて正貨兌換と為すことを諾し」と記載しており、大蔵省でナショナルバンク方式の採用がほぼ固まった九月一日から一一月の間に、国立銀行の兌換準備率が決定されたと考えられる。したがって、井上らと伊藤の「妥協」の内容は正貨準備率を国立銀行条例のように高率のものとすることであったと解しうる。

なお、前述の通り、『明治財政史』や『渋沢栄一伝記資料』は国立銀行を巡る論争後期において、明治初期の金融財政に大きく関与した大隈の言動にほとんど触れていない。しかし、高垣はアメリカの国法銀行制度を範として国立銀行が設立されたが、それを「最も熱心に主張したのは伊藤博文であり、それに賛同して実現せしめたのは大隈重信であった」と述べている。[56] 省議が伊藤案に傾いたのは井上のほかに大隈が関与した可能性がある。

国立銀行の窮状と国立銀行条例の改正

渋沢は近代的な銀行の導入を企図して、国立銀行条例の制定以前から富商の三井組と小野組の両者が協力して近代的銀行を設立するように勧奨していた。だが、両者は各自の銀行設立を希望して容易に応じなかった。そこで、五年五月に井上馨と渋沢が両者を説得し、翌六月に両者が共同で第一銀行の設立願書を提出した。[57] 創立時、三井八郎右衛門と小野善助がそれぞれ七〇〇〇株を持ち、両者合わせて六割弱を占めたので、三井組と小野組が経営を主導すべきであった。ところが、『第一銀行小史』によれば、「政府はこの両家の融和協力はむずかしいと判断し、所期の国策を遂行させるために、二人の頭取の上に、実質的に主宰してゆく人をおく必要があるとして、総監役の名で渋沢栄一を置くことにした」[58]。渋沢は大蔵官僚を辞職して総監役となり、六年七月二〇日に第一国立銀行が開業した。

しかし、条例制定後の三年間に設立された国立銀行は、第一国立銀行、第五国立銀行、第四国立銀行、第二国立銀行の四行にすぎず、期待された程には設立されなかった。まず、六年に第一銀行と第五銀行の二行が設立されたが、同年末の銀行紙幣（流通高）はわずか一三六万圓超にとどまった。翌七年に二行が設立されたものの、それ以降には国立銀行条例が改正されるまで新設がなかった。国立銀行紙幣の流通高は七年末に二〇〇万圓となったが、翌年末には一四二万圓に減少するに至った。政府はアメリカに拾圓札及び貳拾圓札を合計一五〇〇万圓製造するよう発注したが、四行に対する六年末までの銀行紙幣発行許可額は、第一銀行一五〇万圓、第二銀行一五万圓、第四銀行一二・三万圓、第五銀行三〇万圓で、合計二〇七万圓に過ぎず、発注額の一四％に満たなかった。

このような結果は、銀紙の開きに原因がある。表4-3のように、銀貨一圓に対する紙幣の相場（一二月平均）は、六年に一・〇二七圓、七年に一・〇三七圓であり、国立銀行券は直ちに兌換された。政府が育成に力を注いだ第一銀行について概観すれば、七年六月期の銀行紙幣発行高は六年一二月期の約七五・三万圓から一〇〇・三万圓に増加したが、七年下期には半減し、八年六月期には約一九万圓に激減した。その原因について、『第一銀行小史』は、「かなりの額の不換紙幣が発行されていたばかりでなく、輸入の増加や、海外の金価格の騰貴などによって、紙幣と金（キン）との値打ちの開きが次第に拡大し、銀行紙幣は発行すればすぐ兌換されるという状態とな」った記している。[59] 渋沢自身も次のように述べている。「大蔵省を辞してから第一銀行を経営して見ると、伊藤さんの計画した通りには行かぬ。多分徒に米国の形のみを取って、実を取らなかったと見え、全然底抜の有様で、出来ると思った銀行兌換券の運用は到底完全に出来ず、その上金銀の比価が変動し、それにつれて又紙幣の変動が甚だしく、常に不安で、銀行は金の価格が騰れば取付られ、全く金の取次をして居る様なもの」である。その結果、「明治五年に創定し

表4-3　国立銀行数・紙幣・銀紙相場の推移

（単位：行，万圓，圓）

年	行数	銀行紙幣	政府紙幣	銀紙相場
明治6	2	136	7,838	1.027
7	3	200	9,190	1.037
8	4	142	9,907	1.009
9	5	174	10,515	0.981

（注）銀紙相場は各年12月平均、それ以外は年末値。

（出所）銀行数は『明治財政史』第13巻103～104頁、紙幣は「明治30年幣制改革始末概要」『史料集成』11巻ノ2、404頁次の付表、銀紙相場は同348頁。

た国立銀行条例は到底維持不可能として、明治八年に銀行を潰すか、条例の改正をするか、と云ふ処まで行った[60]」。

第一銀行は大蔵省官金の取扱特権を認められており、預金の大半が官金であり営業資金と収益源の面で恵まれていたが、七年一一月の小野組破産を契機に政府の預金額が減らされ、九年六月末にはその特権を失った。また、第一銀行の主たる貸出先は小野・島田及び三井組であり、渋沢は経営の刷新を迫られた。

新潟県で大地主や大商人等によって設立された第四国立銀行はさらに厳しい状況であった。同行は銀行券の発行限度が一二万圓であったが、七年末に四・九万圓を発行したのが最高で、九年上期には五千圓に満たない額に激減し、わずかな収益源は銀行券発行の抵当に入れた金札引換公債証書の利子のみであった[61]。

かくして、国立銀行では、「各銀行は正貨との交換が多いところほど大きな損失をこうむることになるから、本来ならば流通させるべき紙幣を、空しく金庫の中に積んでおくという状態であった[62]」。すべての国立銀行が、銀行券を発行すれば直ちに兌換されて銀行から正貨が流出し、銀行券の発行を削減すれば営業資金が減少し、経営の存続が危ぶまれる状況となってしまった。

そこで、八年三月に国立銀行四行は連名で、銀行紙幣を金貨兌換とすることは条例の期待する効果をもたらしておらず、各銀行を疲弊させているとして、政府紙幣による兌換に改めるように願い出た(63)。これは国立銀行条例の主旨に反するものであったが、六年一〇月に大蔵卿に復帰していた大隈重信は国立銀行を倒産させると近代的銀行業の発達に大きな支障となると判断し、また家禄制度廃止に伴う金禄公債証書の活用も考慮したうえで、政府紙幣による銀行紙幣の兌換に変更するための国立銀行条例の改定案を九年六月に太政官に建議し、同年八月一日に国立銀行条例が改正された。

改正の要点は以下である。①資本金の一〇分の八を年四分（四％）以上の利付公債証書を抵当として大蔵省に預け入れ、これを抵当として同額の銀行紙幣の下付を受けて発行できる、②資本金の一〇分の二を政府紙幣で銀行に積み置き、銀行紙幣発行高に対する準備率は四分の一（二五％）とする。この改正によって、正貨準備なしに資本金の八割まで銀行紙幣を発行できるようになり、また銀行紙幣が政府紙幣による兌換となったために、国立銀行の設立と運営は極めて容易になった。しかし、金札（太政官札）の消却という国立銀行設立の主要目的が放棄され、殖産興業のための資金供給という側面が強化される結果となった。

国立銀行条例の改正によって、国立銀行の設立が容易となってにわかにその数が増加した。大蔵省は国立銀行の資本金総額四〇〇〇万圓の予定額を超えたため、一二年一二月に設立認可を中止した。しかし、一二年末には、国立銀行は一五三行に上った（『明治大正国勢総覧』四頁）。なお、第十五銀行の設立は特殊であった。一〇年二月に西郷隆盛が挙兵して西南戦争が勃発したことにより、第十五銀行は政府に一五〇〇万圓を年利五分で二〇年間借り上げることを条件に兌換準備率を低くするなどの特典を与えられ、一〇年五月に開業した。開業時の第十五銀行の資本金は一七八二・六一万万圓で突出しており、第一銀行（九年九月開業）の一五〇万圓の十倍以上であった。一五年六月末時点の紙幣発行在高は全国立銀行で約三四四〇万圓であったが、第十五銀行の有高はその内の約一六六六万圓（約四八％）を占め、第一銀行の一二〇万圓を大きく上回った[64]。吉田清成が指摘した通り、紙幣が明治中期の大問題となるがこれについては、次章で述べる。

難産であった「私立銀行」の誕生

既述の通り、明治政府は、近代的な銀行を育成するために先ず Bank の和訳である「為替会社」を設立させたが失敗に帰し、次に国立銀行条例において Bank を「銀行」と和訳して「国立銀行」（実態は民間銀行）を法制化した。これがわが国における近代的銀行の始まりである。だが、銀行条例は銀行の設立を国立銀行の設立としてのみ定め、それ以外は「銀行」の呼称を使用することを認めなかった。

しかし、国立銀行条例制定の前から三井組バンク、東京銀行、小野組バンク、大津銀行等の民間銀行の設立願が出されていた。三井組は単独の銀行の設立を大蔵省に要望していたが認められずに、小野組と共同で第一国立銀行の設立を勧奨されてやむなくそれに従った。とはいえ、三井組は独自の銀行設立の望みを失わず、小野組の破綻を契機に第一国立銀行を三井組の傘下に収めようとしたが渋沢栄一の反対にあい、頭取が渋沢に替わったほか、三井家への優先貸出などの特権も廃止されてしまった。そのため、三井組は改めて単独の銀行設立の模索を続け、八年七月に三井銀行設立願書を東京府知事に提出した。当時は国立銀行の経営が極度に悪化し、大蔵省も国立銀行条例の改正を迫られており、遂に大蔵省は翌九年三月末に無限責任制にすること及び預金の二五%を公債証書で準備金として積み置くという修正を条件として設立を認可するように東京府に指令した。設立願書では、有限責任の株式会社、準備金は二〇%であったが、三井組が修正を受け入れ、政府は五月に設立許可を指令し、明治九（一八七六）年七月一日に三井銀行が開業するに至った。(65) これがわが国初の「私立銀行」の誕生となった。政府の干渉が極めて強くて、紆余曲折を経た末の難産であった。

かくして、私立銀行設立の道が切り開かれたが、政府は国立銀行の設立を奨励しており、しばらくは私立銀行の設立は多くなかった。しかし、一二年末をもって国立銀行の設立が中止にされると、私立銀行の設立希望が急増し始め、一五年には一七六行となり、国立銀行を凌駕するに至った。

（1）前掲「貨政考要」六〇頁、前掲『明治財政史』第一一巻、三三一～三三二頁参照。
（2）明治前期の官庁役職の読み方は、国会図書館『ヨミガナ辞書』（明治前期編）による。以下同じ。
（3）以上、同右「貨政考要」六一～六五頁。同右『明治財政史』三三一～三四〇頁参照。

（4）前掲「貨政考要」六五～六六頁、前掲『明治財政史』第一一巻、三三九～三四〇頁。
（5）Chalmers, *op. cit.* pp.375-376. 三上、前掲『円の誕生』一六三頁。
（6）東洋経済新報社編『日本貿易精覧』増補復刻版、東洋経済新報社、一九七五年（初版一九三五年）参照。
（7）この書簡には、吉田太郎・渋沢少丞・井上少輔・大隈参議・伊達卿が連署している（前掲「貨政考要」六五頁）。
（8）前掲『図録　日本の貨幣』第七巻、一七九頁。
（9）立脇和夫「幕末明治期におけるわが国通貨主権と外国貿易」（上）『経済学部研究年報』（長崎大学）2、一九八六年、三三頁。
（10）前掲『日本貿易精覧』増補復刻版、「本書諸統計使用上の注意」（四六頁）。
（11）製糸・紡績産業の状況は有沢広巳監修『日本産業百年史』上、日本経済新聞社、一九六七年、三六～三九頁、及び岩波書店編集部編『近代日本総合年表』第四版、岩波書店、二〇〇一年参照。
（12）渋谷栄一「渋沢子爵の演説」第一銀行『第一銀行五十年小史』附録、一九二六年、三～五頁。
（13）第一銀行八十年史編纂室編『第一銀行史』上巻、一九五七年、五六頁。
（14）大蔵省百年史編集室編『大蔵省百年史』上巻、一九六九年、二七頁。
（15）前掲「貨政考要」一六七、前掲『明治財政史』第一二巻、二八頁。ここで、「朱」は分の一〇分の一の意味で使用されている。
（16）同右「貨政考要」一六八頁、同右『明治財政史』三〇頁。
（17）同右『明治財政史』三〇頁。
（18）春畝公追頌會『伊藤博文伝』上巻、統正社、一九四〇年、五一七～五一九頁。

(19) 澤田章編『世外侯事歴維新財政談』中（非売品）、一九二一年、一九七頁。
(20) 前掲『伊藤博文伝』、五二五〜五二八頁。カッコ部分は原文では小文字で二行になっており、カッコは引用者が付加したものである。
(21) 渡辺幾治郎編『大隈重信関係文書』第一、日本史籍協会、一九三二年、三五三〜三五四頁。
(22) 前掲『明治財政史』第一三巻、一九頁。
(23) 同右書、二四〜二五頁。
(24) 同右、二七〜二八頁。
(25) 岡田俊平『明治期通貨論争史研究』千倉書房、一九七五年、二二九頁。
(26) 田中生夫「明治四年の銀行論争」渡辺佐平教授還暦記念論文集刊行会編『金融論研究』法政大学出版局、一九六四年、二二八頁。
(27) 同右論文、二四六頁。
(28) 同右、二三〇頁。
(29) 三井銀行一〇〇年のあゆみ編纂委員会編『三井銀行一〇〇年のあゆみ』一九七六年、一三頁。
(30) 大蔵省百年史編集室『大蔵省百年史』別巻、一九六九年、「幹部職員変遷表」三五〜三九頁、前掲『日本近現代人名辞典』吉川弘文館、二〇〇一年、一一三六頁等参照。
(31) 前掲『世外侯事歴維新財政談』下、三二七〜三二八頁。前掲『渋沢栄一伝記資料』第三巻、五七六頁。
(32) 前掲『渋沢栄一伝記資料』第三巻、五七二頁。
(33) 渋沢栄一「維新以後ニ於ケル経済界ノ発達」国家学会編『明治憲政経済史論』有斐閣書房、一九一九年、一二四頁。原文の片仮名は平仮名に改めた。

(34) 同右書、二五頁。
(35) 岡田、前掲『明治期通貨論争史研究』二三二頁。
(36) 前掲『渋沢栄一伝記資料』第三巻、五七二頁。
(37) 同右書、五七〇頁。
(38) 同右、五七五頁。
(39) 同右、五七四頁。
(40) 田中、前掲「明治四年の銀行論争」二四六頁。
(41) 前掲『明治財政史』第一二巻、四九九〜五〇二頁。
(42) 前掲『明治財政史』第一三巻、二八頁。
(43) 前掲『渋沢栄一伝記資料』第三巻、五七一〜五七二頁。
(44) 加藤俊彦・大内力編『国立銀行の研究』勁草書房、一九六三年、三頁。
(45) 加藤俊彦『日本銀行制度改革史』東京大学出版会、一九六二年、五七頁。
(46) 犬塚孝明『薩摩藩英国留学生』中央公論社、一九七四年、一五〇頁参照。
(47) 伊藤尚武「塩田三郎と〈塩田文庫〉」『参考書誌研究』第二四号、一九八二年、二四頁。
(48) 武藤長藏「銀行會舘なる名辞が約二百年前支那に存せし事実の発見」『長崎高等商業学校研究館年報』第三冊、一九二二年一二月、三五頁。
(49) 武藤、同右論文、三三頁。
(50) 前掲「大蔵省沿革志」(下巻)、三〜四頁。
(51) 福地源一郎訳『会社弁』大蔵省、一八七一年、「小引三則」。ウェイランド、ミル、ニーマン等の経済書から抄訳したもの。
(52) 前掲『世外侯事歴維新財政談』下巻、三二四頁。『渋沢栄一伝記資料』第三巻、五七五頁。
(53) 高垣寅次郎『明治初期日本金融制度史研究』早稲田大学出版部、一九七二年、二一九頁。同法は六四年六月及び六五年三月の改正により改善が図られた。なお、高垣は、国立銀行の母胎となった同法は「National Bank Act」ではなくて「An Act to provide National Currency」であることを強調している（同書、二三二頁）。
(54) 同右書、二三〇頁。
(55) 同右、二二三～二三一頁。
(56) 同右、二三五～二三六頁。
(57) 加藤俊彦「第一国立銀行」前掲『国立銀行の研究』二三頁。
(58) 山口和雄監修・第一勧業銀行資料展示室編『第一銀行小史』第一勧業銀行資料展示室、一九七三年、一一頁。
(59) 同右書、一二～一三頁。
(60) 以上、前掲『渋沢栄一伝記資料』第三巻、五八五～五八六頁。
(61) 暉峻衆三「第四国立銀行」前掲『国立銀行の研究』一〇四～一〇五頁。
(62) 前掲『第一銀行小史』二四頁。
(63) 前掲『明治財政史』第一三巻、一〇四～一〇七頁。
(64) 前掲「貨政考要」四八七～四九五頁。
(65) 前掲『三井銀行　一〇〇年のあゆみ』二〇～二四頁。なお、三井銀行は無限責任とされたため、三井銀行と同時に三井物産を設立し、三井一族の共倒れを回避する措置を講じた（同書、二六頁）。

第五章　松方改革と金本位制

一　不換紙幣の膨張と整理

国立銀行条例改正後の紙幣膨張

国立銀行券は完全な不換紙幣となり、国立銀行の設立によって不換紙幣を回収・消却するという政府の計画は完全に破綻してしまった。国立銀行は明治九年八月の国立銀行条例改正前には四行にすぎなかったが、国立銀行条例が改正された後には設立がにわかに増大し、一一年末には九五行となった。不換紙幣の流通高は、国立銀行の数が増えるにつれて急増した。また、一〇年二月には西南戦争が勃発し、同年に政府は第十五国立銀行から一五〇〇万圓を借り入れたほか、政府自身も政府紙幣二七〇〇万圓を新規に発行し、ますます紙幣の流通量が膨れ上がった。表5-1のように、八年末から一一年末の間に銀行紙幣は一四二万圓から二六二八万圓に、また政府紙幣は九九〇七万圓から一億三九四二万圓へと激増し、結局、同期間の紙幣流通高の合計は一億四九万圓から一億六五七〇万圓（約六五％増）へと著しく膨張してしまっ

表5-1　明治初期の紙幣及び正貨の国内在高

（単位：万圓）

年末	政府紙幣	銀行紙幣	紙幣合計	金貨	壹円銀貨	正貨合計
明治3	5,550	0	5,550	0	0	0
4	6,027	0	6,027	267	274	1,244
5	6,840	0	6,840	2,616	366	3,931
6	7,838	136	7,974	4,355	366	6,045
7	9,190	200	9,390	3,971	457	5,911
8	9,907	142	10,049	3,232	448	5,334
9	10,515	174	10,689	2,984	614	5,680
10	10,580	1,335	11,915	2,574	587	5,619
11	13,942	2,628	16,570	2,323	642	5,630
12	13,031	3,405	16,435	1,982	738	5,156
13	12,494	3,443	15,937	1,493	944	4,463

（注）正貨在高は補助貨を含む。四捨五入により作成。

（出所）「明治三十年幣制改革始末概要」『明治前期財政経済史料集成』第11巻ノ2、404頁付表。

た。他方で、金貨が海外に流出し、国内の金貨は次第に減少し、六年末に四三五五万圓あったものが一一年末には二三二三万圓と半分近くまでに激減した。このような状況下で、紙幣への信用が失墜して、紙幣の減価、物価の高騰、金銀の海外流出という深刻な事態となった。

インフレーションの発生

はじめに、当時の物価統計に関して若干の注意を記しておきたい。明治期には公的統計が十分に整備されていないので、今日のような消費者物価指数の統計は存在しない。そこで、貨幣制度調査会報告に掲載されている物価比較表（明治六〜二七年）を参考にする。しかし、「東京物価割合比較表」（調査四二品目）並びに「大阪物価割合比較表」（調査一六品目）の数値そのものは直接的に利用しない。これらの比較表は、紙幣表示時価を銀貨に換算した値を用いて指数化しているが、明治一八年までは銀紙格差の発生によって銀貨相場が立てられために、各品目について、これらの表では現実の市場時価から乖離した物価指数となっているからである。すなわち、銀貨の紙幣相場が刻々と変化している時には、調査各品目の市場での紙幣表示時価（実際の市場価格）の変化は銀貨の紙幣相場の変化に比例して変動していないために、銀貨換算の物価指数は実際の市場価格の変動を正確に反映しないので、利用できないのである。このことは、貨幣制度調査会報告に添付されている「附属明細表」[1]に記載されている各品目の時価、銀貨換算値、百分比例値によって検証できる。

したがって、貨幣制度調査会報告の「東京物価割合比較表」や「大阪物価割合比較表」を利用して物価上昇率を算定する場合には、調査品目について紙幣表示の指数に調整して物価上昇率を算定しなければならない。実は、このような紙幣表示で指数化したものが既に『明治大正国勢総覧』の前付け付表「国勢概観基礎計数」として公刊されている。その注意書きによれば、その「東京物価指数」は貨幣制度調査会の四二品目の時価（紙幣表示）を用いて、明治六年を基準（一〇〇）として算定されたものである（前掲調査会報告の比較表は明治六年から一〇年の五年間の平均値を基準としているので、この点も調整されている）[2]。この『明治大正国勢総覧』の付表の東京物価指数が貨幣制度調査会「東京物価割合比較表」の指数よりも現実をよりよく反映しているものと考えられる。

なお、この点については、本書と異なる見解がある。室山義正『近代日本経済の形成』では、「当時の

図5-1　東京卸売物価の動向（明治9-15年）

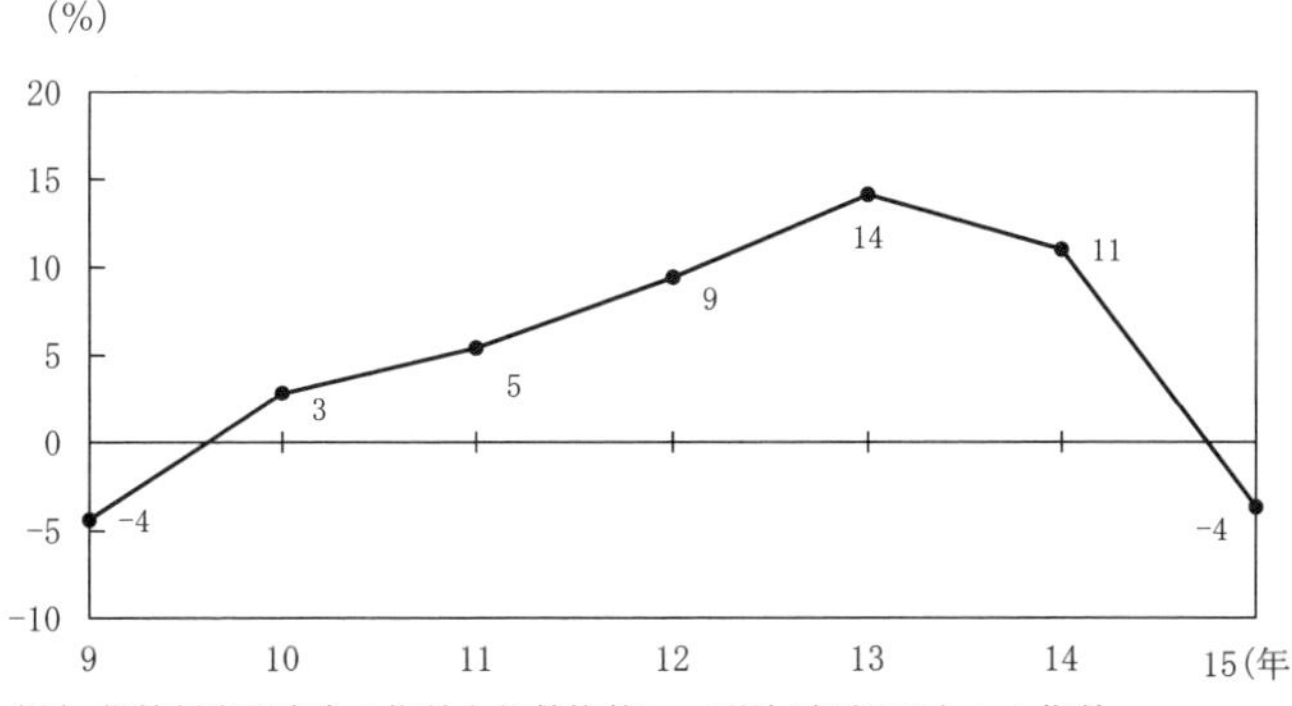

（注）貨幣制度調査会の指数を紙幣換算し、明治6年を100とした指数。
（出所）東洋経済新報社編『明治大正国勢総覧』1975年復刻版（初版1927年）付表より作成。

日本は、実質的には銀本位（金銀複本位）制度下にあった。したがって物価は銀円ベースで評価することが自然であり、経済実態を反映しているということもできる」[3]として、当時の物価を銀貨表示で見るのが正しい旨を主張している。しかし、前記の通り、銀貨の紙幣相場が刻々と変化している時には、各品目の銀貨表示の価格の変化は各品目の市場価格（紙幣で取引されている）の変化に比例しないので、本書はこのような見解をとらない。

そこで、『明治大正国勢総覧』付表に基づいて当時の物価動向を示したものが**図5-1**である。同図のように、東京の卸売物価は一〇年に前年比で三%上昇し始め、一三年（一四%）にピークアウトし、一四年まで上昇が続いている。かくして、東京において、西南戦争によって紙幣が増発された後の一一年（五%）~一四年（一一%）の間は明らかにインフレーションが発生したと言える。

個別品目の紙幣表示時価を見ると、卸売米価は、一一年

表5-2　東京・大阪の卸売米価の推移

（単位：圓，％）

年	東京・玄米（中1石）		大阪・米（摂津1石）	
	時価	上昇率	時価	上昇率
明治9	5.126	-28	4.820	-28
10	5.336	4	5.100	6
11	6.385	20	5.640	11
12	7.955	25	7.370	31
13	10.571	33	10.186	38
14	10.593	0	9.420	-8

（注）時価は紙幣表示。
（出所）「貨幣制度調査会報告」『日本金融史資料明治大正編』第16巻、748～749、759～760頁より作成。

から一三年までの期間に、東京では二〇～三〇％台、大阪では一〇～三〇％台の高騰となった（表5-2）。他の品目を若干挙げておくと、東京で一二年、一三年において、味噌（一〇貫目）が二一％、三八％、薪（常陸松枯中一〇〇本）が四五％、三二％、大豆（中一石）が一一％、一六％の高騰となった。大阪では、同期間に醤油（龍野中一樽）が一六％、一三％の上昇となり、一三年、一四年に薪（土佐上枯馬目一〇貫目）が二一％、二三％と高騰した。

当時の新聞報道にも物価問題が大きく取り上げられている。東京では、米価高騰のために本郷で貧民の不穏な動きが見られ（『東京日日新聞』明治一三年五月八日付）、また米価の高騰で客が食事を減らしたために「久保町、柳原、浅草、広小路辺を始め、所々の家台見世（やたいみせ）の丼飯屋は六〇軒余も廃業」（『朝野新聞』同年四月二九日付）する事態となった。大阪では「米価騰貴に付き、目下府下一般の細民に至りては朝餐（ちょうさん）暮食に不足し、やや〔あかご〕市上に号泣せんとするの窮状実に見るに忍びざる」として救援金を申し出る経営者・商人があった（『朝野新聞』一二年九月二〇日付）。島根県では「このほど米価いよいよ騰貴し、現米一俵（四斗入り）三円六十銭、一石九円なり。東京大阪も及ばず、諸品従って高価、細民困難の姿を顕わせり」（『朝野新聞』同年九月一〇日付）、北海道では「去暮より本年の初めまでに、米価白米一石に付き二十円に高騰し、小前の者はいよいよ困窮」（『朝野新聞』一三年四月四日付）という様相となった。

紙幣減価と銀相場の高騰

明治五年頃には金貨及び銀貨に対する紙幣の価値の乖離はほとんど解消していたが、紙幣が激増する一一年になると、年平均で金貨一圓に対して紙幣価値は一・〇九九圓に下落する事態となった。さらに、一四年になると、年平均で金貨、銀貨に対してそれぞれ一・八四三圓、一・六九六圓に減価し、特に銀貨に対する減価（＝銀貨の高騰）がいっそう顕著になった（表5-3）。

紙幣の減価は、当時の金銀複本位制の下では、物価の高騰を引き起こすだけでなく、金貨や銀貨の高騰となる。その結果、金貨や銀貨は蓄蔵されて一般の流通から姿を消していった。また、当時、世界的には銀が金に対して減価傾向にあったが、日本では銀が外国よりも高く評価されていたために、日本で銀を売って割安な金を買って外国で金を売却すれば差益が得られたので、金貨・金塊が国外に持ち出されるという事態が生じた。また、明治前半には、日本の貿易収支は赤字基調であったので、金銀の海外流出は貿易

表5-3　金・銀貨に対する紙幣の相場（明治1-30年）

（単位：圓）

年	金貨１圓	銀貨１圓	年	金貨１圓	銀貨１圓	年	金貨１圓
明治１		0.748	明治11	1.158	1.099	明治21	1.329
2		0.962	12	1.339	1.212	22	1.312
3		1.033	13	1.573	1.477	23	1.204
4		0.978	14	1.843	1.696	24	1.263
5		1.018	15	1.690	1.571	25	1.409
6	0.999	1.036	16	1.394	1.264	26	1.606
7	1.004	1.038	17	1.198	1.089	27	1.907
8	1.008	1.029	18	1.218	1.055	28	1.898
9	1.019	0.989	19	1.246		29	1.838
10	1.040	1.033	20	1.296		30	2.021*

（注）１．数値は年平均。*明治30年４月の平均値。
２．銀貨はメキシコ・ドル銀貨。明治19年以降は銀本位制になり銀貨相場が立たず。
３．明治30年５月以降は金本位制になり金貨相場が立たず。
（出所）『明治財政史』第11巻、429～442頁。

収支赤字にも原因の一端があった。なお、二〇年までは、日本の貿易決済は、金本位国からの輸入に関しては金貨・金地金で支払い、それ以外の決済は銀貨・銀地金で行われていたので、貿易赤字は金銀貨・地金の「輸出」（流出）となった。

七年には金（金貨及び金地金）の流出が激化し始め、同年から一三年の期間に四四〇〇万圓超もの金が流出した。同期間の銀の流出は約一八〇〇万圓と金の流出の半分以下であったが、金銀の流出合計額は六二三五万圓に上った（前掲、表4-2）。このような状況に対して、大隈大蔵卿は、基本的に、正貨流出の原因は国内産業の未熟さによる輸入超過が原因であり、国内産業を発展させれば正貨の流出は解消されると考えていた。

前後するが、政府は、貿易銀が東洋で期待したように流通しないため、八年二月に貿易銀の純銀含有量をメキシコ・ドルよりもやや多い三七八グレーンに変更することを決め、一一年五月にはこの増量貿易銀を内地でも無制限通貨として通用するように改めた。かくして、日本の幣制は制度上においても文字通りの金銀複本位制となった。しかし、この増量貿易銀は、銀含有量が多いために鋳潰（いつぶ）されて流通から姿を消して目的達成が困難となった。そのため、同年一一月には製造中止となり、当初の貿易銀（純銀三七四・四グレーン）に戻された。さらに、一二年には、この貿易銀は洋銀と同等に公私一般に無制限に通用するものとされた。しかし、銀紙の価値の開きが大きくなっている中で、この貿易銀も退蔵されるか海外に流出して、国内の流通から姿を消していった。

一二年二月、大隈は紙幣表示による銀貨の高騰に対して次のような対応をとった。「横浜其他各開港場に於て従来慣用致居候墨其哥（メキシコ）銀の儀はその価格常に輸出入多寡に従て昂低（こうてい）し曾て一定の価格無之是が為め多少通商の障碍を来し候は今更論を俟たず候」と述べ、今日の驚くべき騰貴は主に旧来の洋銀関係者だけでなく雇われ人夫までが広く「空相場取引」を為していることによると指摘し、自然の価格を回復させるために横浜洋銀取引所の設立を建議した。(4) 銀価格の騰貴の原因については、大蔵省銀行課でも同様の認識をしていた。(5)

大隈の建議は裁可され、三月に洋銀取引所が開業した。しかし、東京及び大阪取引所から金銀貨幣・地金の売買取引の許可申請が出され、九月にはこれらの取引も合わせて認められ、洋銀取引所は横浜取引所に改称された。ところが、投機的取引はさらに激化し、洋銀相場の変動がいっそう激しくなり、一三年四月に大蔵省は洋銀定期取引を禁止したが、貿易取引に支障が出るため金銀貨の現物取引のみを認めた(6)。だが、これも厳守されず、横浜取引所は期待された効果をもたらさなかった。

なお、民間から横浜正金銀行設立の要望が出される中で、大隈は福沢諭吉と連携して、貿易為替権の回復・正貨蓄積・紙幣整理を推進するために横浜正金銀行の設立を働きかけ(7)、一三年二月二八日に開業にこぎつけた。同行は国立銀行条例に準拠して認可されたが、銀行券の発行は認められず、また資本金の三分の一を政府が出資し、大蔵卿の特別監護を受ける特殊な銀行として出発した。だが、同年五月には、政府資金の運用の形で紙幣の貸付が許され、貿易金融機関の性格が強くなり、銀貨高騰を抑制するという性格は薄れていった。

大隈は銀貨高騰の原因は基本的に貿易赤字によると捉えていたが、紙幣との関連も否定はしていなかった。とはいえ、紙幣の消却については楽観視しており、紙幣は明治三八年までに悉く消却される見込みであり、金銀鉱開採及び貿易等の繁盛によって、正貨を以って漸次紙幣が引き換えられ、貨幣流通の好結果に至るゆえ期して待つべきであると述べている(8)。しかし、銀紙の乖離が激しくなる中で、大隈もさすがに対応せざるをえなくなり、一二年六月に紙幣消却原資の増加等の提案を行ったが、問題の解決にはつながらなかった。

一三年二月には、参議と卿との兼任が廃止され、大蔵卿が大隈から佐野常民（つねたみ）に交替した。一三年五月、大隈は、七分利付の外債五〇〇〇万圓を発行して紙幣一億五三三三万圓を正貨と交換して紙幣を一挙に消却し、正貨通用の制度を構築する案を「通貨ノ制度ヲ改メン事ヲ請フノ儀」として太政官に建議した。太政官は佐野大蔵卿に大隈の建議の検討を諮問したところ、五〇〇〇万圓の外債募集は無利子無期の内債を有利子有期の外債に変えることであり、予定通り償還可能なのか深慮せざるをえない等の理由から反対した。政府内で議論が行われたが、結局、天皇決裁により、外債発行が認可されず、大隈案は裁可されなかった。その後、政府は、大隈、伊藤、寺島宗則、佐野を財政取調委員として不換紙幣対策に当たらせ、一三年九月に大隈は他の委員と調整して「財政更革ノ議」を建議した。その主な要点は、財政の黒字化と財政緊縮による紙幣消却の二点であった(9)。やっと、不換紙幣消却の方向性が見えてきたが、一四年一〇月一一日、大隈重信は御前会議で参議を罷免され下野するに至る（明治一四年の政変）。

二　松方正義による政府紙幣整理

「財政管窺概略」と「財政議」

一三年五月に大隈が五〇〇〇万圓の外債発行による紙幣消却案を建議した時、内務卿であった松方正義は三条実美太政大臣の諮問に応えて翌六月に「財政管窺概略」を提出し、「就中外債の事たる始めに易くして終りに難し。（中略）此議断然今日に決行す可からさるものなり」と大隈案に強く反対した(10)。また、この中で、松方は、外国為替金で準備金の増加を図って漸次紙幣を消却すること、海関税・官有鉱山収入・輸出品抵当貸付所設置による輸出奨励等によって正金を集積して正貨兌換を図り、紙幣減価を食い止める措置を提案した。さらに、一四年七月に大隈と伊藤が「公債ヲ新募シ及ヒ銀行ヲ設立セン事ヲ請フノ議」を提出したとき、松方は「財政議」を太政大臣に建議し、次の提案をした。①官民共立で大蔵省管理の中央銀行を設立し、官金出納部、普通営業部、外国為替部の三部門を置き、割引手形や預り手形等の発行を認める、②国立銀行発行の紙幣は悉く中央銀行に集約し、国立銀行の性格を私立に変え、政府紙幣も廃止し、紙幣は中央銀行紙幣の一種にする、③民間資本で大蔵省管理の勧業銀行を設立し、資本流通の便宜を図り、物産を振興し、事業を進捗させ、農工業水陸運搬等の起業を助けるものとする、④官立の貯蓄銀行を設立し、地方の散金余資を集めて金融の疎通を図る、等々[11]。

この松方の銀行構想は、吉田清成が主張していた唯一の発券銀行としての中央銀行と他の銀行とから成る銀行体系を、中央銀行及び貯蓄銀行・勧業銀行・一般銀行という銀行体系に発展させる構想となっている。また、大隈や大蔵省役人が的確な政策を見出せずにいた紙幣消却・正貨流出問題に対して、その解決方法を具体的に提示し、後の松方改革の基本構想を示していた。

松方は、「財政議」を提出した後、伊藤博文宅に出向き、「帝国の財政をして、今日の窮状に陥るに至らしめたものは、大隈と卿との責任である。今日国家救済の道は、財政の根本的整理を断行するにあるのみ」と述べ、「此議にして行われざるに於ては、予は其職を辞せねばならぬ。知らず、卿は猶ほ且つ大隈に追随して、依然其職に留まらんとする乎[12]」と語ったとされている。この点について、『日本銀行百年史』は、大隈追放が決まっていた時期であることから「この話は、にわかには信じがたい面もないではない」[13]と批評する。だが、大隈、伊藤及び大蔵省の施策は余りにも迷走を続けており、松方の思いをよく伝えている。

紙幣整理の実施

明治一四年一〇月に参議大隈重信が免官され、大蔵卿佐野常民その他二三名が内閣を去り、松方正義が参議兼大蔵卿に着任した。その年末の紙幣流通高は政府紙幣が一億一八九〇万五千圓、銀行紙幣が三四三九万七千圓、合計一億五三三〇万二千圓であり、紙幣の膨張が甚だしかった（端数は四捨五入）。また、同年一二月（平均）の一圓金貨に対する紙幣相場は一・八四〇圓、銀貨（メキシコ銀）一圓に対する紙幣相場は一・六九五圓であり、紙幣の減価がすさまじかった。

松方は、まず、政府の財政状況を調査し、正貨と称すべきものは八〇〇〇万圓余にすぎず、他は貸付金・公債証書・銀行株券紙幣等であった。しかも、この正貨も帳簿上の額であって、外国人貸付を含むために、実際の正貨在高はわずかに五〇〇〇万圓余であった。松方は、歳入残余の利用と準備金の運用によって五年間で、紙幣兌換を実施することにした。この施策は、紙幣の価格回復によって物価下落・不況を生み出し、全国で大きな反対の声が上がることが予想されたが、松方はそれを承知のうえで実施した[14]。

五年六月から政府は歳出入の一時的不足を補うために予備政府紙幣（第二種政府紙幣）を発行し始め、

一三年一月末には二二一八・八万圓に膨張し、一四年一〇月二〇日の流通高は一四五〇万圓であった。松方は、まずこれを消却するため、一五年に出納取扱順序を改正して、納付された収入は直ちに出納局の歳入に編入すると同時に各庁経費の前渡しを廃止したほか、準備金中の貸付金及び公債証書を処分するなどして、一六年一月には予備紙幣は全て回収した。しかし、国庫の一時収支の過不足は回避できないので、一七年九月に大蔵省証券条例の制定によって大蔵省証券を発行して対応した[15]。

他方で、松方は本来の政府紙幣（第一種政府紙幣）の消却に手を付けた。一五年度より一七年度までの三年間の政府各庁の経費は一切増額しないことの同意を得たが、コレラの流行・水害・朝鮮動乱等により、臨時費用を要し、また一五年以降は商業不振のため租税収入が減少し、予定の計画を実行することが困難となった。そのため、一五年に売薬印紙税・米商会所株式取引所仲買人税の新設、酒造税則・煙草税則の改正等を行い、原則的に黒字予算を貫いた。一四年度〜一八年度の五年間に、紙幣を一三六四万圓消却し、二六四六万圓余を準備金に繰り入れた。その結果、一七年度以降は銀紙の差は消滅した[16]。

明治政府は一三年に海外荷為替を始め、横浜正金銀行に三百万圓の資金を委託し海外輸出を営む者の請求に応じて荷為替の取引を行わせた。その目的は、輸出を奨励するとともに、政府の外国支払いの便を図ることにあった。しかし、創設の方法が不完全であり、また取締りが厳格でないために、多くが滞貨となり、輸出商人が紙幣価格の変動による差益を得ようとするなどの弊害があった。そこで、一五年三月より荷為替方法を改正して、①為替荷物は横浜正金銀行において厳重に検査し、②為替荷物はその送り先地の領事館においてこれを管守させて為替金の上納がなければ引き渡さず、③為替金の相場はその取組日において当該相場により外国貨幣に換算させておくことに変更した。一七年六月には、外国人に対しても荷為替取組に応じた。このため、同年九月以降は正貨の収入も著しく増加し、大いに準備正貨の蓄積を得た。かくして、一四年一〇月二一日～一八年十二月末日までに、為替その他の業務により受け入れた正貨の総額は九七〇〇万圓余となり、同期間に支払った六三〇〇万圓余を差し引いて約三四〇〇万圓の正貨を増加させた。これに一四年二一日における正貨残高八〇〇万圓余を加え、一九年一月一日にはおよそ四二〇〇万圓の正貨蓄積を果たした。[17]

中央銀行の設立

国立銀行は、九年末と一四年末を比較すると五行から一四八行へと激増し、国立銀行券は一七四万圓台から三四三九万圓台へと約二〇倍に膨張した。しかし、一四年末の平均資本額は約三〇万圓で、小規模銀行が多く、金融仲介機能が不十分で、金利も高止まりしており、一四年一二月の東京貸付金利（百圓以上千圓未満、平均年利）は一四・二％であった。[18]

松方は、これらを解決するには、欧州各国の如く中央銀行を設け、全国の金融の疎通を図り、国庫の出納を簡素化し、諸外国との為替取引及び金銀の出入を円滑にすることを可能にすべきであり、将来においては政府紙幣の発行を廃止し、中央銀行に兌換券発行の独占権を与えることが必要であると考えた。ベルギー国立銀行の制度を模範として、日本銀行条例及び定款を起草し、一五年三月に「日本銀行創立ノ議」等を提出した[19]。吉野俊彦は、松方がベルギー国立銀行を典拠としたのは、「国会の制約を可及的に排除し、行政権の強力なることを欲する松方正義の基本精神に相通ずるものを発見したからではなかろうか[20]」と指摘している。

この建議が採用され、一五年六月に日本銀行条例が発布されて、同年一〇月に日本銀行が業務を開始した。その後、一七年五月に兌換銀行券条例が公布され、翌一八年五月に銀兌換日本銀行券が発行されて事実上の銀本位制となった（但し、法制上は新貨条例で定められた金本位制も並存）。こうして、政府紙幣と国立銀行紙幣が兌換日本銀行券に交換され、二三年三月末の紙幣流通高は政府紙幣が四〇〇七万圓、国立銀行紙幣が二六三九万円まで減少し、他方で兌換日銀券は七七六二万圓となった。このため、三一年六月には、一圓銀貨の引換期間を七月末日とする法律、及び政府紙幣の通用期限を三二年末日、交換期限を三七年末日とする法律が公布され、不換紙幣整理が完了した。

国立銀行処分と銀行条例の制定——近代的銀行制度の確立

銀行券を日本銀行券に統一するためには、国立銀行を普通銀行に転換する必要があった。そこで、松方は、一六年三月に国立銀行条例の改正を建議し、同年五月に改正国立銀行条例が公布された。改正の要点は以下である。①国立銀行は二〇年間の営業期限後には私立銀行としての許可を受けることができるが紙幣発行はできない、②国立銀行は政府より下付された紙幣額の四分の一に相当する通貨を発行紙幣引換の準備に充てる、③国立銀行は営業年限内にその既発銀行券を全て消却する、④国立銀行は政府より下付された紙幣額に対して年二分五厘に当たる金額を紙幣消却の元資として日銀に預け、日銀はこの元金をもって公債を買い入れ、その利殖金をもって紙幣の引換えを行い、国立銀行が満期に至っても未償還の紙幣がある時にはこの公債を売却して消却する。[21] こうして、各国立銀行は銀行紙幣発行特権を失い、普通銀行への転換を可能とする改革がなされた。

他方で、九年三月に三井銀行が初めて私立銀行として認可されたが、一三年に国立銀行の認可が打ち切られたために、私立銀行設立の勢いが強まり、一五年には私立銀行が一七六行に増加した（同年の国立銀行数は一四三行）。大蔵省は一定の準則に従って銀行及び銀行類似会社の設立を許可していたが、銀行に関する法規は定められていなかった。しかし、二三年四月に商法が公布されると、銀行には特別な規定が必要なために、松方は翌五月に「銀行条例制定ノ議」を建議した。この建議は、適用範囲を私立普通銀行のみに限定する修正が行われて、同年八月に「銀行条例」として公布された（商法施行の延期により二六年七月施行[22]）。

一六年の国立銀行条例改正により、国立銀行は発券銀行の機能が停止され、営業利益が減少しており、普通銀行への転換のために営業基盤を強化する必要があった。松方デフレの後、金融緩和と産業の発展によって国立銀行における民間預金が増加し、二五年には預金額が払込資本を上回った（表5-4）。予定通

表5-4　国立銀行及び私立普通銀行の推移

（単位：行，万圓）

年末	国立銀行			私立普通銀行		
	行数	払込資本金	預金	行数	払込資本金	預金
明治24	134	4,870	4,021	252	1,980	2,059
25	133	4,833	4,998	270	2,286	3,252
26	133	4,842	5,983	545	3,058	3,843
27	133	4,882	6,698	700	3,738	4,920
28	133	4,895	7,500	792	4,981	8,425
29	121	4,476	6,183	1,005	8,790	14,194
30	58	1,363	2,777	1,223	14,781	20,774
31	4	39	87	1,444	18,944	28,705
32				1,561	20,997	39,226
33				1,802	23,936	43,678
34				1,867	25,170	45,019

（出所）『明治以降本邦主要経済統計』196～199頁。

りに二九年九月から国立銀行の処分が始まり、一二二行が普通銀行に転換したほか、満期解散八行、満期前閉店二行、合同による消滅一行となり、三二年二月に国立銀行はすべて消滅した。[23] 紆余曲折を経て、三三（一九〇〇）年には近代的銀行制度がようやく確立され、中央銀行、私立銀行、特殊銀行によって構成される戦前の銀行制度が実現された。日清戦争後の好況を追い風に私立銀行の設立はうなぎ上りとなり、三四年末には私立普通銀行が史上最多の一八六七行となり、預金額も国立銀行の預金最高額（二八年〇・七五億圓）の約六倍（四・五億圓）に激増した。なお、三〇年代前半には、日本興業銀行、各地の農工銀行、北海道拓殖銀行などの特殊銀行が設置された。

以上のように、松方改革によって不換紙幣の整理が行われ、予備紙幣については明治一六年末までに総額一四五〇万圓が消却され、政府紙幣については三二年通用廃止後五年以内に処理されたものを含めて総額一億五九〇万圓余が消却された。銀行紙幣については、三二年通用廃止後五年までの処理を含め総額三四三九・八万圓が消却され、その後に市場で流通するものは正貨と日本銀行の兌換券だけとなった。

三　松方デフレ

持続的な物価下落

このような松方改革は、結果として、松方自身が予想したように、物価の顕著な下落をもたらし、松方デフレが発生した。しかし、当時は公的統計の整備が十分でなかったので、松方デフレについても若干の論争がある。前掲の室山『近代日本経済の形成』は、「通常激しいデフレが進んだと認識されている一八八二～八五（明治一五～一八）年の時期は、銀円ベースで見れば、顕著な物価上昇が進行した時期だった」[24]と記し、物価が上昇していたと主張している。[25]しかし、先述の理由から、本書は見解を異にしている。

まず、貨幣制度調査会報告の「附属明細表」の卸売物価（紙幣表示時価）によって東京と大阪の日用品の物価動向を見よう。**図5-2**に示されるように、東京における玄米（中一石）の価格が一五年にはマイナス一七％の急落となり、一六年にマイナス二八％、一七年にマイナス一六％と下落し、一八年は一時的に上昇したものの、一九年九％、二〇年一八％の下落となった。醤油は一五年に九％、一六年に二三％下

図5-2　東京日用品卸物価の推移（明治14-20年）

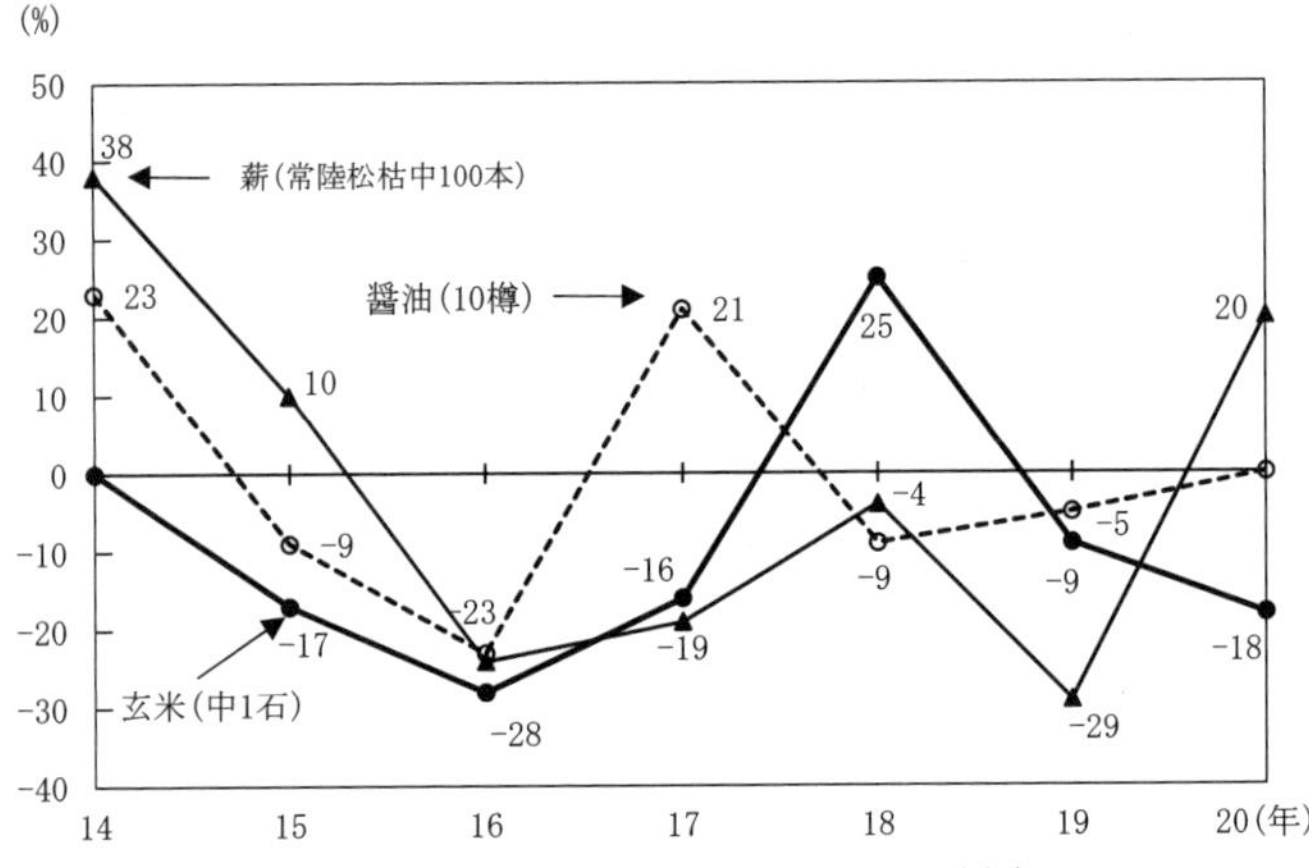

（注）東京商業組合並びに当業者の調査（紙幣表示による時価）。
（出所）「貨幣制度調査会報告」748〜752頁。

落し、一七年は上昇したが、一八年（マイナス九％）・一九年（マイナス五％）と下落した。薪（常陸松枯中一○○本）は一六年にマイナス二四％に下がり、一七年一九％、一八年四％、一九年二九％と連続的に下落した。他の品目として、味噌（一○貫目）は一五年に一七％下落し、一六年（マイナス一三％）一七年（マイナス二四％）と下落し、一八年は上昇したが、一九年から二一年まで下落した。鰹節（土佐大節一○貫目）は、一五年に二三％下落し一八年（マイナス三五％）まで下落した。このように、一五年以降の数年間には、東京の日用品の物価の下落傾向が顕著であった。

また、大阪でも日用品の物価が下落した。調査会の資料（貨幣表示時価）に基づいて作成した図5-3で明らかなように、米価（摂津一石）が一四年に八％下落した後一五年にマイナス一六％、一六年にマイナス二二％と下落が続き、一八年に一時的に上昇したが、一

図5-3　大阪日用品卸売物価の推移（明治14-20年）

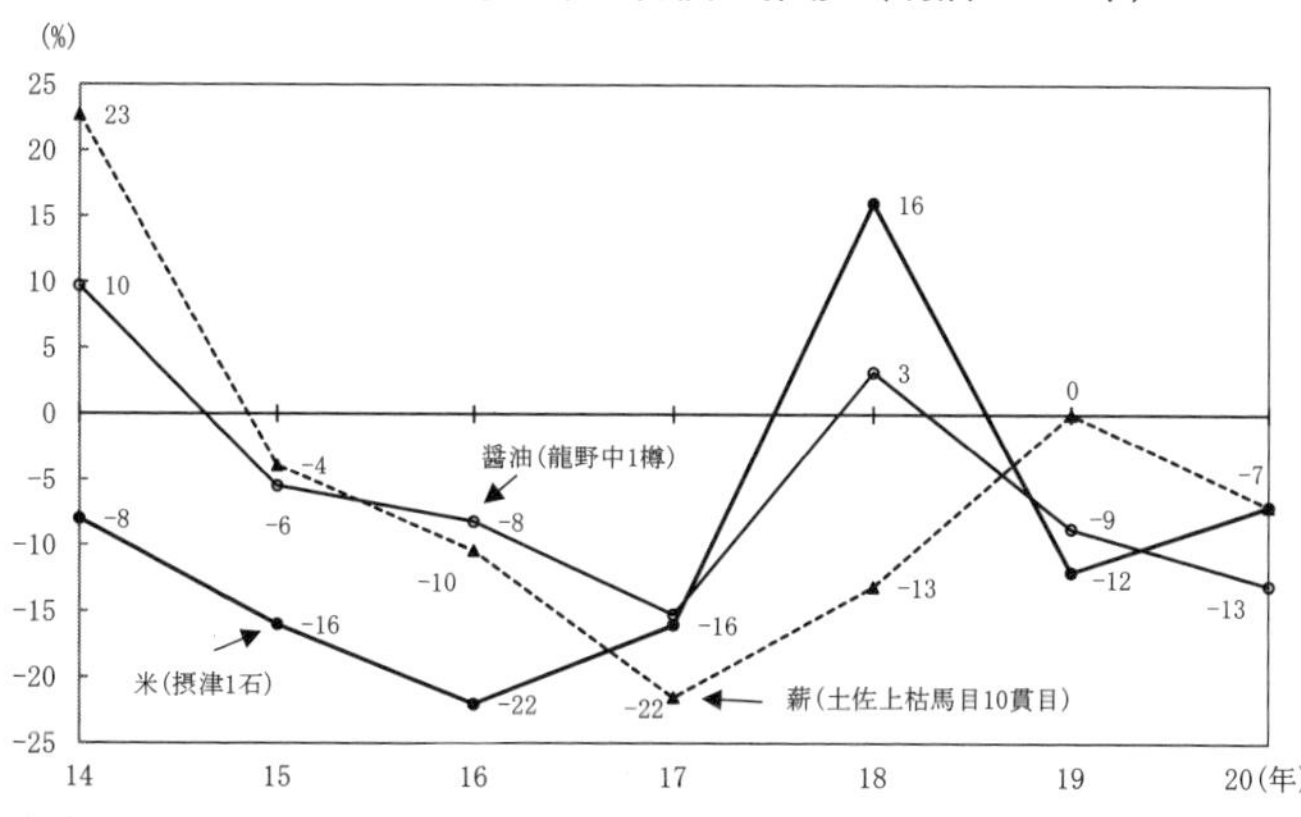

（注）大阪商業会議所の調査（紙幣表示時価）。
（出所）「貨幣制度調査会報告」760〜764頁。

九年・二〇年と再度下落した。醤油（龍野中一樽）は一五年に六%、一六年八%、一七年一五%の下落となったが、一八年に三%の上昇に転じた後に一九年・二〇年と下落していった。薪（土佐上枯馬目一〇貫目）は一五年から一八年まで四年間下落し、一九年に〇%に戻ったものの、二〇年には再度下落した。この他にも、大豆が一六年から一九年まで下落し、鰹節（土佐大節一〇貫目）も一五年、一六年、及び一八年と二桁台の下落となった。

次に、日用品以外も含む東京の卸売物価について、貨幣制度調査会報告の資料「東京物価割合比較表」(26)に基づいて検討する。先に指摘したように、この比較表の数値は時価を銀貨換算しているので、実際の時価とは誤差がある。そのため、「東京物価割合比較表」の各指数を紙幣表示時価によって指数化した『明治大正国勢総覧』の前付け付表「国勢概観基礎計数」によって算定すると図5-4のようになる。この表によれば、東京の卸売物価（紙幣価格時価）

は一五年にマイナス四％（小数点以下四捨五入）の下落となり、一六年に一九％、一七年一三％と下落が続いている。前掲の東京日用品の貨幣表示の物価動向と概ね類似ものとなっており、実態をよりよく反映している。朝日新聞社の「物価大勢指数表」は全国的調査であり、調査品目も異なるので、当然ながら数値は異なるが、一五年から一七年には下落しており、少なくともこの三年間は東京及び全国的に物価が連続的に下落するデフレーションが進行したと判断できる（表5-5）。なお、消費者物価（全国）については、実態を知ることが極めて困難であるが、大川推計では明治一五年〜二一年まで連続的に下落している[27]。

なお、東京の賃金動向についても、貨幣制度調査会の資料を紙幣表示に調整して指数化して検討することができる。同調査会の「東京賃金割合比較表」[28]は三一職種の時相場を銀貨換算した指数であるために紙幣表示の時相場と誤差があるので、紙幣表示に変換する必要がある。前掲『明治大正国勢総覧』付表により作成したものが図5-4の東京の賃金の推移であり、一六年に二％の下落となり、一七年に四％、一九年に三％下落している。このように、一六年、一七年及び一九年に賃金も下落した。

松方デフレでは、表5-5のように、紙幣の整理が進められる中で、銀貨と紙幣の価値の乖離が縮小するのにほぼ連動して物価が下落している。したがって、松方デフレは、通貨価値の上昇による物価の下落という古典的なデフレーションであった。なお、東京の賃金は、物価よりも変動幅が小さいが、類似の動きとなっている。

図5-4　東京の卸売物価と賃金の推移（明治13-21年）

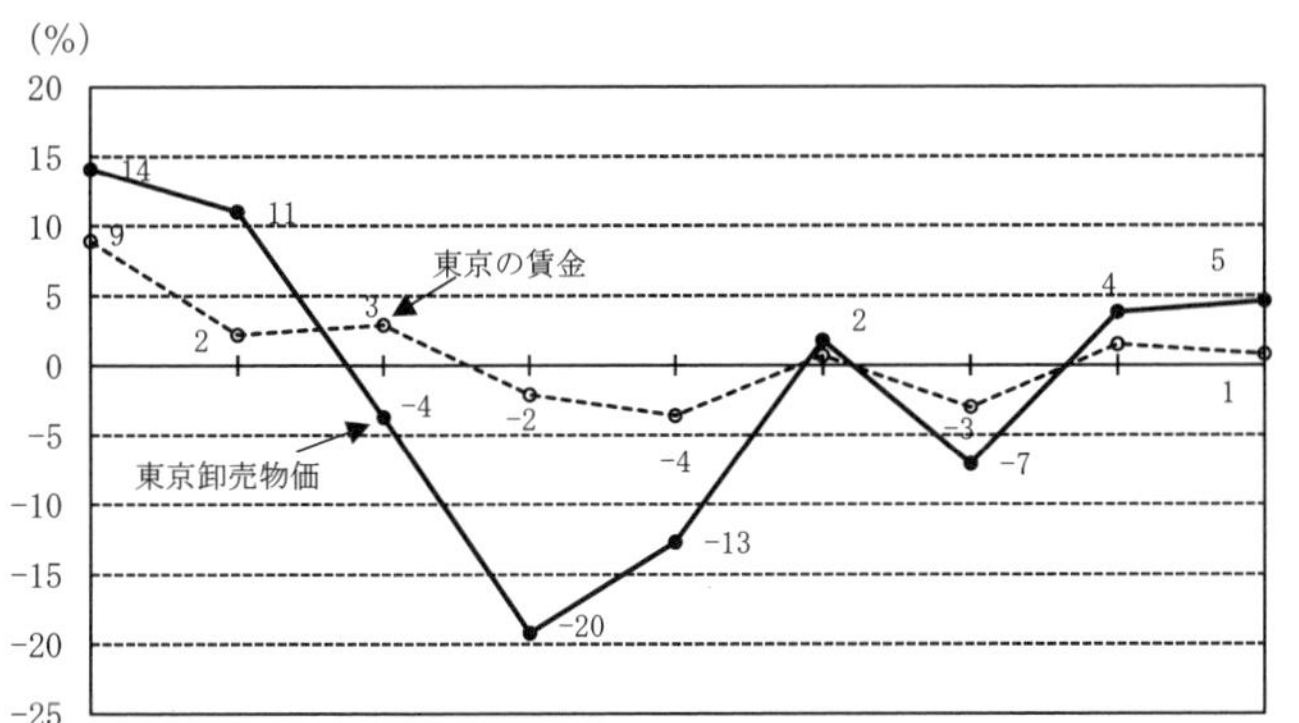

（注）各上昇率は貨幣制度調査会の銀貨換算の指数を紙幣時価に調整したもの。
（出所）『明治大正国勢総覧』付表より作成。

表5-5　紙幣・金銀比価・物価の変動率（明治14-20年）

（単位：%）

年	紙幣量（年末）	銀紙比価（年平均）	東京賃金（調査会）	東京卸売物価（調査会）	卸売物価（朝日新聞）	消費者物価（大川推計）
明治14	-3.8	14.8	2.2	11.0	2.6	10.4
15	-6.2	-7.4	2.9	-3.7	-6.4	-7.4
16	-8.0	-19.5	-2.1	-19.2	-6.8	-16.6
17	-6.0	-13.8	-3.6	-12.7	-6.6	-4.6
18	-1.6	-3.1	0.7	1.8	3.9	-0.7
19	11.8	—	-3.0	-7.1	1.5	-8.5
20	0.7	—	1.5	3.9	6.0	-0.5

（注）1．銀紙比価は銀貨1圓に対する紙幣の価格。明治19年以降は銀相場は消滅。18年以降の紙幣流通高には日銀兌換券を含む。
2．貨幣制度調査会については紙幣表示、大川推計は家賃を除く。

（出所）「明治三十年幣制改革始末概要」404頁付表、『明治財政史』第11巻434～436頁、『日本経済統計総観』朝日新聞社、1930年、1108頁、大川一司編『物価』東洋経済新報社、1967年、135頁より作成。

不況と庶民の困窮

松方デフレの時期には、景気後退が生じて不況が深刻になった。会社の倒産に関する統計が整備されていないので、表5-6によって会社数の推移を概観すると、一五年の三三三六社から一八年には一二七九社に激減した。一五年時点の業種別会社数と比較すると、商業が一九年に八一%の減少、運輸業が一八年に九〇%の減少、農業が一七年に七九%の減少というきわめて厳しい事態となった。これらの統計数値は一六年までは『帝国統計年鑑』、一七年以降は『会社統計表』によるものであり、連続性においていくばくかの誤差がありうるが、いずれも政府機関の作成したものであり、ある程度の一貫性は保たれているであろう。

以上のような状況から、松方改革前のインフレーションに支えられた景気は一五年頃までは持続したが、一六年から一八年の時期には厳しい不況となっている。松方デフレでは、物価が一五年から一七年に急落し、その影響を受け、タイムラグを伴って、一六年から一八年に企業の倒産及び閉鎖が激増し、不況となった。ただし、工業化は推進されており、工場と職工数は増加した。また、鉄道も一貫して増加した。松方デフレ期には、主として弱小零細会社が整理された。

松方デフレと庶民の困窮の実態は当時の新聞報道にも見られる。明治一六年から一八年の記事は次のように伝えている。「米価は日に下落し、その底止する所を知らざるほどなれば、（中略）本年もまた農家は納税金に差し支え、非常の難儀を極むべし」（『朝野新聞』明治一六年一〇月九日付）。福井県では「従来生糸、

表5-6　会社数の推移（明治16-22年）

（単位：社，%）

年	総数	総数増率	農業	工業	商業	運輸
明治15	3,336	85	288	—	976	814
16	1,772	-47	220	116	800	461
17	1,298	-27	61	379	342	204
18	1,279	-1	78	496	225	80
19	1,655	29	85	1,097	187	158
20	2,038	23	144	1,361	252	159
21	2,593	27	204	1,694	399	150
22	4,067	57	430	2,259	726	299

（注）商業は金融を除く。
（出所）『明治以降本邦主要経済統計』324～325頁。

蚊帳を生産しけるが、昨今来生糸・蚊帳の非常に下落せしを以って、右製造人は皆ヒシヒシと破産し」た（『東京日日新聞』明治一六年一二月二九日付）。静岡では、「県下の借金党は勢い追々盛んになり、数百名の負債者は団結して銀行貸付会社その他債主に逼りて、年賦無利息等の事を強談に及び、しばしば腕力にも及ばんとする有様」（『朝野新聞』明治一七年九月一四日付）となった。上州地方では、「いずれの村でも困却せしは、苗にとて蒔き置きし籾を、夜な夜な盗み取りて喰いし者ある（中略）。不景気の極ここに至れり」（『東京日日新聞』明治一八年六月九日付）。

　松方デフレでは不況と庶民の困窮は甚だしく、一七年一一月には、埼玉県秩父地方で秩父事件が発生した。不況と貧困に苦しむ農民ら数千人が暴徒と化し、警察署・役所・豪家などを襲撃し、証文・地券を焼き捨て、金品の略奪・放火・殺人に及んだ。ついに、東京鎮台歩兵一大隊が出動する事態となり、銃撃戦が行われ、多数の死傷者が出た（『東京日日新聞』明治一七年一一月四日付及び一一月六日付)。このように、松方デフレ期には、物価の顕著な下落、不景気、増税が重なり合って、国民は窮乏生活を余儀なくされた。

四　金本位制確立の経緯

貨幣制度調査会の審議

貨幣制度の調査のため、渡辺国武蔵相の建議によって明治二六(一八九三)年一〇月に「貨幣制度調査会規則」が公布され、貨幣制度調査会が設置された。会長(貴族院・谷干城)、副会長(大蔵次官・田尻稲次郎)及び委員二〇名によって構成され[29]、同年一〇月から活動を開始し、二八年七月に報告書を提出した。調査会に課された課題は、①近時金銀価格変動の原因及び結果、②近時金銀価格変動の本邦経済に及ぼす影響、③現行通貨制度改正の必要性の有無及び改正する場合の本位制は何かという三点であった。

二六年一〇月の第一回総会で、①及び②の調査が特別委員会(阪谷芳郎・添田寿一・金井延・園田孝吉・田口卯吉)に委託された。特別委員会(委員長・園田)は検討を重ね、①を全会一致で認定したが、②の近時金銀価格変動の本邦経済に及ぼす効果については意見が分かれた。金井・園田は、近時金銀比価変動はわが国経済に及ぼす影響は頗る喜ぶべきものであり、本邦の利益は金貨国の利益に勝ると主張した。他方、大蔵官僚の阪谷と添田は、近時金銀比価変動は一時的に輸出を幾分増進させるが、この輸出の増進は銀の輸入を促して通貨の増加となり、物価を騰貴させてついには輸入超過に至らしめるのであり、永久全般の利益とは言えないと主張した。そこで、これらの意見を併記することとし、第二回総会に報告書を提出した。

二八年三月の第二回総会では、園田委員長から特別委員会の報告が行われ、渡辺洪基と益田孝を加えた第二次特別委員会（委員長・園田）に③の調査が委託され、同委員会は翌五月にその報告書を提出した。各委員の意見は次の如くに分かれた。金本位制を採用する必要あり（阪谷）、将来金本位制を採用する必要があるが現在は改正の時ではない（添田）、将来金本位制採用の時期を期して金貨蓄積の必要あり（渡辺洪）、将来万国複本位同盟が成立した時に加盟の必要あり（金井）、現幣制改正の必要なし（園田）、欧米各国幣制確定の日を俟って処すべし（益田）、欧米各国を誘って複本位同盟を締結する必要あり（田口）。そこで、現行貨幣制度の改正とは「目下の改正」と解して採決したところ、改正の必要ありが阪谷一名、改正の必要なしが他の六名となった。このように、第二回総会までは幣制改正を必要とする状況ではなかった。

さらに、審議が継続され、同年六月の第六回総会で、特別委員会調査報告の第一章・第二章〔実態調査部分〕が全会一致で可決されたが、第三章結論〔現幣制の本邦における影響〕では甲乙両論に分かれ、採決が行われた。甲論は、金貨国に対する輸出増加、関係商工業の振興、及び労働者需要の増加がもたらされ、輸入価格の騰貴による輸入抑制と代替品製造が進展しているという主張であった。乙論は、金銀価格変動による為替相場の不安定のために金貨国との取引に渋滞を来しているほか、輸出の増進が輸入を促して通貨膨張と物価騰貴をもたらし、延いては輸入超過を惹起し、長期的には利益をもたらさないというものであった。採決の結果、甲論を可とする者は一〇名（和田垣・金井・堀田・渡辺・渋沢・園田・小幡・高田・荘田・田口）、乙論を可とする者は五名（阪谷・添田・河島・栗原・益田）となった[30]。このように、現行貨幣制度に対して否定的な意見を述べた委員は少数派であった。

ところが、報告書第四章（③の事項）の採決において事態が一変した。園田が、目下幣制改正の必要なしとする者でも、将来に改正を期する者は現行貨幣制度改正の必要ありとしなければならないという動議を出したのである。反対意見も出されたが園田の動議が認められ、「改正の必要ありとする者」八名（阪谷・添田・渡辺・河島・栗原・益田・荘田・田口）、「改正の必要なしとする者」七名（和田垣・金井・堀田・渋沢・園田・小幡・高田）となって改正派がからくも多数となり、それまでとは逆の結果になった。また、幣制改正を必要とする者のうち、「金貨本位を可とする者」は六名（阪谷・添田・渡辺・河島・栗原・益田）、「複本位を可とする者」は二名（荘田・田口）であった。

かくして、貨幣制度調査会の審議は、現行貨幣制度に対する批判意見が少ない中で、現行貨幣制度の改革の必要ありとする奇妙な結果となった。なお、会長谷と副会長田尻は採決に加わらなかった。また、後日に第六回総会の欠席者に対する意見聴取が行われ、原敬と若宮正音は現行幣制の変更に反対の意見を述べている。しかし、日銀総裁川田を含め他の委員がどのような意見を述べたか調査会報告書は明記しておらず、不明である。いずれにしても、上記の通り、貨幣制度調査会はかなり強引な採決の仕方によって、現行貨幣制度を改正する必要があるという結論を導き出し、松方正義や大蔵省が金本位制を採用するための一定の大義名分を与えた。

ところで、第六回総会において、なぜ園田は自分の意見とは異なるトリック的な動議を出したのであろうか。この点について、中村隆英は、「薩派の先輩松方への配慮から、自説を公に変更することなく、しかも改正必要論が通過するような工夫をこらしたためとしか考えられない[(31)]」と指摘している。新聞も批判的に報じた。この委員会の人選について、貨幣問題に関連が薄い谷千城がなぜ議長なのか、他にも同様の委員がいるのはなぜかと問い、「本件調査のごときは時宜により、現在の幣制を改革すべき端緒を開くことなしとも云うべからざる大問題にして、これが調査をなさんとするに当り、政略の意味より格別この事に精通せざる人までも撰ぶがごときことありとせば、誰かその調査の結果を信用する者あらん」（『時事新聞』明治二六年一〇月二七日付）と。

とはいえ、貨幣制度調査会の議論は、大隈重信や伊藤博文が金融行政を主導していた時期と比較すれば、その水準が上がってきている。銀価格の低下が日本経済にどのような影響を及ぼしているかを検討したほか、本位制の実施に係る貨幣素材の量が議論の俎上に上っていることも注目される。

前者について、渋沢は次のように述べている。金銀比価変動によってわが国が受ける経済上の利益が頗る大きく、弊害は少ない。金貨国への輸出物品の価格が低下し、金貨国からの輸入物品の価格は騰貴するため、わが国の輸出が増加し、輸入は減少しており、国内工業が促進され、輸入品を国内で製造するに至った事業も多い。わが国は金貨国に対する負債がきわめて少なく償還上の困難も軽微であり、たとえ軍艦兵器機械等の購入価格が上昇するとしても、現行幣制から受ける大きな利益を没却してはならない(32)。後者については、各国が金本位の採用を欲するならば世界貨幣の半額を占める銀貨を金貨に変換しなければならないが、金の供給は今でも欠乏しており、自然の金の供給が急増しえないことは地質学の示すところである。また、既存の金本位国も金の欠乏を憂いており自衛のために金流出の防止に努めるので、金本位を企図する国はそれを完遂することは無理が伴い徒に経済社会に害をもたらすにすぎない。そのため、結局は複本位制のほかに幣制統一の策はない(33)。このような渋沢の意見は、新貨条例や国立銀行条例など明治初期の幣制改革に直接に携わり、また銀行を経営した経験から得られた知見と考えられる。ケインズ(Keynes, J. M.)も、金の稀少性から来る金本位制の欠陥を指摘し、その克服のために管理通貨制度を提唱したが、不換紙幣に悩まされ続けてきた渋沢らには管理通貨制度を構想する余裕はなく、金銀複本位制が現実的な幣制と判断したのであろう。

他方、大蔵省の阪谷らは、上記のように、現行の金銀価格の変動よる輸出の増進は銀の輸入を促し、通貨の増加となり、物価の騰貴となってついには輸入超過に至ると述べて現行幣制を批判している。しかし、銀価格の下落（圓安）が物価上昇によって輸入超過をもたらすという阪谷らの論理には無理がある。後に見るように、現実にもそのようなことは生じていない。また、阪谷も金の量に言及し、従来の金貨一圓を二圓に減価させる、内地では紙幣の兌換は専ら銀貨で行う、内地の産金、朝鮮・支那の産金を吸収する、などと述べている[34]。この阪谷の主張は、渋沢のような大局的で現実的な見方ではなく、対症療法的で希望的観測に基づくものであった。当時の日本経済は欧米先進諸国に対して入超のため金貨の流出が顕著であり、阪谷らの施策によって日本の金本位制が持続する保証はなく、また、内地において銀兌換にするのでは、金本位制とは到底言えない。

日清戦争賠償金と金本位制の確立

二八年七月に貨幣制度調査会の報告が提出された段階では、伊藤博文内閣はまだ金本位制の採用に舵を切っていなかった。しかし、二九年九月に松方第二次内閣が成立すると、松方首相自身が蔵相を兼務し、金本位制への動きが急になった。松方は元々金本位制の採用を望んでおり、銀本位制を採用した際には金準備が不足していたためにやむなく選んだ策であった旨を述べている[35]。

二七年八月に第二次伊藤内閣は朝鮮への覇権をめぐって清国に対して宣戦布告して日清戦争が開始され、翌二八年四月に両国間で下関条約が調印された。同条約においては、清国が朝鮮の独立を認め、台湾・遼東半島・澎湖諸島を割譲し、賠償金として庫平銀二億両を支払い、開港場の拡大及びそこでの居住等々を認めることが定められた。だが、その直後に、露仏独が遼東半島の清国への返還を要求（三国干渉）したために、政府はそれを受け入れ、代償として報償金庫平銀三千万両を受け取る還付条約を清国との間で調印した（同年一一月）。結果、政府が得る賠償・報償金は合わせて二億三千万両（圓換算で三・六億圓）となった[36]。

松方は、組閣間もなく金本位制採用の方針を上奏し、日銀に清国からの賠償金を金塊・金貨・英国ポンドで輸入せよという「為替取組及金銀塊購入の方針」を通達した[37]。さらに、彼は翌三〇年二月に貨幣法制定（添田寿一大蔵書記官の起草の「金本位制施行方法」に基づく）の議を閣議に提出し、金本位制の早期実施を期した[38]。だが、金本位制の採用については、貨幣制度調査会においてもそうであったように、渋沢栄一など反対者が多かった。『大蔵省百年史』によれば、「伊藤博文らの政界実力者もまた、当時金本位制にふみきることに疑問をもっていたが、時の首相兼蔵相の松方は、貨幣法案の閣議決定直前に、伊藤博文・井上馨・大隈重信らの政界実力者を説得し、その了解を得たのであった[39]」。かくして、第一〇回帝国議会で貨幣法は無修正で通過し、三〇年三月二九日に貨幣法、ならびに貿易一圓銀の洋銀並価通用廃止法律等が公布され、一〇月一日から金本位制が実施された。貨幣法によって一圓金貨の純金含有量を二分（〇・七五グラム。新貨条例の半量）とするほか、一圓銀貨の製造を廃止し、兌換銀行券条例の改正によって兌換銀行券は金兌換とすることなどが定められた。これによって、圓は対ドルで一圓から二圓に切り下げられたが、わが国の金本位制度が確立した。

なお、清国の賠償金は次のように利用された。賠償金を直接消費するのではなく、わが国の国庫内において、償金特別会計・造幣局会計・貨幣整理資金特別会計を操作することによって、賠償金を活用して既発銀貨の処分と新金貨の創出が行われ、賠償金は国家予算の財源とした。その方法は以下である。

① 償金特別会計は、ロンドンに保有する資金で金塊を購入し、造幣局に金塊を輸送する。
② 造幣局は受け取った金塊を金貨に鋳造し、償金特別会計に返付する。
③ 償金特別会計はこの金貨を旧一圓銀貨と引き換え、この旧銀貨を額面価格で貨幣整理資金特別会計に引き渡す。
④ 貨幣整理資金特別会計は償金特別会計から購入した銀貨を造幣局に売り渡す。
⑤ 造幣局はこの銀貨を補助貨幣に改鋳し、これによって得た益金を造幣局特別会計から貨幣整理資金会計に繰り入れる。
⑥ 貨幣整理資金会計は引揚げ一圓銀貨の購入代金（額面）と売却代金（市価）の差額を⑤で繰り入れられた益金で補填する。
⑦ 償金特別会計は貨幣整理資金会計から受領した引揚げ旧銀貨の代金〔金貨〕をもって指定された予算の費途に充てる。

このようにして引き揚げられた旧一圓銀貨は、三〇年一〇月一日から翌年七月末までに、既発行総額一億六五〇〇万圓の内の四五五九万圓であり、三分の一以下にとどまり、金兌換請求が殺到するのではないかとの懸念は杞憂に終わった。全体として、引揚げ銀貨と正貨払証書引き換えに納められた銀塊は約七五〇〇万圓であり、この内の二七五六万圓を補助銀貨の材料に使い、四〇七八万圓を香港・上海で売却し、六七四万圓を台湾・朝鮮に輸送して通用に供するなどして、三一年一二月までに処分が終わった(40)。

他方、賠償金の受領は明治二八年一〇月に始まり、三一年五月に終了し、合計三八〇八ポンド（三億五八三六万圓）であった。その使途は、主として陸海軍拡張費であったが、一般会計補足や教育基金等にも支出された。しかし、この清国賠償金は日露戦争前の三五年度末にはそのほとんどが使い果たされた。そのため、金本位制を維持しつつ日清戦後経営を進めるには、松方がかつて批判していた外債発行に頼らざるをえなくなってしまった(41)。

五　明治中後期幣制と貿易

銀本位期の特徴

わが国の銀本位制の期間は、明治一八（一八八五）年五月の銀兌換券の発行から三〇（一八九七）年一〇月の貨幣法施行前までである。しかし、二七年から二九年までは日清戦争及びその余波による貿易の変化が大きいために除外し、銀兌換翌年の明治一九年から二六年までを銀本位制の時期として検討の対象とする。

表5-7　銀本位制下の年平均貿易動向（明治19-26年）

（単位：万圓，％）

	平均輸出額	構成比	平均輸入額	構成比	輸出入差額
食料品	1,638	24	1,363	21	275
原料	762	11	819	13	-57
原料用製品	3,137	45	1,616	25	1521
完成品	1,137	16	2,483	39	-1346
貿易額	6,925		6,404		521

（注）１．国内に樺太を含む。
２．明治21年の輸出額は『日本貿易精覧』２頁の数値に訂正。
３．明治20年までは金本位国からの輸入は金貨・金地金払い。
（出所）『明治以降本邦主要経済統計』280頁より作成。

銀本位制の時期は、**表5-7**に示されるように、貿易収支では年平均輸出額が輸入額を上回っており、五二一万圓の黒字（出超）となった。輸出では、原料用製品が三一三七万圓で輸出総額のうち四五％を占めて輸出額の半分近くまで増大した。次いで食料品が一六三八万圓に増大し、輸出の二四％を占めた。完成品の輸出も、一一三七万圓で輸出額の一六％に浮上してきた。輸入では、やはり完成品が最も多く二四八三万圓と輸入額の三九％を占めたが、比率はやや低下した。次に多い輸入は原料用製品の一六一六万圓であり、構成比は二五％であった。

輸出では、原料用製品においては生糸が圧倒的地位を占め、二五年を見ると三六二七万圓であった。食品については緑茶が多く、同年七二四万圓に上る。なお、紡績や織物の機械化の進展によって綿織物の輸出が増加傾向となったが、二五年の綿織糸の輸出は〇・八万圓、綿織物は五四万圓にすぎず、生糸にはとても及ばなかった。他方、輸入では、完成品の主なものは綿織物が同年に四六七万圓、機械船銃砲類が同年四〇二万圓であり、加工原料では綿織糸が同年に七一三万圓、鉄類が同年に二二三万圓であり、主要な品目であった。なお、わが国の紡績業の発展に伴って原料である繰綿（綿花から種子を除いたもの）の輸入が激増し始め、一八年には六〇万圓であったものが二五年には一一〇三万圓となった。また、食品の砂糖も二六年には一一四七万圓に急増した。さらに、この時期には、機械化と鉄道建設の進展によって蒸気機関（二五年に一八万圓）等の輸入が増加し始めた。その結果、年平均輸出額が六九二五万圓に急増したが、輸入は六四〇四万圓にとどまり、貿易収支が五二一万圓の黒字となった。

幣制との関係でみると、一ドルに対する圓相場は、金銀複本位期には概ね一圓前後であったが、銀本位期には年平均で一・二七圓で推移し、圓安基調であった。また、二一年以降は金本位国からの輸入に関しても銀貨・銀地金による決済となり、欧米列強との関係でも圓安による輸入物価上昇による輸入抑制効果が働いた。すなわち、この銀本位期には、産業の草創期ではあったが、圓安基調により貿易収支が黒字になった。

当時の経済状況について、補足すると、この時期は、紡績業で近代的大規模工業が確立し、製糸業・織物業等においても機械化が進展しており、原料の輸入も増大したが、圓安効果も加わって完成品の輸出が金銀複本位制の時期の年平均一三四万圓から銀本位制の時期には一一三七万圓へと八倍超の増加となった。また、この銀本位制の時期の年平均人口は約四〇〇〇万人となり、明治前期の金銀複本位制の時期の年平均人口と比較しておよそ六〇〇万人増加した。こうして、銀本位制においては、金銀複本位制の時期と比較して、年平均輸出は二・七倍増加したが、輸入は二・二倍にとどまっており、貿易黒字となった。

なお、この時期には、工業化が進展して年平均累計での工場数が約二四〇〇となった。二〇年には紡績会社・鉄道会社の設立ブームとなり、同年から二三年末までに、鐘淵紡績所（二一年設立）、倉敷紡績所（同年開業）など約二〇社の紡績会社が各地に設立された。また、これらの会社のほとんどは、二〇〇〇錘の小規模紡績会社の苦境を教訓にして、渋沢栄一主唱で設立された大阪紡績会社（一五年設立）を見習って、蒸気機関を動力とする大規模工場（一万錘以上）とし、夜間操業を採用した。また、ミュール紡績機の他に生産性の高いリング紡績機の採用もなされた。このような紡績会社の近代化と大規模化により、二三年には綿糸生産高（四二九六万斤）が輸入高（三一九一万斤）を超えるまでに増加した。(42)

しかし、製糸業こそが明治大正期を通じて日本の輸出の中心であった。二六年頃までは各地の製糸業は座繰りが中心で小規模であったが、諏訪地方の岡谷では工夫がなされ、大規模生産に匹敵する力を発揮した。ここでは一〇年から二五年頃に小規模生産者が共同して結社をつくって糸質の統一を図って直接に横浜市場に出荷し、アメリカでも知られる有力製糸結社が生まれた。また、岡谷の製糸工場は横浜の問屋から繭の買い付け資金を借りることができたほか、二四年には第十九国立銀行諏訪出張所が開設されて銀行融資も利用できた。結社の中で最も発展したのは明治一二年に片倉兼太郎らが創設した開明社であり、二一年には社員二二名、職工一八〇〇人に発展した。その後、二七年に片倉は開明社から独立して三全社（さんぜんしゃ）（結社から「組」に変更）を創設し、富岡製糸場を上回る三六〇釜を備えた全国最大の大工場を整備した。(43)

このようにして、岡谷は全国の製糸業をリードする地域に発展した。なお、わが国の製糸業が小規模生産であるにもかかわらず、中核輸出産業となりえた背景には、横浜に集まった生糸商人や問屋が外国商館に果敢に売り込みをしたことが指摘されている(44)。

鉄道でも、明治一〇年代には鉄道官設の方針がくずれて私設鉄道会社が多数設立されるようになった。しかし、一七年の秩父事件鎮圧のために日本鉄道が利用されたのを契機に軍部が鉄道事業に関与を強め、再び鉄道国有化の方針が強化された。二二年に官営東海道線が全通し、二四年に日本鉄道の上野—青森間が開通した(45)。また、二五年には、政府による幹線鉄道の建設、将来における私設鉄道の買収等を定めた「鉄道敷設法」が施行された。

電力については、一一年三月に電信中央局開業祝宴会場でアーク灯が点灯され、あんどん・石油ランプ・ガス灯に代わる動きが出てきた。一六年に東京電燈会社が設立されたが、火力発電による一般営業の開始は二〇年末となった。主要な需要は、官庁・事務所・紡績会社・資産家家庭の照明であった。わが国最初の動力用としての電気利用は、二三年の浅草の凌雲閣のエレベーターの運転、上野の内国博覧会でのスプレーグ式電車の展示・運転、足尾銅山における電気捲揚機の使用であった(46)。だが、この時期はまだ電力が工場の動力源として広く利用されるまでには至らなかった。

表5-8　金本位制下の年平均貿易動向（明治31-44年）

（単位：万圓，％）

	平均輸出額	構成比	平均輸入額	構成比	輸出入差額
食料品	3,792	12	6,500	18	-2,708
原料	3,239	10	13,453	37	-10,214
原料用製品	15,426	47	6,393	18	9,033
完成品	9,749	30	9,544	26	205
貿易額	32,822		36,263		-3,441

（注）日露戦争時の37・38年を除く。雑品省略のため、合計は貿易額と一致しない。
（出所）『明治以降本邦主要経済統計』280頁より作成。

明治後期金本位期の特徴

わが国で完全な金本位制が継続して実施された時期は、明治三〇（一八九七）年一〇月の貨幣法施行から大正六（一九一七）年九月までであるが、ここでは貨幣法施行翌年の三一年から明治期最後の四四年まで―日露戦争時の三七～三八年を除く―の期間を検討の対象とする。明治後期の金本位期は、年平均輸入額三億六二六三万圓が同輸出額三億二八二二万圓を上回り、貿易収支が三四四一万圓の大幅赤字（入超）となった（**表5-8**）。輸出では、原料用製品が一億五四二六万圓で輸出総額に占める割合が四七％と最大であった。次いで完成品が九七四九万圓となり、銀本位期の一六％から三〇％へとほぼ倍増した。また、食料品の輸出額に占める割合は一二％に低下した。他方、輸入では、原料が一億三四五三万圓（三七％）と最大となり、次いで完成品が九五四四万圓（二六％）であった。なお、原料用製品の輸入の割合は一八％に減少した。

この金本位期の貿易収支の大幅赤字に関する説明は単純ではない。金本位制の実施と共に、平価の切下げが同時に行われたからである。すなわち、貨幣法によって金本位制が実施されたが、同法では一圓金貨の金含有量が〇・七五グラムに減じられたので、新貨条例と比較して圓の価値が半減した。金本位期の対ドル相場は、年平均で二・〇一圓であり、銀本位期よりも三七％ほどの圓安になった。しかし、貨幣法公布前年には対ドル相場（最高値平均）が一・九二圓に下落していたので、移行期の影響はそれほど大きくなかった。とはいえ、渋沢らが反対したように、当時の日本経済の実力から見て、金本位制への移行は無理な側面があった。だが、当時の日本は、軍事拡大と産業振興のために輸入を拡大したことも事実である。

この期間（三七〜三八年除く）の国別の貿易収支（年平均）では、対英国が六〇〇〇万圓余の赤字、対アジアは約一六〇〇万圓の赤字であった。他方で、対米国は四〇〇〇万圓余の黒字であった。アジアの赤字はインドに対するものが最も大きく繰綿の輸入に関連し、英国については軍備増強によるところが大きかった。したがって、この期の貿易赤字の大きな要因は、産業の発展と軍事拡大によるものであった。この点について、石橋湛山は次のように指摘している。明治二七〜三六年期は日清戦争を契機に日本経済が未曾有の発展期に入り、入超はこの期の「我が経済乃至（ないし）政治の発展を物語るもの」であり、「我が国は即ちそれだけの物資を多く外国から取入れて、産業を開発し、或は軍事を充実した」と(47)。さらに、金本位制に移行したことによって、圓に対する信認が増大し、輸入が容易になったことも、貿易赤字が拡大した要因であった。特に、アジアでは、日本だけが金本位国であり、購買力が向上した。

類別輸出入については、輸出加工原料では依然として生糸が中心であったが、綿糸が増加してきた。四〇年の生糸の輸出額は一億一六四三万圓であり、綿糸は三〇三四万圓であった。また、絹織物の輸出も増加し始め、四〇年には三一六四万圓に上った。なお、同年の緑茶輸出額は一一七六万圓であり、陶磁器が七二二万圓に増加した。他方、輸入では、原料は繰綿がその大宗を占め、四〇年には一億一四〇三万圓となり、鉄類の三八九〇万圓の約三倍に上った。紡績業が輸出産業として繁栄し、細い綿糸を製造できるインドの繰綿が大量に輸入されたためである。輸入完成品の主なものは、軍備拡大の影響を受けた機械船銃砲類であり、四〇年には四〇九四万圓であった（但し、この中には、紡績用機械の三八四万圓が含まれ、これは年により増減している）。その他に、綿織物や毛織物の輸入が増加し、前者は四〇年に一七五五万圓、後者は一二二二万圓であった。また、三三年には石油の輸入が一〇〇〇万圓台に増加し、四〇年には一四三二万圓に上った。食品類の輸入も著増し、米及び籾が同年三〇九三万圓、豆類一〇四一万圓、砂糖一九八六万圓に上った。なお、国内の紡績業の発展により、綿織糸の輸入は四〇年には一四万圓まで激減した。

日本の工業化は、この明治後期の金本位期にその基礎が確立された。三四（一九〇一）年に官営八幡製鉄所が操業を開始した。造船では、三〇年に三菱造船所がわが国初の六〇〇〇トン級の航洋船「常陸丸」を製造し、四〇年には世界有数の大客船「天洋丸」、「地洋丸」（各一・三五万トン）を製造した。この頃には、駆逐艦や大型の巡洋艦も製造可能となり、大型艦の建造技術は世界水準に達した。電力では、明治四〇年に東京電燈会社（一九年開業）が一・五万キロワットの駒橋水力発電所の建設と長距離送電を実現し、火力から水力への転換の動きが始まった。

既述の通り、明治末期においても、最大の輸出品は生糸であったが、製糸業は小規模生産者が多く、大正四年の全国調査でも、一〇人繰り以上の製糸場は約三〇〇〇にすぎず、その八割以上は女工が一〇〇人未満であった。その他は、一〇人繰り未満の座繰りの小規模生産者が約三〇万を占めていた。とはいえ、岡谷の片倉組などの大規模な生産者もあった。諏訪には各地から繭が集まり、やがて片倉組などが県外工場を設けるようになり、信州系の有力製糸業者が岩手県から宮崎県まで各地の小規模生産者を吸収して大規模化していった。但し、長野県・山梨県・岐阜県などにもそれに続く規模の製糸場があった。

　紡績業については、三〇年に綿糸の輸出が輸入を超え、わが国の紡績業が確立された。紡績業の規模は、二〇年比で三〇年の労働者数は一九倍（四・五万人）、生産高は二二倍（二六〇〇万貫）に増大した。原料の綿花は三〇年頃には三分の二がインド産となり、日本綿は一％以下となった。紡績業は、三〇年代前半の二度の恐慌に大きな打撃を受けて紡績会社の合併が行われ、経営規模の拡大が進んだ[48]。その結果、四一年上半期末には、鐘紡・三重・富士瓦斯・摂津・大阪・大阪合同・尼崎の七大紡績が錘数の六割、織布台数の七割を占めるに至った。織物の機械化については、三〇年に豊田佐吉が木製小幅動力織機を発明し、安価なために次第に在来織布業者の間で広がった。豊田式織機で生産された綿布は、日清戦争後には朝鮮・満州などでも販売された。また、豊田は四一年に鉄製広幅織機を完成させた。このような中で、四〇年代には織物業における工場制工業化が進展した。しかし、在来の織物生産は副業的に広く全国で行われており、手織機（ておりばた）は減少していくものの、昭和に至るまで長期にわたって使用された[49]。鉄道では、三四年に山陽鉄道が下関まで開通し、四二年に九州鉄道鹿児島線（鹿児島本線）が全通した。また、政府は、三九年に「鉄道国有法」を公布し、地方的鉄道を除く鉄道を国有化した。

松方による金本位制実施の評価

金本位制の実施について、松方自身は「金貨本位制を採用し世界の大勢に順応するに至りて我国の貨幣制度は完全に確立したるものと謂ふ可し[50]」とその実績を誇示している。一般に、松方の行った金本位制実施はどのように評価されているのであろうか。従来は、評価する意見が多い。例えば、『日本銀行百年史』は、「わが国が金本位制に移行したことは、先進諸国との関係を従前より緊密化することを意味したから、これによってわが国はその後政治・経済・金融など各面においてもろもろの利益を享受できるようになった」と記してその意義を強調している。[51]また、明石照男・鈴木憲久『日本金融史』も、「世界的な銀貨の変動からこうむる不利な影響を免れ得ることになったばかりでなく、進んで世界の金融市場につながりを持ち、ヨーロッパ方面の低利な資金を得る基礎ができ」、「日露戦争という空前の大事件に際しても、多額の外債発行を可能ならしめた決定的条件」になったと高く評価している。[52]

他方、松方の金本位制実施に対して、経済の論理から懐疑的に見る意見がある。中村隆英は「必ずしも有利とはいいえない金本位制移行を推進した松方の発想の起源は、経済の理論ないし実態分析に求めるべきではないであろう」と述べ、「松方のみならず、明治の指導者たちに共通の、欧米列強と肩を並べるという『脱亜入欧』の発想があった」と指摘している。[53]確かに、新貨条例の制定の際に、銀本位制の構想を金本位制に強引に変更させたのは伊藤であり、伊藤は欧米諸国が金本位制に動く傾向があるので日本も金本位制を採用すべきだと力説した。この指摘のように、松方の金本位制の採用は経済合理性に基づく判断ではなくて、欧米に比肩したいという政治的判断によってなされたものであった。

金本位制の採用は、発展途上の日本経済にとって貿易収支の継続的な赤字によって金貨・金地金の持続的な海外流出をもたらすだけでなく、その採用基盤が戦争賠償金という一時的原資であったので、早晩継続が困難となることが予想できた。松方は、帝国議会への貨幣法案の提案理由説明の中で、長期的な金準備の保持について、輸出力の増大によって金準備を確保し、さらには台湾の産金を拡大すること、朝鮮及び清国からの金を吸収することを主張している[54]。しかし、台湾・朝鮮・中国に金の供給源を求める松方の発想は大陸進出を前提とし、その実現可能性にも問題があった。また、中央銀行である日本銀行は、金本位制の実施に伴って、その維持のために公定歩合操作をより適切に行う必要に迫られた。松方は、欧米に並ぶという政治的判断から金本位制の実施に踏み切ったが、金本位制の採用がその後の日本経済にどのような影響をもたらしたのか、章を改めてさらに検討する。

（1）「貨幣制度調査会報告」日本銀行調査局編『日本金融史資料明治大正編』第一六巻、大蔵省印刷局、一九五七年、七四六〜七五八頁。

（2）東洋経済新報社編『明治大正国勢総覧』復刻版、東洋経済新報社、一九七五年、付表（初版は一九二七年）。
（3）室山義正『近代日本経済の形成―松方財政と明治の国家構想』千倉書房、二〇一四年、一四六頁。
（4）前掲『明治財政史』第一一巻四〇六～四〇七頁。
（5）日本銀行調査局編『日本金融史資料明治大正編』第七巻上、九四頁。
（6）前掲『日本銀行百年史』第一巻、六六頁。
（7）中村尚美『大隈財政の研究』校倉書房、一九六八年、一七五～一八〇頁。
（8）前掲『明治財政史』第一二巻二〇四頁。
（9）前掲『日本銀行百年史』第一巻、七七～八二頁。
（10）「松方伯財政論策集」『明治前期経済史料集成』第一巻、五三二頁。
（11）松方正義「財政議」『明治前期経済史料集成』第一巻、四三三～四三七頁。
（12）徳富猪一郎『公爵松方正義伝』乾巻、公爵松方正義伝記発行所、一九三五年、七九三～七九四頁。
（13）前掲『日本銀行百年史』第一巻、九九～一〇〇頁。
（14）松方正義「紙幣整理概要」前掲『日本金融史資料明治大正編』第一六巻、一五五頁参照。
（15）同右、一五五～一五六頁参照。
（16）同右、一五六頁参照。
（17）同右、一五七～一五八頁。
（18）銀行集会所調「東京貸付金利子昇降表」『日本金融史資料明治大正編』第一六巻、一三八頁。
（19）松方は、パリ万博のために渡仏した際に、レオン・セイに度々会って、中央銀行を設立して兌換銀行券発行の特権を与え紙幣の統一を図ることについて相談したと記している（前掲「紙幣整理概要」一七九頁）。

しかし、松方は同郷の吉田清成と多くの書簡を交わしており、何かの折に、吉田からも中央銀行の重要性を聞いていたのではないかと推察される。
(20) 吉野、前掲『日本銀行制度改革史』一一六頁。
(21) 前掲『明治財政史』第一三巻、二三四～二四〇頁、前掲『日本銀行百年史』第一巻、二九七頁参照。
(22) 普通銀行に関する法律は、すでに明治八年に紙幣頭得能良助が普通銀行条例を大蔵卿に建議したが、裁可されなかった（前掲『明治財政史』第一二巻、五三八～五八六頁）。明石照男・鈴木憲久『日本金融史』第一巻、東洋経済新報社、一九五七年、一二九～一三〇頁も参照した。
(23) 処分の分類は前掲『大蔵省百年史』上巻、一六九頁を参照した。
(24) 室山、前掲『近代日本経済の形成』一四九頁。
(25) 同右書、一四六頁。
(26) 前掲「貨幣制度調査会報告」七四六～七四八頁。
(27) 大川一司編著『物価』東洋経済新報社、一九六七年、一三五頁より算定。なお、朝日新聞社の「物価大勢指数表」は逓信省「物価並に賃金に関する調査」、金融事項参考書、東京商工会議所年報等の調査に基づいて作成されたものである。
(28) 前掲「貨幣制度調査会報告」八〇八～八〇九頁。
(29) 委員は以下であった。官界から外務省通商局長原敬・農商務省商工局長若宮正音・大蔵省主計官阪谷芳郎・同参事官添田寿一、経済界から日銀総裁川田小一郎・第一国立銀行頭取渋沢栄一・横浜正金頭取園田孝吉等、学界から和田垣謙三・金井延等、政界から渡辺洪基・田口卯吉等。
(30) 前掲「貨幣制度調査会報告」五七三～五七六、八九八～九〇〇頁、中村、前掲『明治大正期の経済』六四〜六七頁、及び前掲『大蔵省百年史』上巻、一六一頁を参照。
(31) 中村、前掲『明治大正期の経済』六八頁。
(32) 前掲「貨幣制度調査会報告」九四五〜九四六頁。
(33) 同右、九四七〜九四八頁。
(34) 同右、九〇一〜九〇三頁。
(35) 松方、前掲「紙幣整理概要」一六七頁。
(36) 拙著『日本のデフレ』日本経済評論社、二〇一五年、八六頁の記述はやや不正確であったので、本文のように訂正する。
(37) 前掲『明治財政史』第二巻、三五四〜三五五頁。前掲『日本銀行百年史』第二巻、四頁。
(38) 前掲「貨幣法制定及実施報告」、日本銀行調査局編『日本金融史資料明治大正編』第一七巻、三三六頁。
(39) 前掲『大蔵省百年史』上巻、一六二頁。
(40) 同右書、一六三〜一六四頁参照。
(41) 前掲『日本銀行百年史』第一巻、五〇四頁。清国賠償金収支は『明治財政史』第二巻、二九〇〜二九一頁。
(42) 前掲『日本産業百年史』上巻、三六〜四三頁、前掲『近代日本総合年表』第四版参照。
(43) 伊藤正和・小林宇佐雄・島崎昭典『岡谷製糸業の展開　ふるさとの歴史　製糸業』岡谷市教育委員会、一九九四年、七六〜八三頁参照。
(44) 前掲『日本産業百年史』上巻、四四頁。
(45) 同右書、九八〜一〇二頁参照。
(46) 同右、二一五頁、前掲『近代日本総合年表』第四版、一二四頁。

(47) 石橋湛山「我國貿易の変遷と将来」前掲『日本貿易精覧』一九～二〇頁。
(48) 前掲『日本産業百年史』上、一五七～一五九頁。
(49) 同右書、一三八～一六八頁、一八三～二〇一頁、二一一～二一八頁を参照。本項における産業の発展については、同書を参考にした。
(50) 前掲「紙幣整理概要」一六七頁。
(51) 前掲『日本銀行百年史』第二巻、五～六頁。
(52) 明石・鈴木、前掲『日本金融史』第一巻、一六〇頁
(53) 中村、前掲『明治大正期の経済』七二～七三頁。
(54) 前掲『大蔵省百年史』上巻、一六二頁。

第六章　揺らぐ金本位制と金解禁

一　明治末期及び大正初期の苦境

二度の「戦後経営」

明治政府は欧米列強から不平等条約を強いられており、当初から富国強兵と殖産興業を基本に財政運営を行ってきた。この方針は二度の「戦後経営」によって強化された。一度目は、日清戦争後の明治二八年八月に松方蔵相が伊藤首相に提出した「財政前途ノ経画ニ付提議」に端を発している。松方は、シベリア鉄道の開通前に軍備拡大を図ると共に、交通運輸の拡充・特殊銀行の設立等を行うための戦後財政計画を提案し、臨時議会の招集を要請した。しかし、認められなかったために松方は蔵相を辞任した。ところが、松方の提案は後任の渡辺国武蔵相に引き継がれ、第九回議会において「戦後財政一〇年計画」（二九〜三八年度）として示された。その計画は、歳出総額が約一五億圓であり、年度平均額は二八年度歳出決算の二倍近いものであった。陸海軍拡張、鉄道・電話改良拡張、製鉄所設立が主な歳出項目であり、公債、賠償金のほか、増税によって賄われた(1)。

二度目の「戦後経営」は日露戦争後の国家財政の運営である。日露戦争は辛勝したものの、賠償金は得られなかった。そのため、歳入の多くを公債（特に外債）と増税に頼った。ポーツマス条約調印の翌年明治三九（一九〇六）年一月、桂内閣を継いだ西園寺公望首相は、帝国議会において「戦後経営」について説明した。「満州の経営、韓国の保護は、共に帝国の応に努めざるべからざるところ」であり、「国力の発展は、一日も緩くすることはできない」。「内にあっては財政を鞏固にして、陸海軍の充実、及び産業の発展」、「また教育の普及と学術の進歩」を図り、外にあっては「帝国が満州に於いて獲得したる利権の実効を収め、韓国との協約に基づき保護を完うする」ことが緊要である、と(2)。

同年三月に鉄道国有法、八幡製鉄所第一期拡張費等が可決され、七月には南満州鉄道株式会社設立勅令が公布され、沈滞ムードの経済界に活気が出始め、同年下期には証券価格が高騰した。しかし、翌四〇年一月には株式市場が暴落となり、上期には銀行取付けが全国で発生して財界全体が不況となった。同年下期も米国の不況の影響も加わって景況がさらに悪化した。四一年には鉄道予算を巡る対立から阪谷芳郎蔵相と山県有朋逓相が辞任し、元老の批判もあって、同年七月に西園寺内閣は桂内閣に交替し、財政方針も緊縮に変わった。四二年度予算は、原則として公債は募集せず、経費削減を図り、国有鉄道を独立採算とするために鉄道会計を一般会計から独立させる等の方針によって編成された。しかし、軍備拡張費は抑制できず、水害対策、韓国併合等に伴う経費の増加から、四三、四四年頃から積極財政の気運が高まった。

他方で、貿易赤字、外債への支払いなどのために正貨の流出が激しく、政財界から再び財政緊縮の要望が出された。四四年八月に第二次西園寺内閣となり、四五年度予算は収支均衡と民間経済との調和を基調とする方針で編成された。ところが、軍部は「帝国国防方針」（四〇年）に依り、軍事予算の縮減に強く抵抗したため、西園寺内閣は大正元年一二月に倒れ、財政整理は頓挫した。だが、翌二年に山本達雄内閣が西園寺内閣の財政改革案を一部修正して実行した。一方で、国際収支の赤字と正貨準備の減少は慢性不況の中で好転せず、大正期になると外債の利払いのための外債の発行もままならぬ状況となった[3]。金本位制下で外債に依存する戦後経営のもとで、貿易収支の巨額赤字・外債の利払い・償還が日本政府を苦境に立たせた。

財政破綻危機と不況の波動

明治四一～大正三年までの日本の経済状況について検討する。表6-1のように、この期間には、四二年を除いて貿易赤字（樺太を含む貨物貿易）の年が続き、累計で貿易赤字が三億圓を上回った。金本位制であるので、この貿易赤字は原則として金貨・金地金で支払われなければならなかった。また、清国からの賠償金はすでに明治三五年度末にはほとんど底を突いていた。金貨・金地金は、同期間の累計で一・二億圓を海外に輸送しているが、これだけでは上記の貿易赤字の半額にもならない。そこで外債に頼って何とか凌いだ（借換え外債を含む）。その結果、大正二年末にはわが国の外債残高が一五億圓を超えるまでに拡大した。

また、貿易収支の大幅赤字と外債の元利支払いなどにより、明治四一、四四、大正一、三年に正貨在高が減少し、通貨量も四一年に二％、大正二年に三％、三年に一〇％減少した（表6-1及び表6-2）。このような中で、新設及び拡張のための事業計画資金も四一年、四四年、大正二年、三年に二〇～八〇％の減少となった。また、東京の卸売物価は、四一年に三％、四二年に五％低下し、大正二年にはゼロ％、三年には四％の下落となった。かくして、明治四一～四二年の期間及び大正二～三年の期間には不況が続いた（表6-2）。

中村隆英『明治大正期の経済』は、従来から明治四四～四五（大正一）年頃を「『中間景気』と呼び、その持続期間が短く、いわば『不況』の基調のなかの一時回復とみる傾向があった」が、外資依存で「不健全」でも、「拡張的な政策がとられ、世界景気も活況を呈していたこの時期が好況であったことも、また事実なのである」[4]と述べている。確かに、四三～大正一年には流通通貨量が増加し、物価も上昇し、一時的な活況にあった。しかし、明治末期から第一次大戦前は、通貨量・物価・事業資金計画等の動向から見て「不況基調」にあった。

日本の工業化が進展し、四二年には生糸輸出量が中国を凌駕して世界第一位となった。また、外交的には、四四年には日米新通商航海条約を締結し、関税自主権を確立した。しかし、日本経済は金本位制下で苦境に立たされていた。国際収支の貿易外収支勘定では、四四年と大正一年には外債元利支払額が外債元

表6-1　明治末期及び大正前期の国際取引と通貨

（単位：万圓）

年	貿易収支	国際収支	金輸出	外債残高	正貨在高	日銀兌換券
明治40	-6,205	2,449	1,937	116,570	44,500	36,998
41	-5,801	-300	383	116,570	39,200	35,273
42	1,891	14,786	645	116,568	44,600	35,276
43	-581	7,416	2,358	144,722	47,200	40,162
44	-6,637	-9,499	2,371	143,745	36,400	43,340
大正 1	-9,201	-5,898	2,140	145,697	35,000	44,892
2	-9,697	-1,384	2,111	152,949	37,600	42,639
3	-464	-3,271	2,612	151,484	34,100	38,559
4	17,586	17,807	4,073	146,114	51,600	43,014
5	37,104	22,416	2,273	137,021	71,400	60,122
6	56,719	64,379	15,109	133,878	110,500	83,137
7	29,396	32,259	139	131,114	158,800	114,474

（注）金は金貨と金地金の合計、正貨は政府と日銀の合計、国際収支は貿易外収支を含む。

（出所）『日本貿易精覧』２頁、『大蔵省百年史』別巻226～227頁、『明治以降本邦主要経済統計』158、166～167、169、299頁。

表6-2　通貨及び景気指標の推移

（単位：％）

年	正貨在高	通　　貨	事業計画資金	東京卸売物価
明治41	-12	-2	-80	-3
42	14	1	-5	-5
43	6	11	280	1
44	-23	7	-26	4
大正1	-4	3	44	5
2	7	-3	-27	0
3	-9	-10	-34	-4
4	51	8	17	2

（注）通貨は日銀兌換券・補助貨の合計、事業計画資金は新設・拡張の合計。

（出所）『明治以降本邦主要経済統計』166、169、350頁、『明治大正国勢総覧』前付付表。

利受取額よりもそれぞれ八一六八万圓、六四六五万圓も多かった[5]。また、巨額の外債による資金調達にもかかわらず、四一年~大正三年（四二、四三年を除く）まで国際収支が赤字続きであった。このような国際収支の赤字が経済活動を抑制した。また、課税強化策によって、間接税（酒税・醤油税・砂糖消費税・織物消費税など）の納税額が、日露戦争前の三六年の八二三七万圓から日露戦後の四一年には一億七二四三万圓へと一〇九％も増加し、徴税の大幅強化が消費を減退させた[6]。当時、庶民の生活は苦しかった。高橋亀吉は、当時の状況について、日露戦後の積極政策が正貨面から行き詰まって国家破産寸前の危機に直面しており「欧州大戦の勃発がなかったとすれば、財界は明治十三―八年の紙幣整理時代に劣らぬ深刻な不況と、事業の大整理とを必至としていた[7]」と指摘している。

二　第一次大戦と金輸出停止

第一次大戦による混乱

大正三（一九一四）六月のサラエボ事件をきっかけに、七月にオーストリアがセルビアに宣戦布告して第一次世界大戦の火蓋が切られた。八月一日にドイツがロシアに宣戦布告し、三日にフランスがドイツと戦闘状態に入り、四日にはイギリスもドイツと交戦するに至った。日本も、日英同盟に基づくイギリスの要請により、同月二三日にドイツに宣戦布告した。八月一日にドイツが金本位制を停止し、四日にイギリ

表6-3　国際収支の推移（大正1-9年）

（単位：万圓，％）

年	貨物輸出	増率	貨物輸入	増率	貨物貿易収支	国際収支
大正1	52,698	18	61,899	20	-9,201	-5,898
2	63,246	20	72,943	18	-9,697	-1,384
3	59,110	-7	59,574	-18	-463	-3,271
4	70,831	20	53,245	-11	17,586	17,807
5	112,747	59	75,643	42	37,104	22,416
6	160,301	42	103,581	37	56,719	64,379
7	196,210	22	166,814	61	29,396	32,259
8	209,887	7	217,346	30	-7,459	28,952
9	194,839	-7	233,617	7	-38,778	-30,558

（注）本表の国際収支は貿易外収支を含む受払勘定の収支。
（出所）『日本貿易精覧』２頁、『大蔵省百年史』別巻、226～227頁。

スも金本位制を停止し、同月中にフランス、イタリア、ロシアのほか、多くの国が同様の措置をとった。当時、中国も含めてわが国の貿易決済はロンドンで行われていたので、イギリスが金銀貨及び地金を輸出禁止にしたことはわが国の貿易及び為替取引を麻痺させた。このような状況は他の諸国についても同様であり、世界経済の混乱と景況悪化をもたらした。

このため、表6-3のように、開戦時の大正三年には貨物輸出が七％減少し、国際収支が三二〇〇万圓余の赤字となった。同年八月三日に、欧州戦拡大の報を受けて東京及び大阪市場で株価が暴落し、同月一九日に北浜銀行が臨時休業するなど、金融市場が混乱した。また、九月一四日には生糸相場が暴落し、一八日に政府は興業債券を三〇〇万圓引き受けて日本興業銀行に中小企業救済のための資金を供給させ、一〇月一〇日には大蔵省預金部が中小企業救済資金の供給のために勧業債券五〇〇万圓を引き受けた。

金本位制停止下での政府・日銀の対応

イギリスの金本位制停止により、政府・日銀は海外に保有する正貨をロンドンから日本国内に送金することができなくなったが、アメリカが六年九月に金輸出禁止令を発するまではアメリカ経由で金の現送ができた。そのため、大戦による国際収支の黒字化を背景に日本国内での正貨保有額が大幅に増加し、正貨準備に苦しんでいた政府は窮地を救われた。四年には、輸入が前年に引き続いて減少したが、貨物の輸出が二〇％増大したために、貿易収支が一転して一・七億圓台の黒字となり、国際収支もほぼ同額の黒字に転じた（**表6-3**）。翌五年には、貨物の輸入が四二％増加したが、輸出が五九％も伸びたために、貨物の貿易収支が三・七億圓の黒字となった。さらに、六年には貿易収支が五・七億圓の黒字となり、国際収支も六・四億圓に増大した。ところが、六年九月一〇日にアメリカが金輸出禁止に踏み切ったために、アメリカを経由して金を現送することができなくなった。他方で、輸入代金の支払いなどによって内地から金が流出する懸念がでてきた。そこで、九月一二日、政府は金貨幣または金地金の輸出取締りに関する大蔵省令（金貨・金地金の輸出禁止）を直ちに施行し、金本位制を停止した。

アメリカの金輸出禁止によって、外国為替銀行（為銀（ためぎん））は外国為替手形の取立をしても日本への金の現送ができなくなり、貿易に支障が出てきた。そのため、日銀は、為銀がニューヨークに保有する米貨を当地で買い入れ、その代金を日本国内において圓貨で為銀に支払うという便宜を図った。六年一一月二七日～七年八月一四日の間に日銀は為銀から合計一六〇五万ドルを買い取った(8)。その他に、日銀は外国為替貸付等も行った。これらの措置によって貿易の円滑化が図られたが、これらの措置は日本国内での流通通貨量を増大させた。また、政府も為替取引の円滑化のために、六年七月に臨時国庫証券法を制定し、翌八月から七年末までに為銀の保有する金貨一・五億圓を買い上げて臨時国庫証券を交付した。しかし、五億圓と推定される為銀の為替買持の解消はできず、七年四月頃には為銀が輸出為替を取り扱うのが困難となり、為銀は自衛策として為替相場を引き上げ、為替相場の変動が激しくなった。

さらに、加工用金地金が払底（ふってい）して金地金価格が急騰したので、日銀は、国内に保有している米国金貨の一部を横浜正金銀行の東京支店と大阪支店に売り渡し、それを市場に売り出させ、金地金不足に対処した。六年九月〜七年五月の期間に日銀が売り渡した総額は八九〇・五万ドルに及んだ。なお、大正六（一九一七）年一一月にレーニンによってソビエト政府が樹立され、同政府が帝政時代のロシア国債や対外債務を破棄する法令を布告したので、ロシアに対する売掛債権の所有者に不安が広がった。そのため、政府は臨時国庫証券の買入れにロシア大蔵省証券による払込みを認めたほか、ロシアに対する債権の回収に苦しむ民間企業に臨時国庫証券を公布し、横浜正金銀行に同証券の額面一〇〇圓につき九二圓で買い入れさせるなどの措置を講ずると共に、政府は横浜正金銀行に対して必要に応じて同証券を受け入れさせて資金提供を行った。(9)

輸出の増加と国際収支の黒字化

開戦翌年の大正四年になると、前掲表6-3のように、貨物輸出が急増し、貨物の貿易収支が約三九〇％という驚異的な伸びとなり、国際収支も約六四〇％の増加となった。その結果、従来の赤字基調から、四年には貿易収支と国際収支が共に約一・八億圓の黒字に転じた。貿易外収支では、特に「運賃及び傭船料収入」の伸びが大きく、六年に二・九億圓、七年には約五億圓を記録した[10]。貿易収支の伸びはさらに続き、六年には貿易収支が五・七億圓、国際収支が六・四億圓というかつてない巨額黒字を記録するに至った。地域別に見ると、アジア諸国は、欧州戦によってヨーロッパの製品が入らなくなったため、代用品を日本から輸入するようになり、アジア向け輸出が四年から七年にかけて増加し、中華民国を除くアジアで三年の一・一億圓から七年の六・八億圓へと六倍超の増加となった。また、中華民国でも、五年から八年にかけて日本からの輸入が増加する傾向が続き、四年の一・四億圓から八年には四・五億圓に拡大した。しかし、輸出額が最も大きく伸びたのはアメリカ向けであった。五年から増加し始め、八年には八・三億圓に増加し、四年の二億圓から四倍以上の大幅な伸びとなった（図6-1）。

開戦後に輸出が大きく伸びた品目では、やはり生糸が群を抜いており、大正三年と比べて八年には四・六億圓も増加した。同期間に綿織物も二・五億圓の大幅な伸びとなった。特に注目されるのは汽船であり、三年に七一万圓にすぎなかったが、六年には約一億圓に激増した。これは、大戦による船の需要が増加したことが主因だが、わが国の機械工業が飛躍的な発展を遂げたことを示している。また、化学薬品も、金

図6-1　第一次大戦時の輸出先の状況（大正3-10年）

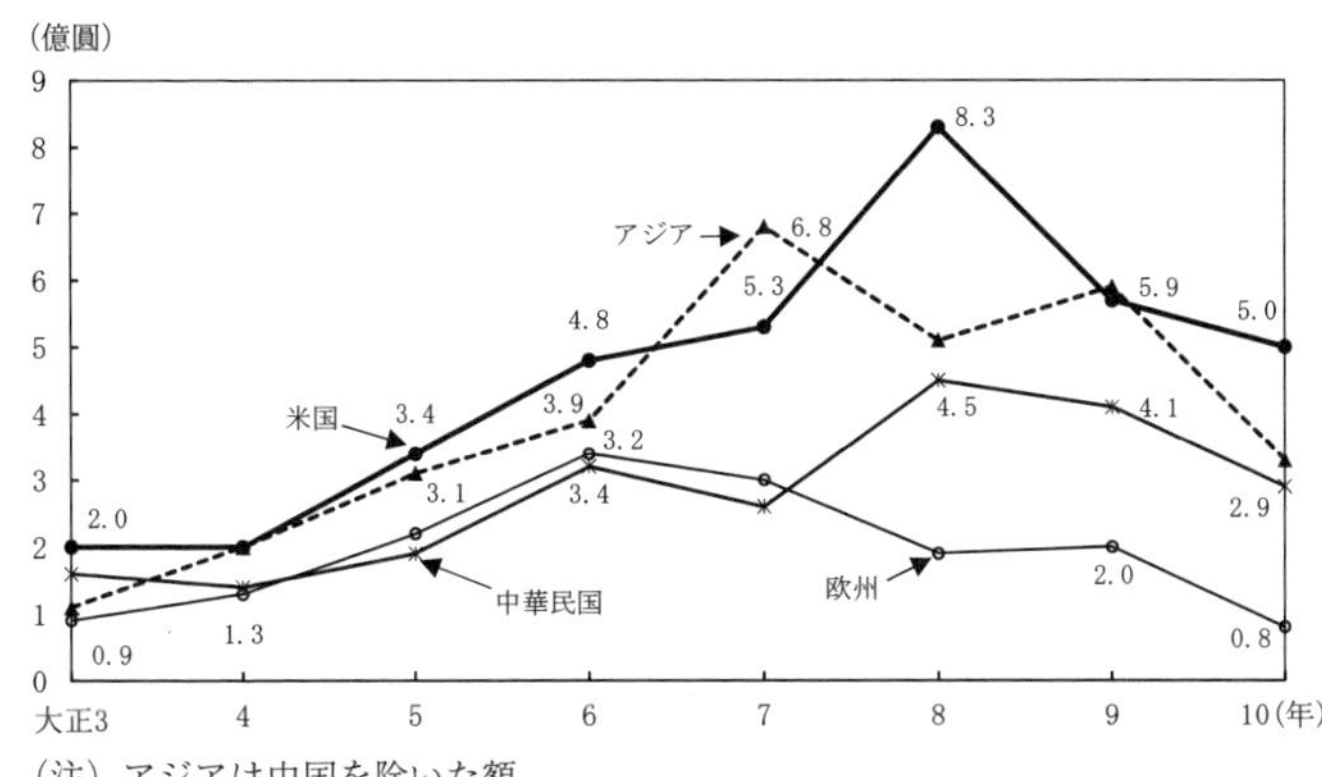

（注）アジアは中国を除いた額。

（出所）『日本貿易精覧』349～354頁より作成。

額的には大きくないが、三年に対して五年には七倍増となり、化学工業の発展があった。食料輸出の増加も顕著であった。豆類が三年の三六〇万圓から七年には五五八八万圓となり大幅な伸びを記録した。また、米及び籾も四九七万圓（三年）から一四六六万圓（六年）の三倍増となった（表6-4）。明治期からの主要輸出品である緑茶も三年の一一七六万圓から七年には二〇三八万圓と倍増した。陶磁器も、三年の二五七七万圓から八年には四六七一万圓に増加した。

　このように、大正四年になると、輸入が減少した半面、輸出が増加し始めた。高橋亀吉は次のように述べている。大正三年末頃から船腹の需要が急増すると共に海運料金が著騰したほか、ロシアから軍需品の注文が入り始めた。四年下期には欧州の非軍需品が入手できなくなった東洋諸国が日本に代用品を求めるようになって大戦景気が目立つようになった(11)。また、戦争景気に沸いていたアメリカ市場で生糸の販売が増加して、四年一一月頃から生糸相場が戦前を超えるようにな

表6-4　第一次大戦時の主な輸出激増品（大正3-9年）

（単位：万圓）

	大正 3	4	5	6	7	8	9
米及籾	497	968	1,120	1,466	832	433	590
豆類	360	904	1,614	3,363	5,588	3,198	1,061
生糸	16,125	15,177	26,669	35,190	36,904	62,362	38,222
綿織物	3,484	3,851	6,005	12,746	23,791	28,031	33,527
絹織物	3,402	4,322	5,063	6,286	11,753	16,248	15,842
化学薬品	196	404	1,361	923	1,292	967	1,448
銅	2,847	4,616	6,991	9,629	5,081	2,589	1,272
汽船	71	40	1,718	9,768	80,006	337	1,560

（注）樺太を含む内地の輸出額。
（出所）『日本貿易精覧』より作成。

り、国内景気を刺激した。さらに、欧州輸入品の途絶から薬品・塗料等の国産化が進行した[12]。また、第一次大戦は、慢性的貿易赤字と外債依存という苦境のどん底にあった日本経済を劇的に好転させた。

大戦景気と経済のバブル化

国際収支の巨額の黒字は、多額の外債を償還するのに役立ったほか、国内の正貨を大幅に増大させた。正貨は四年から八年の間に毎年約三〇％～五〇％の増加となった。そのため、流通通貨量も五年から八年まで毎年三〇％台の増加となった。その結果、東京卸売物価が五年と六年に二〇％台、七年は三一％の暴騰となった。また、企業の事業計画資金も、五年には一二五％、六年に一三八％、七年に七一％という驚異的な伸びとなった。企業数（株式・合資・合名会社の合計）も増加し、七年に一七％、八年に一四％の増加となった。たとえば、造船工場は大正二年末の六から七年一〇月初めには五七へと九倍以上に増加

表6-5　景気関連指標の変動率（大正3-9年）

（単位：％）

年	銑鉄生産高	織物１日職工数	会社数(株式・合資・合名)	東京卸売物価	日銀券・補助貨	東京株式平均値
大正3	25	-9	9	-4	-9	-9
4	6	14	2	2	7	26
5	22	15	6	21	30	92
6	16	8	8	26	30	-24
7	29	7	17	31	32	-27
8	2	11	14	22	35	78
9	-13	-9	14	10	-6	-55

（注）銑鉄生は重量により計算し、織物は絹・綿・麻等を含む。
（出所）『明治以降本邦主要経済統計』100、171、176頁、『明治大正国勢総覧』付表、550頁。

し、同期間の造船職工数も二・六万人から一〇・七万人へと四倍増となった。化学工業会社の新設数は四～八年の五年間に一四一〇社に上った[13]。

株価も高騰し、東京株式相場は年平均値で大正四年には二六％、五年には九二％上昇した（表6-5）。特に、大戦によって船舶に対する需要が増大した銘柄では、たとえば、東洋汽船は四年に六三％、五年に一二九％という暴騰となった。しかし、東京株式相場は、昭和末期の日本のバブルのように数年規模での暴騰ではなく、六年には二四％下落し、七年にも二七％の下落となった。投資家は大戦の終了による反動を警戒していた。また、七年九月に日銀がやっと公定歩合の引き上げに踏み切り、続いて一一月にも引き上げ、合計日歩四厘（年利一・四六％）引き上げたことも、株式投資の環境を厳しくした。さらに、七年七月に富山県で始まった米騒動が八月には全国の大都市に波及し、社会不安に敏感な株式投資家の心理に冷や水を浴びせた。第一次大戦期には、株価の高騰が断続的に発生したが、大戦特需に依存した景気であったので、バブルの膨張力と持続力は昭和末期の大型バブルにはとても及ばなかった。

物価については、開戦当初は、輸入の減少による輸入物価の上昇に影響を受けた物価高騰が進行した。だが、その後は、貿易収支と国際収支の大幅黒字に伴う流通通貨量の増大が物価を高騰させる大きな要因となった。この点については、「貨幣数量説」[14]だという批判が予想されるが、当時において通貨の流通速度が低下したとは考えられないので、通貨の激増が物価の高騰を後押ししたと考えられる。また、輸入原材料の高騰によるコストプッシュ型の製品価格の上昇という状況もあったが、これとて流通通貨の膨張に支えられていた。

物価高騰と金利政策

ところで、このような経済のバブル化に対して、日本銀行は金融政策を適切に運用したのであろうか。日銀は、物価が高騰した五年の四月に公定歩合（商業手形割引歩合）を日歩二銭（年利七・三％）から二厘引き下げ、同年七月及び六年三月にもそれぞれ日歩二厘引き下げ、一銭四厘（年利五・一一％）まで金融緩和を行った。東京卸売物価が二〇％台の高騰となった五〜六年の期間に公定歩合を三度、合計日歩六厘（年利二・一九％）も引き下げた。七年七月に米価高騰による米騒動が発生した後の同年九月になって日銀はようやく二厘の引上げに転じた。その後、ドイツの休戦協定調印後の一一月にも二厘引き上げ、翌八年一〇月と一一月に各二厘引き上げ、二銭二厘に引き締めた。しかし、九年にも、物価の上昇が続き、東京卸売物価で見ると一〇%の上昇となった。

大正九年一月に開催された第四二回帝国議会において、物価問題が重要問題として論議された。一月二三日、衆議院で濱口雄幸が次のように質問した。輸出の増大と海運業等の発展による「正貨の増加の結果としまして、通貨の膨張となり、物価の騰貴となり、生活の困難を惹起した」。しかし、「現内閣成立以来、物価調節に関する政策を見て見まするに、殆ど確乎たる方針が無い」。日銀が利上げをしても、日銀兌換券の発行や民間への貸出が大幅に増大している。「速やかに物価の調節、其他財界の引締の有効なる経済政策を実行して、他日の反動と云ふものを予防を致し、我商品の販路の維持を図ると云ふ事が、最も大切なる点であらう」と政府の物価対策について質した。これに対して、高橋是清蔵相は、次のように答えた。「物価調節の問題に就きましては、濱口君と私とは不幸にして根本に於いて観念が違ふのである」。「金利を引上げると云ふ事は、（中略）新たに資本を投ずることも、従来の仕事を拡張することも出来ない」。このような政策では「必ず不景気が来る」。不景気が来れば、物価は下がる。「左様な状況を呈して此物価を下げると云ふことは、吾々の方針でない」。「物を沢山造ることに努力せねばならぬ」と。[15]

翌二四日、衆議院で速水整爾（せいじ）が物価問題についてさらに質問した。供給不足でない物も高騰しており、物資の供給不足や需要の増加が現下の物価高騰の主要な原因ではない。「物価と云ふものは、物資と通貨の交換に依って定まる」。「物価調節の徹底したる根本の策を施さんとすれば、何としても此通貨収縮と云ふことを、眼中に置くより外に仕方がない」。大蔵大臣は如何なる見解を持っておられるか[16]。これに対して、高橋蔵相は、物価が下がるまで金利を高くすれば事業も潰れるし、「左様な消極的の政策は執る訳には参らない」とはねつけた[17]。

一月二三日の貴族院でも、生活必需品の暴騰は驚くべきものであり、政府は誠意をもって物価を調節する気があるのかという質問が出されたが、原敬総理は次のように答弁した。この物価の問題は色々な原因から生じているが、「最大の原因は外国貿易であります」。故に、「根本的に物価を調節いたし、物価を下落せしめやうと云ふことであるならば、此源に遡って、外国貿易に制限を加へるの外あるまいと思ひます」。しかし、大戦中に販路を拡大し、国力も増強してきており、これを一朝で挫折させるような急激な措置をとれば、経済界を攪乱し、国家の前途を憂うべき状況に陥らせるので、急激な大変動を来さない範囲で物価を調節したいと考え、色々と施策を講じている[18]。このように答えて、原首相は高橋蔵相よりも柔軟な考え方を示した。しかし、原首相も、物価問題に対しては、金融政策に頼るよりも、食料・住居等に関する社会政策によって、物価対策、都市部と農村部の格差等を解消する意向を表明している。

ところで、物価が二桁台の高騰をした六年及び七年に日銀はなぜ公定歩合を引き下げたのであろうか。この点について、田中生夫は、四年四月一五日の若槻蔵相の演説に基づいて「わが国の資本独立の基礎を養成する目的のもとに、輸出奨励・正貨維持吸収のための為替銀行に対する助力と内地金融疎通の二つの目標が、日銀金融施策の目標として政府から与えられた」と指摘している。その上で、外国為替銀行に対する為替貸付の金利を公定歩合よりも低く抑える特別措置によって通貨が増発され、四年後半から市中金利が低下し始め、「日銀はこの状況に追随して大正五年の四月と七月、さらに六年三月と三度にわたって金利を引き下げた」と説明している。[19]

この当時は日本銀行法がなく、「日本銀行条例」第一八条で日銀総裁は勅任と定められ、第二一条で「大蔵卿は特に管理官を日本銀行に派出して諸般の事務を監督せしむへし」と規定され、また、「日本銀行定款」第八六条で「政府は日本銀行諸般の業務を監督し其営業上条例定款に抵触する事件は勿論政府に於て不利と認むる事件は之を制止すへし」と定められていた。このような法規のもとで、日本銀行は政府の意向に基づいて政策運営を行っていた。

政府は殖産興業策の観点から、経済界の発展に注力していた。たとえば、大正四年一二月の第三七回議会（第二次大隈重信内閣）で、わが実業界は幼稚にして小規模であるので、「激増せる正貨の一部を以て積極的に、内地の事業を保護奨励せらるゝのが宜からう」という鎌田勝太郎の質問に対して、武富時敏蔵相は「政府も鎌田君と御同感でありまして、政府は出来る限り、政府の力の及ぶ限り、此製造工業の発展を図ることは無論努める積りであります[20]」と返答した。しかし、濱口雄幸は、一一年一月二一日の衆議院で、「日本銀行の適当なる利上げに依って、投機思惑の勃興の気運を抑えて居ったならば、物価の問題は、今日の如く重大な問題にはならなかった」と日本銀行の金融政策の不手際を指摘した。ここでは、濱口が正論を唱えた。

戦後恐慌

大正七（一九一八）年一一月に第一次大戦が終結すると外需の勢いが鈍化し始め、翌八年には貨物の輸出の増加率が七％に減速した。しかし、輸入は三〇％の増加であったために、貨物の貿易収支が〇・七億円の赤字に転落した。さらに、翌九年には、外需が減少して貨物の輸出がマイナス七％落ち込んだが、輸入はプラス七％であったために、貿易収支が約三・九億圓という大幅な赤字となった（表6-3）。そのため、九年には外需関連の生産が減少した。たとえば、銑鉄の生産量が前年比マイナス一三％、織物業の一日当たり使用職工数がマイナス九％の減少となった（表6-5）。

東京株式市場では、九年三月一五日に一斉に投げ売りが始まり、紡織、毛織、毛斯（もす）等の大崩落、「非常なる恐慌状態」に至った（『中外商業新聞』大正九年三月一六日付）。売りの勢いが止まらず、東京株式取引所は一六日及び一七日を休業にした（大阪株式取引所も一六日後場と一七日を休業とした）。四月一四日にも売り一色となり、鐘紡、東京毛織、その他が暴落を続け、後場は休会となった（『東京朝日新聞』大正九年四月一五日付）。こうして、戦後恐慌が始まった。

四月一八日には、両毛織物同業組合連合会が、今回の不況は織物だけの問題ではなく、「一般経済界の打撃によるものなれば、善後策としてはただ一部を休業して時機の到来を待つの外なしと云うに一決し」、桐生・足利など両毛五機業地が休業を決定した（『東京日日新聞』大正九年四月一九日付）。同月には、豊橋市の生糸組合、福井市城勝方面機業家六〇余名、福岡市の博多機業組合が休業するなど、各地で休業が行われた。四月七日、大阪の益田ビル・ブローカー銀行が決済不能に陥った。五月二四日には、茂木商店の破綻によって七十四銀行が休業し、横浜貯蓄銀行が支払を停止した。これを契機に左右田銀行など神奈川県の銀行に取付が起こり、名古屋、大阪、京都方面に波及していった。各地で銀行が支払い停止に陥り、その数は大正九年七月～一二年六月の間に三六行に上った[21]。

また、大量の失業も発生した。九年六月二〇日時点の調査で、大阪府下で織物工八九七四人が解雇されたが、その内の七千人が帰農し、一一〇〇人が他社や他業に移り、三三二人が真の失業者となった。京都の西陣ではさらに厳しく、織工一万一七〇〇人が解雇され、帰農者九八四人を除いて、真の失業者が七千人に上った（『大阪毎日新聞』大正九年七月一日付）。しかし、帰農しても、農村はすでに荒廃しており、農家の惨状が増すばかりであった。農商務省の調査で、九年六月に織工が約一〇・五万人解雇された（『大阪毎日新聞』大正九年九月一八日付）。『時事新聞』によれば、一一月二〇日から八八日間にわたって製糸工場が一斉休業を行い、三五万人が失職した（大正九年一一月一三日付夕刊）。

かくして、第一次大戦後には、わが国の経済は戦後恐慌に見舞われたが、一二年九月の関東大震災がそれに追い打ちをかけた。死者が一〇・五万人、全壊・焼失・流出の家屋が二九万棟を超えた。東京市内の銀行店舗の約八割が類焼、横浜市内もほぼ全滅した[22]。首都圏の経済が麻痺した。翌二日に第二次山本権兵衛内閣が成立し、金融面では、七日に支払猶予令の緊急勅令を公布した（モラトリアム、九月三〇日まで）。また、二七日には、被災商工業者が振り出した手形を銀行が割引したものを日銀が再割引する「震災手形割引損失補償令」（限度一億圓）を公布施行し、日銀による救済措置をとった。日銀は、期限の翌一三年三月末までに九六行、約四・三億圓の再割引を行った。この内、台湾銀行が一・一五億圓で突出していた[23]。ところが、再割引手形の決済が容易に進まず、昭和二年一二月末でも二億圓超が未決済であった。政府は、この問題を処理するために、昭和二年一月一九日の議会に震災手形損失補償公債法案（回収不能の内の一億圓は日銀損失補償で処理）、震災手形善後処理法案（残りは一〇年の年賦償還とする）を提出した。しかし、台湾銀行と鈴木商店の癒着が報道され、議会が紛糾した。このような折、三月一四日の衆議院予算委員会で、片岡直温蔵相が「渡辺銀行が到頭破綻を致した」と失言した。これを契機に昭和金融恐慌が発生し、三月一五日～九月五日の期間に三七行が休業した[24]。休業した銀行は、振込資本金が一〇〇万圓未満のものが多く、また「機関銀行」化していたり、他の事業に直接関与したりして、経営上の問題を抱えるものが多かった。銀行経営の近代化を促すために、政府は同年二月に「銀行法」の法案を衆議院に提出していた。銀行新聞も銀行法によって兼業を禁止される銀行が全国で二七行あり、それらの銀行名も報道していた。銀行の休業は、すでに一月末から発生しており、片岡蔵相の失言は一つのきっかけにすぎなかった[25]。

三　濱口民政党内閣による金解禁

金解禁を巡る二大政党の攻防

一九〇〇年に伊藤博文が立憲政友会（略称、政友会）を創設したが、国家の利益を最優先し、「党」という名称を避けた。だが、原敬のもとで資本家と地主を主な支持層とする保守的政党として発展した。他方で、昭和二年六月には、憲政会と政友本党が統合して立憲民政党（略称、民政党）を立ち上げた。民政党は、官僚出身が多く、議会中心主義を唱え、労働者と農民の政党として売り出し、政友会に対抗した。

帝国議会の審議を見ると、金輸出解禁の議論は、まず政友会政権と野党との間で始まった。大正一〇年一一月に原敬首相（政友会）が刺殺され、同月に大命降下により高橋是清（政友会）が首相となり、全閣僚が留任した（高橋首相が蔵相兼任）。大正一〇年当時、貿易収支が大幅赤字となり、円相場（NY向け平均値）が下落し始めていた（表6-6）。一一年一月二一日、貴族院において、藤村義朗が「政府は人為的に貿易の逆勢を阻止せんとして、今日に至るまで依然として金の輸出禁止を、固執されて御居でになる」。「二十億圓の正貨を虎の子の如く大事に致して、唯眺めて居っても国民の腹は張らぬのであります」と批判した。[26] これに対して、高橋是清首相兼蔵相は「政府の力を以て、物価の騰落を左右すると云ふことは、先づ出来ないものであると、大体に考へて宜しからうと思ふのである。矢張り是は需要供給が大原因であ

表6-6　国際収支の推移（大正10-昭和8年）

（単位：万圓，％，圓）

年	貨物輸出	増率	貨物輸入	増率	貨物貿易収支	国際収支	外為相場
大正10	125,284	-36	161,415	-31	-36,132	12,347	2.08
11	163,745	31	189,031	17	-25,286	2,639	2.09
12	144,775	-12	198,223	5	-53,448	26,712	2.05
13	180,703	25	245,340	24	-64,637	-31,000	2.38
14	230,559	28	257,266	5	-26,707	-13,822	2.45
昭和1	204,473	-11	237,748	-8	-33,276	-26,576	2.13
2	199,232	-3	217,915	-8	-18,684	-22,746	2.11
3	197,196	-1	219,631	1	-22,436	-14,747	2.15
4	214,862	9	221,624	1	-6,762	-7,296	2.17
5	146,985	-32	154,607	-30	-7,622	-17,504	2.03
6	114,698	-22	123,567	-20	-8,869	-28,998	2.05
7	140,999	23	143,146	16	-2,147	-5,650	3.56
8	186,105	32	191,722	34	-5,617	1,079	3.96

（出所）貨物貿易は『日本貿易精覧』２頁、国際収支は『大蔵省百年史』別巻、226～227頁、外為相場（NY向け１ドル当り圓、平均値）は『明治以降本邦主要経済統計』320頁。

る」と答弁し、金解禁の議論には深入りしなかった。(27)

政友会の生え抜きではなかった高橋首相は統率力に欠け、一一年六月に内閣改造に失敗して総辞職し、同月に大命を受けて加藤友三郎（海軍軍人、政治家）が立憲政友会の支持を得て内閣を組閣した。翌一二年一月の衆議院で早速整爾（憲政会）が次のように問した。「金の輸出の解禁を断行すると云ふことになりますれば、兌換券の屈伸力が自然に回復せられ、貿易の消長に依って兌換券の消長と云ふものを、自然に茲に表すことになる」。「一方で為替相場が回復をする、それが為に輸入と云ふものが、増進をすると云ふことになれば、低廉なる海外の品物が我国に輸入せらるゝと云うことになりますれば、之に従って此内地の物価を低落せしむることになるのではないか」と。(28)これに対して、市来乙彦蔵相は、金の輸出禁止を解いても、「内地の正貨が直に海外に出ると云ふことはありませぬ」、海外に在る正貨が減るまでは、内地の正貨には何等の効果が及ぼさないので、政府は「直に金の輸出禁止を解くことは致しませぬ」と応じた[29]。

こうして、金解禁論争の口火が切られた。その後、憲政会の速水が、金解禁による為替相場の上昇が輸入物価を低下させ、国内物価を押し下げる効果を指摘して、金解禁を求めた。これを契機に、やがて政友会と憲政会（後に民政党）との間で論争が展開されていく。

ところが、関東大震災によって、金解禁の議論は一時中断した。一二年八月に加藤首相が病没し、九月二日に第二次山本内閣が組閣され、井上準之助が蔵相に就任したが、この前日に起きた大震災の対応に追われたのである。さらに、一二月に虎の門事件によって山本内閣が総辞職し、一三年一月に枢密院議長清浦奎吾に組閣命令が下されて清浦内閣が成立したが、政友会・憲政会・革新倶楽部の三派有志が清浦特権内閣打倒を目指す第二次護憲運動を展開するに至った。

一三年六月に清浦内閣が総辞職すると、同月に加藤高明（憲政会）が内閣（護憲三派内閣）を組閣し、濱口雄幸（憲政会）が蔵相に就いた。翌七月の議会において金解禁の議論が再開された。衆議院における審議で、武藤山治（当時、実業同志会。鐘紡社長）は、濱口雄幸蔵相に対して、在野の時には金解禁を断行すべきことを主張しておきながら、当局者の立場になると金解禁問題について明言していないと詰め寄った。

これに対して、濱口蔵相は、在野の時には為替相場が平価に近かったが、現在は為替相場が低落している中で輸出入が何とか保たれており、金解禁を実施すれば、輸入激増及び輸出激減となって驚くべき財界変動が生ずるだろうから、「今日の状況に於ては、断じて金の解禁を即行すると云ふ考へを、持って居ない」と答えた[30]。また、一四年一月の衆議院においても、濱口蔵相は「物価問題は国家問題の全部ではありませぬ。一の物価問題を解決するが為に、金の輸出の解禁を行ひ、それに依って経済界の全体を、殆ど破滅的の惨害に導くと云ふことは、政府の今日の場合忍びない所であります」と語って、金解禁の実施を否定した[31]。このように、一四年の時点では、憲政会政府としても、早期の金解禁実施を考えてはいなかった。しかも、濱口蔵相自身が、金解禁の実施が経済界に及ぼす悪影響を考慮して、実施できないと答弁していた。

一五年一月に加藤首相が病没し、同月に若槻禮次郎（憲政会）内閣が組閣された。同年一二月には大正天皇が没して昭和に改元された。翌二年一月に若槻内閣のもとで開催された衆議院において、武藤が金解禁の実施時期を曖昧にしているから、米国との生糸貿易が頓挫しているなどと政府を批判し、金解禁を不景気の問題に絡めて、金解禁の時期を明示するように求めた。しかし、片岡直温蔵相（憲政会）は、金解禁の影響に関する整理及び実施のための準備が必要であり、漫然と解禁時期を定めておくことには同意しかねると答弁した。その後、三月一四日の衆議院予算委員会で片岡蔵相の失言をきっかけに昭和金融恐慌が発生した。昭和二年四月、枢密院が台湾銀行救済緊急勅令案を否決したことにより若槻内閣が総辞職し、大命により田中義一（陸軍軍人、立憲政友会）内閣に替わった。

四年二月の貴族院で、野党に下った若槻禮次郎（民政党）は次のように政府に迫った。「金本位国の我が国に於て、金の輸出を止めて居ると云ふのは、是は変則であります」。金解禁をすれば正貨流出はやむをえないのであり、それを回避しようとするならば「変則から原則に還ると云ふ機会を失ってしまって」何時まで経っても金解禁はできない。「どうせ是はやらなければならぬ事でありますならば、成るべく速やかに行って、一時は苦痛があっても正道に立還って、貿易自然の調節で我が正貨を維持すると云ふ策を探った方が適当である」と。(32) これに対して、三土忠造（みつちちゅうぞう）蔵相（政友会）は、金解禁の財界に及ぼす影響は慎重に考慮する必要があるので、何時如何なる程度に於いてやるかと云うことについては、言明を避けたいとの従来の政府答弁を繰り返した。(33) 金解禁の実施を巡って、帝国議会で八年の長きにわたる審議が行われたが、結局のところ、最終的な結論を出すまでには至らなかった。

濱口首相と井上蔵相による金解禁実施

四年七月一日に張作霖爆殺事件の処分が発表され、翌二日に政友会の田中内閣が総辞職し、同日に大命降下により濱口雄幸民政党内閣が棚牡丹的に成立した。(34) 濱口首相から懇願されて井上準之助が蔵相に就任した。七月九日、濱口首相は一〇項目からなる「十大政綱」(35) を発表したが、国内の重要政策は軍備縮小、財政の整理緊縮、国債総額の縮減、金解禁の断行の四項目であり、金解禁の断行がその中心をなし、他の三項目は金解禁準備のための施策であった。

さらに、翌八月に濱口首相は「全国民に訴ふ」で次のように力説した。大戦によって頗る好況となったが、戦後は連年入超となって正貨が流出し、為替相場が低落し、さらに大震災のために未曾有の打撃を被り、経済界の不況は愈々深刻になっている。金輸出禁止が一二年間続けられており、「之がため為替相場は動揺甚だしく、通貨及び物価の自然の調整を妨げられ、且つ産業貿易の堅実な発展を阻害せられ、公私経済の膨張と相俟って財界今日の不安の状況を惹起してゐることは、諸君御承知の通りであり」、故に、「一日も速かに金の解禁を断行して国際経済を常道に復し、産業貿易の健全なる発達を図り、以て国運の進展に資することが刻下の急務である」。また、金解禁の準備として、「公私の経済を極力緊縮し、物価の下落及び輸入超過の減少を図り、其結果として為替相場をして徐々に回復せしむることが最も必要で」あると訴えた(36)。

井上蔵相も、金解禁の必要性を説いて回った。また、小冊子『国民経済の立直しと金解禁の決行に就て国民に訴ふ』(千倉書房、昭和四年)を出版して国民に呼びかけた。現今の不景気の原因は、大戦によって経済界が大膨張し、通貨膨張、物価騰貴、生活費昂騰となって国民全体の収入も増大したが、大戦が終わると財界の反動、それに続く大地震によって日本経済は大打撃を被り、状態が一変した。国民一般、経済界、政府の収入が減り続けているが、借金をして収支を合わせている。その結果、物価が下がらず、生活も安定していない。この状態が続けば、日本の不景気は益々進み、将来の発展も期待できない。国民経済を立て直す唯一の方法は、財政緊縮、国債整理、国民の消費節約によって貿易赤字を削減し、為替相場を上昇させ、その後に金解禁を実施することである。ヨーロッパ諸国は大戦で疲弊しており、海外に頼ることはできず、今日の状態を打開するには自己の勤倹努力による以外に道はない。「今吾々の行かんとする途には坂はある。汗は出ますけれども、此道は確かな間違ひのない道である」[37]。この井上蔵相の訴えは一見すると説得力があるように見える。そのため、苦境に喘いでいた多くの人々が藁にも縋る思いで井上蔵相の言うことを信じたのであろう。

ところで、井上蔵相は、眼前にある坂を超えると如何にして現今の不景気から脱出できるのか語っていない。為替相場が安定するだけでは不景気は解消できない。大戦前の金本位制の時期には為替相場は概ね安定していたが、貿易赤字が続き、不況基調であった。井上蔵相は何故に金解禁の実施が当時の不況を打開できると考えたか。実は、この井上の小冊子には、勝正憲（大蔵参与官）の「金解禁問題の解説」という附録が付けられている。この解説によれば、金輸出禁止は財界の整理を遅らせてその建直しを遅延させる一種の保護政策であり、弥縫策であるので、金解禁によってこれを放棄し、「経済の常道に基づいて産業を起こし事業の経営を行ふと云ふことは我経済建直しの第一歩でなくてはならぬ」と説明している（同右書、六四頁）。要するに、金輸出禁止は圓安によって脆弱企業を延命させているので、金解禁によって脆弱企業を退出させ、圓高でも経営できる企業を発展させることが不況脱出の道であると説いている。今日でも耳にする台詞である。戦後の対談で、大蔵省財務官として金解禁の実施に携わった津島寿一は、金解禁は「宿痾にメスを入れたようなもので、今日でいう構造改革、企業合理化、コスト引下げの大きな動因となった[38]」と金解禁を評価している。井上蔵相、勝参与官、津島財務官らは、旧平価による金本位制への復帰によって、第一次大戦以降に増加した弱小企業を淘汰して、対外競争力のある企業を発展させ、不況から脱却することを目指したのであろう。

さらに、井上蔵相は金解禁実施の際の平価の水準について、「平価切下といふやうな議論もあるのでありまするが、吾々は正道を履（ふ）みたい[39]」と述べている。井上が「正道」と称した旧平価は、松方蔵相が決めた平価であるが、これが合理的であったとは言えない。貨幣法施行時から第一次大戦前の期間において、日本の貿易収支は概ね赤字続きであった。また、昭和五（一九三〇）年頃には、最大の純債権国に発展したアメリカと不況・国際収支赤字に喘ぐ日本との国力の差は、松方期よりもむしろ拡大しており、旧平価で金本位制に復帰することが正道とは全く言えない。実際、後に金輸出再禁止となった後には、圓相場は下落し始め、第二次大戦前には一ドルに対して約四圓まで大幅に下落していった。

昭和四（一九二九）年九月二四日にニューヨーク株式市場が大暴落を始め、一一月にも底無しの瓦落（がら）が続き、失業者が街に溢れた。日本の新聞もこれらの惨状を報じていた。しかし、濱口首相は金解禁の方針を全く改めず、一一月の民政党近畿大会で「金解禁は時期尚早なりとし、今日猶ほ之に向かって悪声を放つ者があるに至りましては、実に驚く可き時代錯誤と申さなければなりませぬ[40]」と語った。濱口内閣は英米金融団との間で正貨による借入及びクレジット契約を整え、一一月二一日に首相官邸で開催された閣議において、大正六年の大蔵省令「金貨幣又は金地金輸出取締等に関する件」を含む三つの金銀輸出取締に関する省令を廃止することを決定し、金解禁を実施した。同日に、首相と蔵相が声明を発表し、濱口首相は「我財界多年の懸案たる金解禁問題はこゝに漸く解決を告げ、我国民経済ははじめて更生の第一歩につくを得たるは邦家のため慶賀にたへざるところ」であると述べると共に、引き続き節約に努めることを要請した。また、井上蔵相も、同様の内容を述べ、今後は「日本銀行をして正貨維持、為替調節の衝に当らしめ、政府は原則として正貨を保有せず、その海外払は為替送金の方法による」旨を表明した(41)。

金解禁に関する各界の意見

銀行業界では、昭和三年一〇月二二日、東京手形交換所及び大阪手形交換所が「政府は即時金輸出禁止の解除をせらるべし」という三土忠蔵大蔵大臣宛の左記の建議文を決議した。為替相場の変動が甚だしく、関係当業者は一定の計画を立てることができず、その損失は甚大であり、結果として経済界の真正の回復を妨げている。今や経済界の整理は漸次進捗し、国際収支の状況もさほど不利ではなく、また列強が金解禁を行っている中でわが国のみが行動を異にすべきではない。金解禁は平価に近い時機に決行するのが得策だが、理想を求めて漫然と非解禁を継続することの影響は、解禁によって惹起される影響よりも重大であるので、多少の犠牲を忍んでも金解禁を決行することが急務である（『東京朝日新聞』昭和三年一〇月二三日付夕刊参照）。このように、銀行業界は、為替相場が旧平価に近付くのを待つのではなく、即時に金解禁を実施するように求めた。

この建議に関連して、『三井銀行 一〇〇年のあゆみ』は次のように記している。「為替相場は激動し、企業の採算上に非常な悪影響をもたらしたので金融界としては金解禁を要望した」。また、同銀行常務の池田成彬（東京手形交換所理事長を兼務）は、金解禁を実施して、日銀が金融政策の引締めを行い、財界の整理を一遍行えば物価も下落する、そこで新たなスタートをすれば日本経済も蘇生すると考えていた(42)。なお、銀行業界が金解禁即時実施を求めた背景には、巨額の遊資を抱えて困っていた銀行が自ら打ち出した自己救済策という側面があるという高橋亀吉の指摘もある(43)。

日本商工会議所も、東西手形交換所の決議から三日後の一〇月二五日に金解禁断行を求める建議書を政府宛に提出し、金本位制によって為替の回復安定を図り、国際決済上の不利益を除去するように求めた。同会議所は、翌年五月にも、政府が金解禁を求める建議に耳を貸さず、態度を曖昧にしているので、金解禁に対する方針を明示せよと政府に建議した(44)。これらの金輸出解禁の要求は旧平価での解禁を前提としたものであった。

他方、旧平価での金解禁に反対する論調もあった。特に『東洋経済新報』が新平価による解禁を求める論陣を張っていた。たとえば、同誌の石橋湛山は、大正一五年五月八日「カッセル教授の日本為替論」において、カッセル（Cassel, G.）の論文を次のように紹介した。関東大震災の前には日本の通貨は国際的に過大評価となっており、これが日本の大幅輸入超過の大きな原因である。この評価高の主因は、大戦中に蓄積した巨額の正貨を利用し、故意に圓の対外価値を維持したことにあるが、これは愚策である。日本の選択すべき政策は、日本の経済的利益を考えれば、過大評価が解消された「現在の価値で安定せしむる」策である。そうすれば、外国貿易の激動も免れ、国内物価の安定も実現できる。旧平価での解禁は物価を大正一五年央比で一五％下落させ、生産者に大きな損失を与える。「円を旧金平価に引戻す政策は放棄せねばならぬ」。石橋は、カッセルの主張はこれまで自分が述べてきた主張と一致しており、国民がこの忠告に冷静に耳を傾けるよう訴えた(45)。また、石橋は、前掲誌の昭和三年一一月一七日号「社説」において、「金輸出解禁は四十九弗八四六〔一〇〇圓当り―引用者〕の旧平価に依って行われねばならぬ理由は少しも無い。今日の我財界に取って穏当な為替相場、例えば四十五弗半を平価とし、之で金の輸出を解禁すれば、目的は完全に達せられる」。そうすれば、即時に金解禁をしても、財界に波乱を起こす憂いは全くない。一割でも、五分でも、不要な貨幣価値の引上げをして財界に波乱を生じさせるのは「馬鹿馬鹿しき事である」。「政府は速やかに最近の実際為替相場の穏当なる点を新平価に定めて金の輸出を解禁せよ(46)」と訴えた。石橋の他に、高橋亀吉、小汀利得（おばまとしえ）、山崎靖純らが旧平価での金解禁に反対する論陣を張った。

なお、このような新平価での金解禁について、四年三月二七日の東京手形交換所調査会でも議論となった。しかし、平価切下げ（新平価による解禁）を行うには議会の協賛が必要であり、そんな悠長なことは言っておられないとして、新平価解禁論に賛成する者はほとんどいなかった(47)。このように、財界は旧平価での金解禁を指向した。その他、新聞や雑誌も、『中外商業新聞』（『日本経済新聞』の前身）及び『東洋経済新報』を除けば、ほとんど旧平価を前提とした金解禁を肯定しており、学界においても同様であった(48)。

また、石橋湛山は、濱口内閣の金解禁について、一般に大金融資本団の要求を代表しているのは疑いなく、井上蔵相に至っては「大金融資本閥内に遊泳せる人で、其思想が一歩も他に出で得ないことは問うまでもない」と述べている[49]。政党と財閥の関係について、升味準之輔『日本政党史論』は、「政友会・民政党の背後に財閥があったことは、まず間違いない」とし、次のように指摘している。政府は議会に優越していたので、三井や三菱のような財閥は、政府指導者と直接関係を維持しようとした。財閥はそれぞれひいきの政党に巨額の資金をつぎ込むことで政党政治を支え、それぞれ双脚〔二大政党―引用者〕の一方を支えることで財閥の経済活動に有利な舞台をつくり出していた[50]。

四　金解禁による昭和恐慌

ファンダメンタルズの悪化

金解禁直後の昭和五年一月二一日、濱口首相は衆議院において自信に満ちた施政方針演説を行った。内外諸般の準備が整い、金解禁を実行した。だが、金解禁はわが国経済を軌道に乗せる第一歩にすぎず、「国民は是より此の更生したる基礎の上に立って、国民経済の堅実なる発展に向かって、真剣なる努力を継続し、以て国際貸借の改善、金本位制の擁護に勉めなければならぬ[51]」。また、井上蔵相も、「今後は此堅実なる基礎の上に立って、我国産業の振興貿易の発達を図ることに、絶大の力を為さねばなりませぬ[52]」と

表6-7　一般会計歳出（決算）の推移（昭和1-8年度）

（単位：億圓，％）

年度	合計	増率	行政費	増率	国債費	増率	軍事費	増率
昭和1	15.79	4	7.74	7	2.33	10	4.34	-2
2	17.66	12	8.48	10	2.82	21	4.92	13
3	18.15	3	8.65	2	2.86	1	5.17	5
4	17.36	-4	8.11	-6	2.80	-2	4.95	-4
5	15.58	-10	6.89	-15	2.73	-2	4.43	-11
6	14.77	-5	6.50	-6	2.14	-22	4.55	3
7	19.50	32	8.58	32	2.41	13	6.86	51
8	22.55	16	8.79	2	3.35	39	8.73	27

（出所）『大蔵省百年史』別巻、137頁。

語った。

濱口内閣は、昭和四年七月の組閣早々から、国民に節約を呼びかけ、財政支出を削減していた。表6-7のように、決算ベースで四年度に四％、五年度に一〇％、六年度には五％の縮減を行った。金額では三年度の一八・一五億圓から六年度には一四・七七億圓に減額し、三年間で三・三八億圓も削減した。これは公共投資の減額にもつながり、経済成長を下押した。内訳では、行政費の削減率が四年度に六％、五年度に一五％、六年度に六％であり、国債費がそれぞれ二％、二％、二二％の減少となった。軍事費も四年に四％、五年に一一％と減額され、軍部の反感を生んだ。

圓高のため、輸出（貨物）が五年に三二％、六年に二二％の減少となり、国際収支の赤字が四年の〇・七億圓から五年には一・七億圓台に倍増し、六年には約二・九億圓という大幅赤字となった（前掲、表6-6）。なお、輸出の不振は、金解禁による外為相場の上昇のほかに、世界恐慌による外需の減少、インドや他の諸国における関税引上げと外国品不買運動も影響した。金輸出解禁

表6-8　正貨及び日銀券の推移（昭和1-10年）

（単位：億圓，％）

年	正貨保有						日銀券	
	政府	日銀	正貨合計	増率	内地	海外	流通高	増率
昭和1	2.8	10.7	13.5	-4	11.2	2.3	15.4	-3
2	1.9	10.8	12.7	-6	10.8	1.8	16.4	6
3	1.1	10.8	11.9	-6	10.8	1.1	16.6	1
4	2.2	11.2	13.4	13	10.8	2.5	15.9	-4
5	1.2	8.3	9.5	-29	8.2	1.3	14.1	-11
6	0.8	4.7	5.5	-42	4.6	0.8	13.1	-7
7	1.2	4.2	5.5	0	4.4	1.1	13.7	5
8	0.6	4.2	4.9	-11	4.5	0.3	14.7	7
9	0.2	4.6	4.9	0	4.6	0.2	15.3	4
10	0.2	5.0	5.3	8	5.0	0.2	16.0	5

（注）端数は切捨て、日銀券は流通高。
（出所）『大蔵省百年史』別巻、223頁、『明治以降本邦主要経済統計』171～172頁。

による金に対する需要増加に加えて、国際収支の赤字はわが国からの金・地金の流出を加速した。その結果、正貨保有額（政府・日銀合計）が減少し、四年に一三・四億圓あったものが、五年に九・五億圓に激減し、六年には四年の約半額となった（表6-8）。このため、金兌換券である日本銀行券の流通高も三年の一六・六億圓から、五年に一四・一億圓（マイナス一一％）、六年一三・一億圓（マイナス七％）に著減した。この通貨の減少は、圓高による輸入物価の下落による物価下落と共に、日本国内の物価を押し下げる要因となった。また、大恐慌による世界的不況によってアメリカの消費者物価が五年に一一％、六年に一〇％下落し、イギリスでもそれぞれ四％、六％下落しており、国際的な物価下落も、輸入物価の下落による国内物価の低下要因となった。

昭和恐慌の実相

金解禁によるファンダメンタルズの悪化と世界的不況のために、わが国経済は深刻な不況に陥った。四年七月、濱口首相が金解禁即行の方針を発表すると、株式市場が急落した。また、企業の新規採用が激減し、大学・専門学校・中等学校卒業生の就職率が昭和四年には、三年の二〇・三％から一八・一％へと極端に悪化し、都市でも農村でも高学歴層の失業者が溢れる状況になった（『中外商業新聞』昭和四年八月四日付夕刊）。

日本銀行の調査よれば、七月の濱口内閣の成立から五年末までの一年半の期間に物価が二六％激落したが、その原因は、圓高による輸入物価の低落、輸入原料価格低下の影響を受けた一般物価の下落、金解禁後の金の流出による通貨量の収縮等である(53)。この調査は実態をよく捉えている。また、今回の物価下落は大正九年の反動期と比べると、下落率が小さくても、好況直後の下落とは異なって、今回は長く続いた不況後の下落であり、しかも通貨面からも景気回復を期待しがたく、財界における心理的打撃は著しく深刻であった(54)。

事業会社では、金解禁後には、国内外の不況の深刻化、各国の関税引上げ、銀相場の崩落等によって内外需要が落ち込んだことに加えて、製品価格の下落、借入金の負担増などによって、経営難に陥るものが多く、そうでない会社も操業短縮等を余儀なくされて利益率が著しく減少し、近年にない深刻な事態となった。

表6-9　生糸・織物等の輸出と工場賃金・農家所得の変動

年	生糸輸出(億圓)	増率(%)	綿織物輸出(億圓)	増率(%)	煙　草(億圓)	増率(%)	工場賃金(圓)	増率(%)	全農家収入(万圓)	増率(%)
大正13	6.83	21	3.27	39	0.97	24	1.752	4	0.24	50
14	8.78	29	4.33	32	1.12	15	1.746	0	0.24	0
昭和1	7.32	-17	4.16	-4	1.12	0	1.704	-2	0.22	-8
2	7.41	1	3.84	-8	1.10	-2	1.957	15	0.18	-18
3	7.33	-1	3.52	-8	1.19	8	2.042	4	0.20	11
4	7.81	7	4.13	17	1.17	-2	2.046	0	0.18	-10
5	4.17	-47	2.72	-34	1.00	-15	2.002	-2	0.13	-28
6	3.55	-15	1.99	-27	0.72	-28	1.870	-7	0.09	-31
7	3.82	8	2.89	45	0.72	0	1.909	2	0.10	11
8	3.91	2	3.83	33	1.13	57	1.879	-2	0.11	10

(注) 工場賃金は諸手当を含む１日平均、農家収入は１戸当り年収。

(出所)『日本貿易精覧』29、55、72頁、『明治以降本邦主要経済統計』68、358頁より作成。

企業の採算悪化が進行する中で、雇用の削減が行われ、失業が増大した。事業別人員では、五年には前年比で、紡績業が二六・二%の減少となり、船舶製造業が二二・九%、窯業が一八・三%、織物業が一六・五%、製糸業は約九%の削減であった。失業は四年秋から増加しており、同年一一月一日時点の内務省の調査で、全国失業者総数は三〇万人を突破し、前月比で二・九%増加した（『中外商業新聞』昭和五年一月二九日付）。五年にはさらに増加し、五月一日現在には三七・八万人を超えた（『中外商業新聞』昭和五年八月一三日付夕刊を参照）。なお、五年一〇月一日時点の国勢調査に付随した失業調査では約三二万人となっているが、失業の定義が狭すぎて実数から相当の乖離があるとの指摘がなされている(55)。

昭和恐慌は農業恐慌と言われ、農家に対する打撃が大きかった。生糸の輸出が五年に四七%、六年に一五

%減少し、綿織物はそれぞれ三四%、二七%の減少となった（表6-9）。また、主要農産物である繭と米が、五年には四年に比べて価格が暴落した。そのため、生産量は前者が四%、後者が一二%増加したが、販売額はそれぞれ五四%、三一%の激減となった[56]。これらの両品目の合計で四〇%の減少となった。繭と米は多くの農村において二大農産品であり、農家の重要な収入源であったので、農家の収入を大幅に減少させた。全農家の所得は五年に二八%減少し、六年にはさらに三一%という大幅な減少となった。それに対して、工場の一人当たり平均賃金は五年に二%の減少、六年に七%の減少にとどまり、農家の収入の減少が際立った。

七年には、農村が窮状に喘ぐ中で、満州への移民希望者が急増し、各府県からの視察団が続々と満州を訪れた。関東軍が定住地を斡旋し、満州国政府と価格等の交渉行い、集団移民の形式をとる方針が決められた（『東京朝日新聞』昭和七年七月二〇日付）。七年七月の地方長官会議において、拓務大臣が左記のように訓示した。「今日直面しつつある経済的難局打開の有力なる方策としては、挙国一致、極力国民の海外発展をはかるにありと信ずる」。政府は「満州移民問題の国策的重要性」に鑑みて、将来の計画遂行上の調査費用を計上したので、各位においても日満両国の経済的結合に貢献せられることを希望する（『東京日日新聞』昭和七年七月二六日付夕刊）。こうして、七年・八年にはアメリカへの移民が制限される中で、満州への移民は七年には約二〇%、八年には約四〇%も増加し、三年の一〇万人台から九年には二四万人台と倍増した。その後も、満州移民は増加するが、これらの人々の多くが第二次大戦の敗戦により命を落とし、あるいは過酷な運命たどることになった。

五　国際金本位制の崩壊

金輸出再禁止

金解禁によって経済が悪化する中で、五年四月の衆議院において、三土忠造（立憲政友会）が、今日の不景気の原因は内閣の緊縮政策、無理無準備の金解禁の実施、世界的不景気等による輸出不振であり、結果は「総理大臣、大蔵大臣が茲に説明された事とは、全然違って参ったのである」と民政党政府の責任を追及した。[57]これに対して、濱口首相は、従来の主張を繰り返し、「政府は少なくとも財政上に於いては、是迄の方針を変更するの意思は毛頭持って居ない[58]」と答弁した。また、武藤山治は、井上蔵相の御言葉を信じて期待していたが、事実は全く異なっており、「御著書や、御講演に於いて御発表になった通り、金解禁後の財界を楽観して、金の解禁をなさったのかどうか」と詰め寄った。[59]これに対して、井上蔵相は、十分に準備して金解禁を実施しており、生糸の下落は金解禁ばかりでなく米国の不景気が来たからである、と責任転嫁の答弁をした。[60]

さらに、濱口首相は、五月三日の衆議院で、「少なくとも政府は其当時に於きましては、解禁後に起こった如き、世界的の大不景気を予想することは出来なかったのであります[61]」と弁解した。しかし、金解禁前に生じたニューヨーク株式市場の底なしの暴落は、『中外商業新聞』や『東京日日新聞』などが速報で報道していた。金融当局も失業を含む深刻なアメリカの状況を把握していたはずである。また、井上蔵相は、後に政府が金輸出再禁止した後でも、金解禁を主張しており、大恐慌の深刻さを知っていたとしても、金解禁の断行を中止することはなかったであろう。

日本経済がどん底に落ち込む中で、五年一一月に濱口首相が東京駅で狙撃されて重傷を負い、幣原喜重郎が首相臨時代理となった。翌六年四月に濱口内閣は首相の病状悪化のために総辞職し、第二次若槻礼次郎内閣（民政党）が成立したが、井上蔵相は留任し、金解禁を継続した。しかし、七、八月になると、石橋湛山、高橋亀吉ら金解禁反対論者は、彼らの指摘した惨状となったために、金輸再禁止を主張し始めた。他方で、『大阪朝日新聞』や『大阪毎日新聞』などや学会、財界においては、わが国の不況は世界不況に基づくものであり、金解禁はそれほど不成功とは言えないと金輸出再禁止に反対した[62]。

六年九月一八日に、関東軍参謀らが満州事変を引き起こし、日中関係が深刻化する中で、同月二一日にイギリスが突如として金本位制を再度停止した。すると、一一月一〇日、政友会は代議士会を開催して、「現下の経済対策として即時金輸出再禁止を断行すべし」と決議した[63]。それでも、井上蔵相は金解禁の方針を変更する気は微塵もなかった。ところが、一二月一一日、若槻内閣が内閣不統一によって総辞職し、一三日に犬養毅（政友会）内閣が誕生し、蔵相が高橋是清に交替して、即日に金輸出再禁止が決定された。そのため、翌日一四日の株価が暴騰しすぎて、株式取引所は立会を停止した。また、圓相場はその後急落していった。

井上は蔵相の座を降りてからも金解禁に拘り続け、翌七年一月二一日の衆議院で、高橋蔵相に詰め寄った。「金の解禁を致しましてから世界の不景気に遭遇して、日本は其の影響を蒙って不景気であります」。しかし、「金本位を維持することが果たして出来ない事情が、日本の財界の根本にあると云ふことを先刻申されて居ったが、我々はさうは考へませぬ」。「高橋大蔵大臣の言はれる所は、金の再禁止は時局匡救にある、不景気を景気に直す、斯う云ふ事でありましたならば、（中略）通貨膨張と云ふ事は必然の帰結にな」り、「物価の暴騰を来します」。また、「貨幣法と云ふ根本法に対する、私は政治家の態度に就いて非常に疑ひます[64]」と。これに対して、高橋蔵相は次のように諫めた。「金本位を維持することは自国の力に依って維持されなければならない。外国から金を借りたり、一時の金融の遷り変りの状態にのみ眼を著けて、将来無いことを考えずに是で行くものと思うたら、これは大きな間違ひである」。井上ら財界有力者三人は三土蔵相に面会して、金解禁は駄目だと力説していたが、何故か二カ月ばかりで大蔵大臣になって、にわかに金解禁実施を唱えており、むしろ「反省して貰ひたい[65]」と。

金輸出再禁止によって、七年には貨物輸出が二三％増加し、八年には国際収支が一〇〇〇万圓超の黒字になった。個別製品では、七年に綿織物が四五％の激増となり、生糸も八％の増加となった。流通通貨量が三二％増加し、東京卸売物価も三二％上昇した。高橋蔵相は積極財政を推進し、七年の一般会計（決算）が三二％増加した。これらの結果、景気が浮揚し、全農家平均収入が一一％の増加となり、工場の平均賃金も二％上昇した。

再建金本位制とその崩壊

　第一次大戦後の再建金本位制は不安定であった。大正一一（一九二二）年四～五月に、国際通貨体制の再建のためにジェノア会議が開催され、国際的な協約によって、金の他に金為替を準備金にできる制度、または国際清算制度を構築し、決済をある国に集中させて、金の節約を図ると共に金の獲得競争による混乱を回避すること、並びに金為替本位制の採用の方向を取りまとめた[66]。この協約案は実現されなかったが、その影響はかなり大きかった。ジェノア会議直後に、オーストリア（一九二二年）、ハンガリー（一九二四年）、ブルガリア（一九二六年）等の中央銀行の法規において、金に兌換しうる外国為替手形（金為替）と対外残高によって金準備の全額を保有する権限を与えられた。一九二二～三一年に、中央銀行がその法定準備の一部または全部を外国為替で保有する権限を与えられたのは、オーストリア、フィンランド、ドイツ、イタリア、スペイン、ソ連など多数に上った。また、中央銀行が設立されていないインド、ニュージーランド等でも為替本位制を採用した。とはいえ、多くの国で、金及び外国為替によって構成される法定準備において一定割合の金の保有が求められた[67]。

　このように、第一次大戦後の再建金本位制は、金及び外国為替を法定準備とする通貨体制であり、旧来の金本位制から金為替本位制に変化を遂げていた。ところが、当時の民政党も政友会も、依然として旧来の金本位制に拘り続けた。

他方で、イギリスも苦しんでいた。イングランド銀行はこれまで自国の国際収支の好調を基礎に国際金本位制を成功裏に維持してきた[68]。しかし、大戦後にはイギリスの貿易収支の赤字が拡大し、国際収支の黒字が減少し、赤字となる年も出始めた。ところが、大正一四（一九二五）年四月にイギリスは旧平価で金本位制に復帰した。これは、イギリスの実態からみて無理な決断であった。ドラモンド（Drummond, I. M.）は、金本位制の第一の特徴は「その国の本位貨幣が金による固定的価値を与えられていたこと」であるが、「金価値がどのように決められようとも、それが国内または国際経済均衡と一致しているかどうかを、誰も問題にしなかった」という鋭い指摘をしている[69]。第一次大戦後のイギリスもそうであった（日本はその最たるもの）。当時のイギリスは、大戦中に負債を増やし、経済の弱体化が顕著であり、一九二〇年代半ば以降には貿易収支が大幅な赤字となり、国際収支も悪化した。そのため、国際金融の中心であるロンドンの短期債務は、イングランド銀行の金・外貨準備を遥かに上回っていった。三一年五月初めのイングランド銀行の金及び外貨準備は一億七八〇〇万ポンドであるのに対して、英国の銀行界の対外債務は同年三月で二億五四〇〇万ポンドに上り、大幅な債務超過であった[70]。このような状況において、ロンドンの危機が三一年七月一三日に始まった。この日、ドイツの大手銀行であるダナート銀行が閉鎖されて激震が走ったが、同日にイギリスの債務の多さと金準備の少なさを示す『マクミラン委員会報告書』が公表されたために、金融不安がさらに増幅された。イングランド銀行は、パリやニューヨークから借款を受けるが、八月末頃にはポンドの過大評価や貿易赤字、財政赤字などから「英国の危機」として認識されるようになり、イングランド銀行は金本位制の維持が困難となり、九月二〇日にイギリス政府は金輸出の再禁止の声明を発表した[71]。イギリスの金本位制離脱に伴って、イギリス連邦諸国は、カナダを除いて、イギリスを中心とするスターリング・グループに参加した。オーストリアはすでに一九二九年一二月に金本位制を停止したが、その後、多くの国が金本位制から離脱した。三一年一二月に日本、三三年四月にアメリカも金本位制から脱した。かくして、一九三〇年代前半に再建金本位制は崩壊し、諸国が金本位制の呪縛から解放されるに至った。

日本は、以前から貿易収支も国際収支も赤字続きであったので、イギリスに従って金本位制を離脱するのは理に適っていた。アメリカは、第一次大戦後に大幅な貿易黒字が続いていたが、恐慌が続く中で貿易収支が一九三一年には半減して五億万ドル台に減少した。一方で、一九三〇年から短期資本の流出が顕著となり、三二年には短資の流出は六億ドルを超え、貿易収支黒字の四億ドルを上回ることになった。この状態は翌三三年も続き、同年四月にアメリカ政府は金輸出を再禁止し、金本位制を停止した。再建金本位制は砂上の楼閣であったが、濱口民政党政権はその楼閣の一角を占めるために猪突猛進した。しかし、金解禁を急ぐには及ばなかった。ほんの少し待てば、再建金本位制は崩壊し、日本国民をあれほどまでに苦しめずに済んだであろう。

太平洋戦争への途

立憲民政党は、金解禁の失政によって、七年二月二〇日の第一八回総選挙において前回当選議席数二七三議席を一四六議席に激減させ、他方で立憲政友会が三〇一議席を獲得して圧勝した。しかし、同日に陸軍が上海総攻撃を開始し、政友会も民政党も軍部による戦争拡大を阻止できなかった。軍事費削減や軍縮を主張する政府要人は次々に暗殺され、井上準之助も民政党の選挙対策中の七年二月に血盟団員に射殺された。また、同年五月一五日には海軍青年将校らが首相官邸を襲撃し、犬養毅首相が殺害された（五・一五事件）。政府首脳の警備がいかにも脆弱であった。さらに、一一年二月二六日には、高橋是清蔵相ら政府要人が国家改造を求めた皇道派青年将校らによって殺害された（二・二六事件）。高橋蔵相は、金解禁後のわが国の経済再建に貢献したが、一一年度予算編成で軍部と対立したため、軍部から狙われた。政党政治はやがて瓦解するが、民政党による金解禁の強行と緊縮政策は国民生活を極度に悪化させ、国民の政党に対する信頼を失墜させて、政党政治を崩壊させる根因のひとつとなった。

一二年六月に軍部が近衛文麿を擁立し、また憲政会や民政党もこれに協力して、第一次近衛文麿内閣が成立した。近衛内閣は三次まで続き、一三年四月に国家総動員法を公布し、一五年九月に日独伊三国同盟に調印した。翌一〇月には、全ての政党が解党し、大政翼賛会に参加した。しかし、一六年一月、大政翼賛会は改組されて、政治活動が禁止され、戦時体制下の行政補助機関に格下げとなり、政党政治の新体制再構築の試みは挫折した[72]。陸軍が日米開戦を迫る中で近衛首相が辞任を表明し、一六年一〇月一六日に近衛内閣は総辞職する。

同月一八日、東条英機が現役の陸軍大臣のまま首相に就任し、東条英機内閣が組閣され、軍部は国政の頂点に立った。当時、日米交渉において、米国のハル国務長官は、日本に対して南進の中止、中国からの撤兵等を要求していた。しかし、東条首相も軍部も、撤兵する意思はなかった。同年一一月二六日に米側は「ハル・ノート」を提示し、中国・インドネシアからの撤兵等を強硬に要求した。軍部は憤慨し、一二月一日の御前会議で対米英蘭開戦が決定された。戸部良一他『失敗の本質』は、軍部は緒戦で勝利し南方の資源を確保して長期戦に持ち込めば、米国は戦意を喪失すると漠然と考えており、「日本は日米開戦後の確たる長期展望のないままに、戦争に突入した」と指摘している(73)。

当時、欧米の人々も、日本の動向に関心を持っていた。たとえば、オーチャード（Orchard, J. E.）は、日本の注意すべきことは、アジア諸国と友好関係を維持することであり、敵視し合う国民間での貿易の発展は望めない。日支間の将来の可能性の一つとして、「日本が現在のアジア政策に依りて得つつありと信ずる政治的、軍事的優勝の地位は、一個の妄想にして、それがために払われたる代価の高きに過ぐることを発見して、帝国主義を放棄すること」を指摘した(74)。第二次大戦の結果、日本はその政治的・軍事的優勝というものが妄想であることを知らされ、軍国主義を放棄するに至った。帝国陸海軍は消滅したが、日本の軍事政権は関係諸国と日本の国民にあまりにも多大な犠牲をもたらした。

（1）前掲『日本銀行百年史』第一巻、四九四～四九八頁参照。
（2）高橋亀吉編『財政経済二十五年誌』第一巻政治篇上、財界九州出版局、一九八五年、三～四頁（原本一九三二年）。
（3）前掲『大蔵省百年史』上巻、二一三～二一五頁。
（4）中村、前掲『明治大正期の経済』一〇五頁。
（5）前掲『大蔵省百年史』別巻、二二六～二二七頁を参照。
（6）同右書、一九二頁。
（7）高橋亀吉『大正昭和財界変動史』上巻、東洋経済新報社、一九五四年、一六～二〇頁。
（8）前掲『日本銀行百年史』第二巻、四二三頁参照。
（9）以上、前掲『日本銀行百年史』第二巻、四一五～四二五頁参照。
（10）前掲『大蔵省百年史』別巻、二二七頁。
（11）高橋、前掲『大正昭和財界変動史』上巻、三七～三八頁。
（12）同右書、四七頁。
（13）個別工場数等は、日本銀行調査局「世界戦争終了後ニ於ケル本邦財界動揺史」『日本金融史資料明治大正編』第二二巻、大蔵省印刷局、一九五八年、四〇八頁参照。
（14）貨幣数量説は、ある期間において、商品の取引量と貨幣の流通速度が一定であれば、貨幣量の増減によって物価が上下に変化するという説である（貨幣数量説の等式は因果関係を示さない恒等式）。拙著『日本のデフレ』一六二頁で解説した。
（15）前掲『財政経済二十五年誌』第一巻政治篇上、五二四、五二七、五三一、五三五頁。

(16) 同右書、五四〇～五四二頁。
(17) 同右、五四五～五四六頁。
(18) 同右、五六九～五七一頁。
(19) 田中生夫『日本銀行金融政策史』（増補版）有斐閣、一九八五年、一七～一九頁。
(20) 前掲『財政経済二十五年誌』第一巻政治篇上、三四三頁、三四五頁。
(21) 前掲「世界戦争終了後ニ於ケル本邦財界動揺史」七一二～七一三頁。
(22) 前掲『日本金融年表』増補改訂版、一二二頁。
(23) 前掲「世界戦争終了後ニ於ケル本邦財界動揺史」八八〇～八八二頁。
(24) 日本銀行『日本金融史資料昭和編』第二四巻、八一～八二頁参照。
(25) 昭和金融恐慌については、拙著『日本のデフレ』九一～九八頁で記したので、以上にとどめる。
(26) 前掲『財政経済二十五年誌』第一巻政治篇上、八四二頁。
(27) 同右書、八四五頁。
(28) 同右、八八七頁。
(29) 同右、八九九頁。
(30) 前掲『財政経済二十五年誌』第二巻政治篇中、九九頁。
(31) 同右書、一四六頁。
(32) 同右、六七四頁。
(33) 同右、六八九頁。
(34) 井上寿一『政友会と民政党』中央公論新社（中公新書）、二〇一二年、七四頁。

(35) 前掲『日本金融史資料』昭和編第二一巻、三九三～三九四頁。
(36) 前掲『財政経済二十五年誌』第三巻政治篇下、一九八五年復刻版、五六～五七頁。
(37) 井上準之助「国民経済の立直しと金解禁の決行に就て国民に訴ふ」勝正憲編著『国民経済の立直しと金解禁』千倉書房、一九二九年、三六頁。
(38) 安藤良雄編『昭和経済史への証言』上、毎日新聞社、一九六五年、七〇頁。
(39) 井上、前掲「国民に訴ふ」四〇頁。
(40) 前掲『財政経済二十五年誌』政治篇下、九〇八頁。
(41)『朝日経済年史』昭和五年版、朝日新聞社、一九三〇年、三四九～三五二頁。
(42) 以上、前掲『三井銀行 一〇〇年のあゆみ』一九七六年、一六一頁。
(43) 高橋、前掲『大正昭和財界変動史』政治篇中、八七〇～八七二頁。
(44) 前掲『財政経済二十五年誌』政策篇上、一三二及び一五三頁。
(45)『石橋湛山全集』第六巻、東洋経済新報社、二〇一〇年、三三〇～三三三頁。
(46) 同右書、一五五頁。
(47) 前掲『朝日経済年史』昭和五年版、三三〇～三三二頁。
(48) 前掲『昭和経済史への証言』上、八九頁。
(49)『石橋湛山全集』第七巻、東洋経済新報社、二〇一一年、六三～六四頁。
(50) 升味準之輔『日本政党史論』第五巻、東京大学出版会、一九七九年、三七七～三七八頁。但し、二・二六事件によって、財閥は脱政党に変わった。
(51) 前掲『財政経済二十五年誌』政治篇中、七三八頁。

(52) 同右、七五八頁。
(53) 日本銀行調査局「解禁後に於ける財界情勢並に対策」『日本金融史資料昭和編』第二〇巻、六七頁。
(54) 同右、七〇頁。
(55) 同右、八二頁。五年の事業別人員減少率も同頁を参照。
(56) 同右、一〇五頁。
(57) 前掲『財政経済二十五年誌』政治篇中、七七九頁、七八四頁。
(58) 同右書、七九二頁。
(59) 同右、七九四頁。
(60) 同右、七九九、八〇三頁。
(61) 同右、八三七頁。
(62) 『朝日経済年史』昭和七年版、朝日新聞社、一九三二年、二〇～二一頁。
(63) 前掲『財政経済二十五年誌』政治篇下、六八七～六八八頁。
(64) 前掲『財政経済二十五年誌』政治篇中、九五四、九六〇頁。
(65) 同右、九六一～九六三頁。
(66) ラグナー・ヌルクセ著／小島清・村野孝訳『国際通貨』東洋経済新報社、一九五三年、三五～三六頁。この翻訳書は、League of Nations, *International Currency Experience*, 1944 及びヌルクセの一論文を翻訳したものであるが、前者の第六章以外は、ヌルクセが執筆したために、ヌルクセの著書として翻訳されている。
(67) 以上、同右書三五～三九頁を参照した。
(68) セイヤーズ著／西川元彦監訳『イングランド銀行』(上) 東洋経済新報社、一九七九年、一四頁。

(69) ドラモンド著／田中生夫・山本栄治訳『金本位制と国際通貨システム』日本経済評論社、一九八九年、一八〜一九頁。
(70) 金融及び産業に関する委員会〔英国〕編／加藤三郎・西村閑也訳『マクミラン委員会報告』日本経済評論社、一九八五年、二六〇項、九〇頁。セイヤーズ、前掲『イングランド銀行』(下)、五四〇頁。
(71) 以上、セイヤーズ、前掲『イングランド銀行』(下)、五四〇〜五七一頁を参照した。
(72) 井上、前掲『政友会と民政党』二二九頁参照。
(73) 戸部良一・寺本義也・鎌田真一・杉之尾孝生・村井友秀・野中郁次郎『失敗の本質―日本軍の組織論的研究』中央公論社〔中公文庫〕、一九九一年、二七七頁。原本は一九八四年、ダイヤモンド社。
(74) ジョン・E・オーチャード「日本のアジア政策の経済的結果」筒井清忠編『「外国の新聞と雑誌」に見る海外論調』第三巻日本編3、一九九七年、柏書房、四一三、四二一頁。原本は、日本読書協会乙種会報『外国の新聞と雑誌』二九六号、一九三三年一一月五日。原典：John E. Orchard, “Economic Consequences of Japan’s Asiatic Policy,” *Foreign Affairs*, September, 1933.

第七章　戦後通貨体制と通貨の攻防

一　ブレトンウッズ体制

ホワイト案とケインズ案

第二次大戦末期、国際通貨体制の戦後再建案について、アメリカではホワイト（White, H.）、イギリスではケインズが作成に当たり、両案が一九四三年四月に発表された。ホワイト案を基礎にケインズ案を加味する妥協がなされ、四四年四月に「国際通貨基金設置に関する専門家の共同声明」が発表された。同声明の重要事項はわずかな修正を経て、同年七月のニューハンプシャー州ブレトンウッズにおける連合国会議（四四カ国参加）で国際通貨基金協定として採択された。[1] この連合国会議では、国際復興開発銀行案も審議され、連合国通貨金融会議の議定書（ブレトンウッズ協定）が調印された。この協定によって国際通貨基金（ＩＭＦ）と国際復興開発銀行（いわゆる世界銀行 World Bank）が設立された。国際通貨基金の発足の基礎となったホワイト案の主な特質は左記である。

① 国際安定基金においては、加盟国に割り当てられる割当額に相当する額を金及び自国通貨で払い込むことが原資となる。
② 基金の通貨単位を純金一三七1／7グレーン（一〇ドルと同じ）と等価とする「ユニタス」とし、基金の勘定はユニタスで行う。
③ 加盟国の当初の為替相場は一九四三年七月一日時点の対米ドルの値とする。この変更はその国の国際収支の基礎的不均衡を是正する場合のみ可能。

他方で、ケインズ案の要点は以下である。

① 国際清算同盟は金の等価物として受け入れるべき「バンコール」と称する国際銀行通貨を発行する。バンコールの金価値は理事会が決定する。
② 加盟国はそれぞれの戦前の輸出入額を斟酌して当初の割当額（バンコール）を受け取る。加盟国は一定額の借越便宜を受けられる。
③ 各国中央銀行は清算同盟内の口座においてバンコールを使用して為替の決済をする。バンコールは清算同盟内部でのみ利用でき、金との交換を要求できない。故に、バンコールは同盟国の金融政策に影響しない。

④　各国通貨の平価〔為替相場〕はバンコールによって定められる。
⑤　戦後過渡期は各国の為替取引規制の撤廃を求めない。

ホワイト案とケインズ案は、共に為替の安定と各国の経済成長を目的としていたが、左記のような大きな相違がある。①ホワイト案は安定基金の原資を加盟国による金または自国通貨としており、金為替本位制を想定している。しかし、ケインズ案は清算同盟への各国による払い込みを必要とせず、清算同盟がバンコールを創造して各国中央銀行に当座貸越として提供する仕組みとなっており、バンコールは金と一定の関連を有しているものの、債務国に対して一定の条件のもとでバンコールの増発を認めており、不換紙幣化する可能性がある。②ホワイト案は各国の為替相場を対米ドルで定めており、米ドルを基礎とする国際通貨体制を指向している。他方、ケインズ案は各国の平価をバンコールで定めており、米ドルに依存しない仕組みになっている。③ケインズ案は戦後過渡期において各国の為替管理を容認する特例を盛り込んでいるが、ホワイト案には特段の定めがない。両案における以上のような相違は、衰退傾向の著しいイギリスと債権大国として浮上してきたアメリカの立場の相違を鮮明に反映している。協議の末、戦後過渡期の措置についてケインズ案が取り入れられたが、概ねホワイト案に沿う内容で決着した。「ユニタス」や「バンコール」は採用されなかった。

国際通貨基金協定の規定と運営

調印された国際通貨基金協定には、為替の安定、貿易の増大、加盟国の雇用及び実質所得の増進を目的とし、概略以下の諸事項が定められた。

① 加盟国の為替平価は、共通尺度として金、または一九四四年七月一日現在の量目および純分を有する米ドル（純金一オンスにつき三五ドル）によって表示しなければならない（第四条第一項）。

② 加盟各国は国際取引において自国の通貨の変動幅を平価から上下一％の範囲内に留める義務を負う（第四条第三項及び四項）。

③「基礎的不均衡」を是正しようとする場合には、自国通貨の平価の変更を提議できる（同条第五項）。

④ 為替管理の規制は撤廃し、差別的通貨取引または複数通貨措置を行ってはならない（第八条第二項及び三項。本条履行国は「八条国」と呼ばれている）。

⑤ 戦後過渡期には、為替取引の制限ができる（第一四条第二項）。

このように、ＩＭＦ協定においては、各国通貨は米ドルを基軸にして通貨の交換割合（為替相場）が決められ、中心レートの上下一％の範囲に固定されるので、固定為替相場制であった。また、米ドルは金と関連付けられたために、ＩＭＦ協定による国際通貨体制は金本位制の性格を完全には脱却しておらず、実質的に金為替本位制であった。

厳格な規定が定められたが、実際の運用はかなり弾力的であった。ＩＭＦは一九四七年三月に業務を開始したが、戦後復興が進む中で、四九年九月一八日には、ポンド平価の三〇・五％の切り下げが行われ、第一次平価調整が実施された（一ポンドにつき、四・〇三ドルから二・八〇ドルへ）。この時、二五カ国が自国平価を切り下げた。加盟国ではイギリス、オーストリア、フランス等一八カ国、非加盟国ではニュージーランド、スウェーデン、西ドイツなど七カ国であった(2)。

また、カナダは、五〇年九月、朝鮮戦争を契機にアメリカ資本の流入でインフレ傾向が強まり、変動相場制の採用を提案したが、ＩＭＦは好意的な態度をとった。また、六一年三月末時点で、ギリシャ、中国、韓国、タイなど一一カ国が平価の設定を猶予された。六一年三月末時点で、単一の変動相場制を採用している国として、カナダ、アルゼンチン、タイ等の七カ国があった(3)。一九六〇年までに八条国であったのはアメリカ大陸に属する一〇カ国にすぎなかった(4)。このようなＩＭＦ協定に基づく国際通貨体制は、ブレトンウッズ協定に基づいているので、ブレトンウッズ体制と呼ばれている。ブレトンウッズ体制は一九七三年春に事実上の崩壊に至るが、ＩＭＦは今日でも国際金融の安定化のためにその役割を果たしている。

二　戦後復興、高度成長、金融政策

GHQ管理下の戦後復興

太平洋戦争によって、わが国は、経験したことのない多くの人命と財産を失った（死者約三一〇万人、建築物の直接被害約六二〇六万坪）[5]。終戦直後には、各地の工場及び家屋が破壊され、輸入も途絶しており、物資の生産が困難であり、極度の物資不足から激しいインフレとなり、一九四五（昭和二〇）年には全国卸売物価も東京小売物価も約五〇％の暴騰となった。幣原喜重郎内閣は、ＧＨＱ（連合国総司令部）との折衝を経て、四六年二月一六日に、食糧や生活物資の生産・配給・価格等についての統制を行うほか、預貯金の封鎖と新円への切り替え等の措置を盛り込んだ「経済危機緊急対策」を発表し、翌一七日に金融緊急措置令、食料緊急措置令、隠匿物資等緊急措置令、その他の条例を公布施行した。また、新円を十分に印刷できなかったため、旧日銀券に所定の証紙を貼り付けたものを新日銀券とみなす措置をとった。金融緊急措置令は、三月二日より旧円の使用を禁止し、三月までに旧円を強制的に預金させて封鎖し、新円での引き出しを一カ月に一人一〇〇円、一世帯主三〇〇円等に制限するものであった。これは、市場の流通通貨量を減少させてインフレを阻止することを目的としていた。しかし、封鎖手形による納税を認める措置などもあり、流通通貨量の縮小は不徹底に終わり、インフレの勢いは止まらなかった。

他方で、政府は破壊された工場設備を再建し、物資の供給体制を整備する必要があった。しかし、再建のための鉄鋼が極度に不足していた。当時、鉄鉱石は戦時中のストックが残存したが、石炭不足のために、銑鉄及び鋼材の生産は戦前の昭和九～一一年の平均の一割に満たなかった。そこで、一九四六年一〇月に吉田茂内閣は石炭の生産を三〇〇〇万トンに高める目標を掲げ、翌一一月には同首相の特命で石炭特別小委員会を発足させた。同年一二月に、同小委員会の中間報告が吉田首相に採択され、石炭と鉄鋼を集中的に増産する「傾斜生産方式」が政府の政策となる。(6) また、この傾斜生産方式を資金面で支えるために復興金融金庫（復金）が四七年一月に設立される。復金は日銀引き受けによって復興金融債（復金債）を発行し、その資金を傾斜生産その他の復興のために融資した。

さらに、片山哲内閣は、四七年七月に「新物価体系」を発表して、「価格安定帯物資」の消費者物価を定め、それと販売価格との差額を価格差補給金として支給する「価格差補給金制度」を実施した。価格安定帯物資には、石炭、鉄鋼、肥料のほか、味噌や醤油などの生活物資も指定された。価格差補給金に対する政府支出は四七年度に一般会計歳出の二一％、四八年度には二四％を占め、補給金の支給先は鉄鋼産業が最大であった。(7) 鉄鋼産業には、四六～四八年度の三年間に設備資金一九・四三億円、運転資金に一五・八二億円の復金融資が行われ、四七、四八年度に鉄鋼価格差補給金がそれぞれ四七億円、二〇九億円支出された。(8)

巨額の財政支出が加わって、戦後インフレーションは更に激しさを増した。全国卸売物価が四六年に三六〇％、四七年に約二〇〇％、四八年に一六〇％を超える文字通りのハイパーインフレーションが続いた。結局、日本政府は戦後インフレを終息させることができず、一九四九年二月にGHQはジョセフ・ドッジを特使として迎え、ドッジラインが実施された[9]。ドッジは、超均衡予算、復興金融金庫及び価格差補給金の廃止等を行って、一年程度で見事に戦後インフレーションを終息させた。しかし、ドッジの施策は、不況を引き起こした。鉄鋼産業も痛手を負った。だが、傾斜生産方式のよる鉄鋼産業の復興策はその後の日本経済の再建に大きく貢献した。復金融資残高は、四九年三月末に一三一九億六五〇〇万円で、総融資額の六二・九％は石炭、電力、海運に集中し、さらに化学・鉄鋼等に使われた[10]。ドッジ不況の深刻化が懸念されたが、五〇年六月に朝鮮戦争が勃発し、特需ブームが起きて日本経済は不況から脱した。

なお、戦後に貿易が再開された頃、わが国の貿易取引は複数為替レートとなっており、四八年末の輸出為替レートは平均で一ドル＝三四〇円、輸入については一ドル＝一六〇円程度であった。このころは、政府が輸出品を割高で買い上げ、輸入品を割安で払い下げて、不足分は日銀からの借入で賄っていた。しかし、日本政府は複数為替レートを継続するのは困難であるとして、四九年一月には単一為替レートに関する審議を頻繁に行った。

他方、GHQ側でも、わが国の為替レートの単一化を検討していた。二月一日に来日したドッジは三月二三日頃に一ドル＝三三〇円の単一為替レートの採用をマッカーサー名でワシントンに打診した。しかし、ワシントンでは、「国際金融問題に関する国家諮問委員会」（NAC）がGHQの一ドル＝三三〇円案はインフレの進行を考慮しておらず円の過大評価であるとして、一ドル＝三六〇円に変更することを決定した。ドッジはワシントンから三六〇円の単一為替レートに変更することを説得され、四月二三日に三六〇円の為替レートの採用が公式に発表された（実施は二五日）[11]。この一ドル＝三六〇円の決定は、その後の日本経済の発展を対外交易面で支える礎となる。

また、ＧＨＱは三井、三菱などの財閥解体を推進し、五〇年四月には日本製鉄を八幡製鉄、富士製鉄等に四分割し、鉄鋼業は危機的状況に直面したが、朝鮮戦争の特需により救われた。五一年四月には、富士製鉄が米国アームコ社からストリップミル方式による薄板圧延技術の導入を認可され、他社にも普及した[12]。

高度経済成長

日本経済は、一九五五年から七三年までの一九年間、市場価格表示の国民総生産（名目ＧＮＰ）が年平均で一五％超の高度経済成長を遂げた（実質ＧＮＰは約一〇％）。名目ＧＮＰは、五四年の八兆円から七三年の一一一兆円へと一四倍に激増した。高度成長を実現できた主因は以下の諸点と考えられる。第一に、わが国の賃金が先進資本主義国の中で最低の水準にあったことである。**表7-1**のように、日本の製造業の時間給は、アメリカと比較すると、六〇年に一三％、六五年に二〇％、七〇年においても三二％と極端に低かった。また、ＧＮＰの世界順位を争っていた西ドイツと比較しても、日本の製造業の時間給は高度成長期を通じて半額程度であった。すなわち、日本の製造業は労賃という重要な生産コストが非常に低廉

表7-1　製造業時給の国際比較（1955-70年）

（単位：ドル，％）

年	日本	西独	米国	対米比	対西独比
1955	0.23	0.41	1.86	12	56
60	0.30	0.62	2.26	13	48
65	0.52	1.03	2.61	20	50
70	1.06	1.63	3.36	32	65

（注）1ドル＝360円、マルクは55年及び60年は1ドル＝4.2マルク、65年は1ドル＝4マルク、70年は1ドル＝3.66マルクで計算。

（出所）日本銀行『日本経済を中心とする国際比較統計』1973年、111〜112頁より作成。

であったために、対外競争力において非常に優位にあり、戦後の自由貿易と固定相場制という好条件のもとで、輸出を大きく伸ばすことができた。

第二は、天然資源等の原材料の輸入価格が著しく安価であったことである。図7-1のように、輸入物価では、石油・石炭・天然ガスが六一年から六九年までの期間に六八年を除いて毎年下落していた。この間、年平均では一％の下落であった。エネルギー資源の下落は製造業の経営にとって決定的に有利であった。特に、石油の輸入価格の下落ないし低位安定は、石油化学工業の大きなコスト削減につながった。また、鉱産物や金属類を安価に輸入できたことも、鉄鋼、造船、自動車及び電器産業に大きな恩恵をもたらした。

低廉な賃金と原材料及び技術革新によって、わが国の国際競争力が向上してきた。表7-2のように、一九七〇年には、造船、商業車、ラジオ、テレビ、スフの生産が世界第一位であった。世界シェアでは、造船が四八％、ラジオが四〇％、商業車とテレビは三〇％であった。

第三に、このような有利な交易条件のもとで、輸出が大きく伸長し

図7-1　分類別の輸入物価（1961-73年）

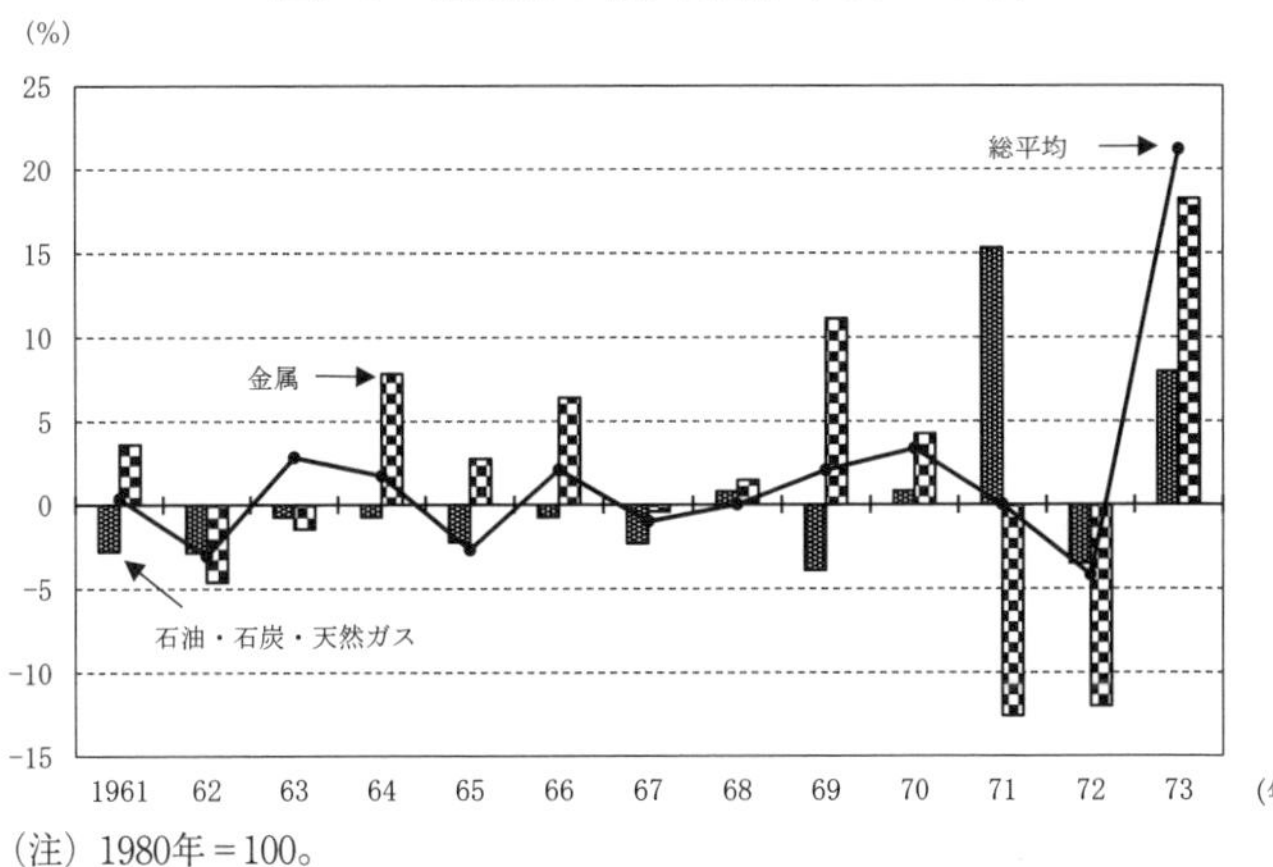

（注）1980年＝100。
（出所）総務庁『日本長期統計総覧』第4巻339頁より作成。

たことである。最も大きく伸びたのは鉄鋼であり、五四年に六〇〇億円であったものが、七三年には一・四兆円台へと二四倍に激増した（図7-2）。また、船舶の輸出額も大きく、七三年には一兆円超となった。また、自動車の輸出も急増し、七一年と七二年には船舶を上回るまでになった。ラジオ・テレビ、合成繊維も増加した。七三年の輸出と海外からの所得受取額は五四年と比較して一四倍に増加した。

第四に、勤労者が増加し、賃金が上昇するなかで、国内の消費需要が極めて旺盛であったことである。製造業及び卸売業の従業者は五四年に九五六万人であったものが、六〇年には一四四九万人へと急速に増加した（表7-3）。また、常用労働者（三〇人以上事業所、サービス業除く）の月額賃金が五四年から上向き始め、同年と比べて六四年に二倍、七〇年には四倍となった。このような労働人口と賃金の大幅な増加は個人消費支出を著しく拡大した。高度成長期には、個人消費支出が年平均で約二一兆円ずつ増加し、

表7-2　日本の上位シェア製品（1970年）

	生産量	世界シェア	世界順位
造船（万トン）	1,047.6	48.3	1
乗用車（万台）	317.9	14.2	3
商業車（万台）	212.4	30.5	1
ラジオ（万台）	3,778.1	40.3	1
テレビ（万台）	1,364.1	30.4	1
スフ（万トン）	37.7	18.0	1
合成繊維（万トン）	102.8	21.0	2

（出所）『日本経済を中心とする国際比較統計』1973年、43～44頁。

図7-2　主要商品の輸出（1955-73年）

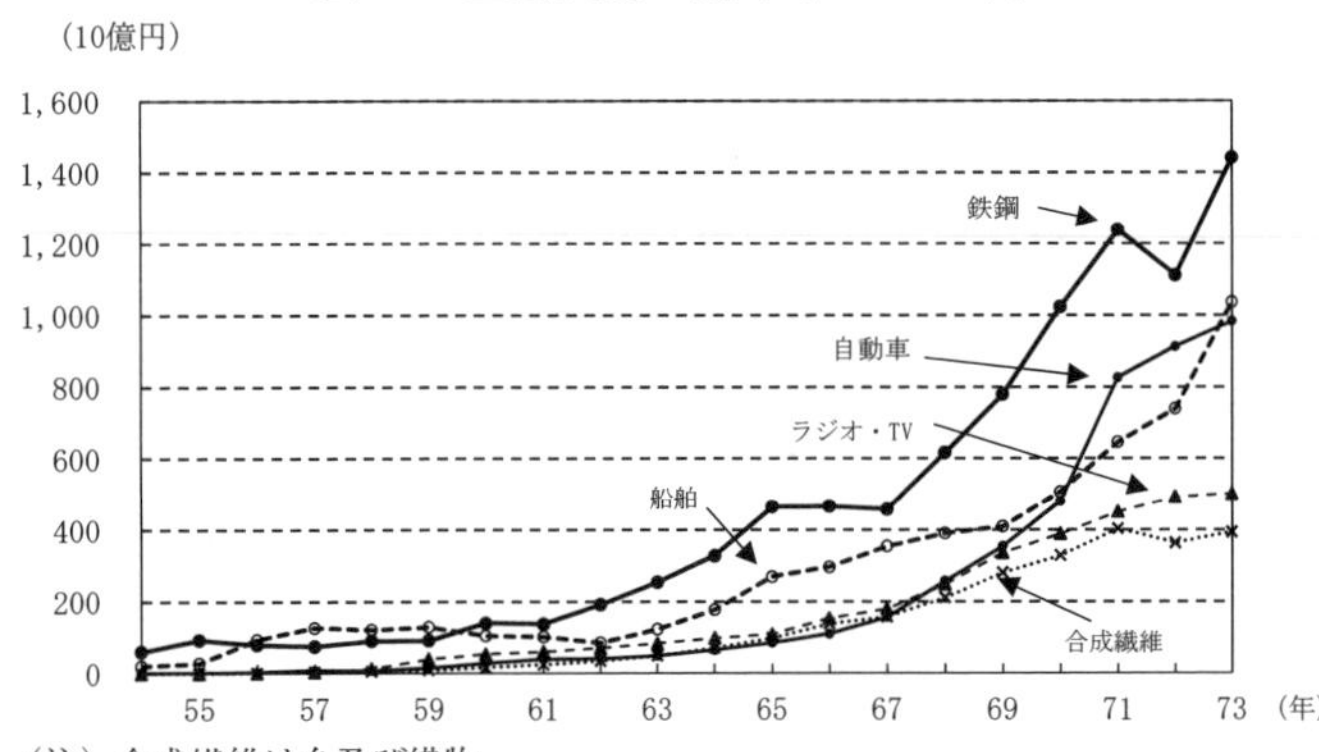

（注）合成繊維は糸及び織物。

（出所）『日本長期統計総覧』第３巻、39～43頁より作成。

表7-3　鉱工業生産・従業者・賃金の推移

（単位：万人，万円）

年	鉱工業生産指数	製造・卸売従業者	月額現金給与
1954	8.3	956	1.7
60	18.9	1,449	2.4
64	31.4	1,735	3.6
70	66.6	2,116	7.4

（注）鉱工業生産指数は1980年＝100、月額現金給与は事業所規模30人以上の常用労働者の平均額（サービス業除く）。

（出所）『日本長期統計総覧』第２巻305、419、620頁、第４巻250頁。

五四年と比較すると一一倍に増加した。地方の多数の中学・高校新卒者が大都市で就職し、ニュータウンが造成され、住宅建設が活発化し、テレビ、電気洗濯機、電気冷蔵庫等の家電製品の購入が増え、冷蔵庫用の食品等の需要も増大した。民間住宅建設は、高度成長期に三八倍の激増となった。

第五に、旺盛な内需と外需を背景に、国内投資が大きく拡大し続けたことである。民間設備投資は、五四年と比べて七三年には二三倍に増大し、五五～七三年には年平均で名目ＧＮＰの一八％を占めた。鉱工業生産も、五四～七〇年の間に八倍の増加となった。その他の点では、国土開発が推進され、公共投資の増大も高度成長を支えた。また、政府の財・サービスの購入も、高度成長期に一二倍に増加した。

なお、高度成長期の輸出入製品は戦前と大きく変わった。鉄鋼の輸出が最大で七三年には一・四兆円であり、以下、船舶一兆円、自動車一兆円弱、ラジオ・テレビが〇・五兆円、合成繊維糸・織物が〇・四兆円と続いた。輸入では、原油・粗油が一・六兆円、非鉄金属・同鉱石が一・一兆円、鉄鉱石が〇・五兆円と大きな割合を占めた。

復興期の金融政策

第二次大戦中の一九四二（昭和一七）年二月に「日本銀行法」が公布された。日本銀行の目的は、「国家経済総力の適切なる発揮を図る為国家の政策に即し通貨の調節、金融の調整及び信用制度の保持育成」にあたることとされ（第一条）、総裁及び副総裁は勅裁を経て政府が任命し、大蔵大臣が日本銀行を監督し、業務命令ができると規定された（第一六条、第四二条、第四三条）。すなわち、帝国憲法下での法制化であり、日本銀行条例や日本銀行定款と同様に、政府の日本銀行に対する優越性が定められ、政府が日銀に対する人事権と監督権を有し、中央銀行としての独立性は脆弱であった。

戦後、インフレが激化しつつある最中の一九四七（昭和二二）年一二月に、政府は市場金利を規制する臨時金利調整法を公布・施行した。銀行、その他の預貯金取扱業者を規制対象とし、預貯金利率、貸付利率、手形割引、コールレート等を規制するものであった。その仕組みは、大蔵大臣が必要なときに日銀総裁に対して金融機関の金利の最高限度を定めさせ、変更させるものである。こうして、日銀は、所定の手続きを踏んだ上で、臨時金利調整法によって市中金利に直接的に影響を及ぼすことになった（その後、政策委員会の設置により、「日本銀行総裁」は「日本銀行政策委員会」に変更された）。臨時金利調整法は「臨時」という名称を冠しているが、高度成長期にも運用され、さらに、その後の金融自由化を契機に大幅な変更を加えられるが、現在まで継続している。

ブレトンウッズ体制のもとでは、固定相場制であったので、その維持のために国際収支の均衡が重要な事項であった。わが国では、占領期（終戦～一九五二年四月）の大半において、国際収支問題はＧＨＱの管理下におかれ、貿易収支の赤字はアメリカの援助により補填され、日本の金融当局による国際収支均衡に対する意識は比較的乏しかった。しかし、朝鮮戦争後の経済復興の中で国際収支の赤字が新聞等において問題視されるようになり、五三年一〇月には一万田尚登日銀総裁のリーダーシップのもとで、需要抑制による国際収支の均衡回復を図る政策転換が行われた[13]。一万田総裁は、翌五四年二月に小笠原三九郎蔵相と会談し、財政金融一体化による引締め政策を強化することで合意した。

日銀が国際収支の悪化に対処して実施した引締め措置の主なものは、高率適用制度の強化、輸入金融優遇制度の整理・廃止、窓口指導の強化であった。高率適用制度は、定められた算式により算出した額に対して、最低歩合、第一次高率歩合、第二次高率歩合という三通りの利子を課して、利子負担を重くした。窓口指導は制度化されたものではなくて、日銀が都市銀行との話合いを通じて行う貸出抑制指導であったが、一九六三年五月に停止した[14]。

高度成長期の金融政策

戦後復興期から日銀の金融調節は貸出政策を中心に行われており、特に高度成長期になると、成長のための通貨需要の増大が日銀貸出の拡大となり、都銀が日銀借入に依存するオーバーローンの状態が顕著になった。そこで、一九六二年一一月に日銀は金融正常化のために「新金融調節方式」を導入した。その内容は、第一に「貸出限度額適用制度」であり、日銀は都銀に対して貸出限度を超える貸出は原則として行わず、やむをえない場合に限り、二週間を限度に公定歩合に四%上乗せした金利で貸し付けるものである。同時に、従来の高率適用制度は廃止された。第二は、債券の買いオペレーションの実施である。日銀による債券売買は戦前から行われていたが、公開市場が未発達であったためにきわめて限定的であった。当初は買戻条件付きで固定利率によって、金融機関と相対売買を行うものであったが、六六年二月から公社債市場の再開を契機に市場価格で売買する方式に移行し、買戻条件が外された。また、七二年六月からは優良手形の売買も行われるようになった。ただし、参加が金融機関に限られ、本来の公開市場操作にはなっておらず、流通通貨量を直接的に変動させるには不十分であった(15)。とはいえ、新金融調節方式の導入を機に、従来の公定歩合操作、五七年に制度化された預金準備率操作に加えて、この債券オペレーションが整備されたことによって、中央銀行の金融政策の基本的な三手段が整えられた。

消費者物価の上昇と卸売物価の安定

高度成長期初期の一九五〇年代後半には、消費者物価は、概ねゼロ%台であり、五七年の三%上昇を除いて、低位で推移した。他方で、卸売物価は五六年に四%上昇し、五八年に六%下落するなど、景況に反応してかなり激しく変動した。ところが、**表7-4**のように、六〇年代に入ると、消費者物価が毎年数%前後の上昇を始め、六一年から七〇年の間に年平均で六%の上昇が続いた。他方で、卸売物価は低位で安定し、同期間の年平均上昇率はわずか一％であった。この期間には、実質ＧＮＰが年平均で約一一％の高成長を遂げた。また、賃金も大幅な上昇が続き、サービス業を除く産業の平均現金給付（月額）が年平均で一二％の上昇となった。そのため、ある程度の物価上昇は自然なことと考えられるが、なぜ消費者物価と卸売物価との間に顕著な格差が生じたのであろうか。

まず、消費者物価の類別推移を見ると、表7-5に示されるように、六一年から七〇年の間に、サービスと農水畜産物の価格が年平均でそれぞれ八％という高い上昇となり、消費者物価の平均値を押し上げている。サービス業や農水畜産業は労働集約的であり、賃金の上昇の影響を大きく受ける産業であり、高度成長期に賃金が上昇する中で、製品への価格転嫁が行われた。工業製品（総合）は四％の上昇にとどまっているが、やはり消費者物価の上昇要因となっている。ただし、工業製品のうちの食品では、中小企業の製品が年平均で六％という高い上昇となったのに対して、大企業の製品は年平均で二％という低い上昇であった。すなわち、工業製品では、中小企業の製品価格が大企業の製品価格よりもかなり高い傾向が見られる。中小企業では労働集約的な企業が多くて労働生産性が低く、労働コストの上昇を価格に転嫁せざるをえなかったが、大企業は大量生産によって労働生産性を向上させており、労働コストの上昇を一定程度軽減できたために中小企業よりも安価に販売できた。

この大企業と中小企業の二重構造に注目して、高須賀義博は、当時の消費者物価の上昇を「生産性格差インフレーション」と呼んだ(16)。確かに、需要が旺盛であった当時において、右のような生産性の違いによ

表7-4　消費者物価と卸売物価の傾向的乖離

（単位：%）

年	消費者物価	卸売物価	輸入物価	実質GNP
1961	5	1	0	13
62	7	−2	−3	6
63	8	2	3	13
64	4	0	1	11
65	7	1	−3	6
66	5	2	2	11
67	4	2	−1	13
68	5	1	0	13
69	5	2	2	11
70	8	4	3	10
年平均	6	1	1	11

（出所）『消費者物価指数年報』1978年版、『経済統計年報』1975年版より作成。

表7-5　類別消費者物価の推移

（単位：%）

年	総平均	農水畜産物	サービス	工業製品	食品（工業製品）	
					大企業	中小企業
1961	5	6	8	4	3	6
62	7	9	10	5	2	9
63	8	12	10	5	4	8
64	4	3	7	3	2	7
65	7	13	9	3	−1	6
66	5	6	8	3	1	3
67	4	6	5	3	2	4
68	5	8	6	4	2	6
69	5	6	6	4	4	6
70	8	11	7	6	4	8
年平均	6	8	8	4	2	6

（出所）『日本長期統計総覧』第４巻360～361頁より作成。

る価格設定の相違はある程度存在していた。しかし、製造業と小売業との業種の相違も大きな要因であったと考えられる。すなわち、低廉な輸入原材料を用いて製品を生産する製造業は付加価値生産性が高く損益分岐点が低かったために低価格を実現できたが、製造済みの製品を仕入れて販売する小売業は付加価値生産性が低く損益分岐点が高くて利益率が低いので、賃金の上昇が続く中で販売価格を引き上げざるをえなかった。特に、当時は、小売業は中小企業が多く、後に出現した大規模量販店のような薄利多売も困難であった。

類別の卸売物価の動向では、石油・石炭製品は七〇年までは下落するか若干の上昇にとどまって低位で推移しており、六一～七〇年までの一〇年間の年平均ではマイナス一％弱の下落であった（図7-3）。鉄鋼は上下の振れ幅がやや大きいが、六八年までは三％以下の上昇にとどまり、年平均ではマイナス〇・一％であった。鉱産物も七〇年まではわずかな上昇にとどまり、年平均で一％の上昇にすぎなかった。このような状況において、卸売物価の総平均値は、六一年から七〇年までの一〇年間で、七〇年を除けば各年二％以下であり、年平均で一％強の低水準となった。

石油・石炭製品、鉄鋼及び鉱産物の価格上昇が微弱であったのは、その原材料として輸入する石油、石炭、天然ガス、金属等の輸入価格が若干の上昇か下落で推移したからである。輸入物価では、石油・石炭・天然ガスが六一年から六九年までの期間に六八年を除いて毎年下落しており、この間の年平均下落率はマイナス一％強の下落であった（前掲図7-1）。エネルギー資源が年平均で下落を続けたことはわが国

図7-3　総合卸売物価の類別変動（1961-73年）

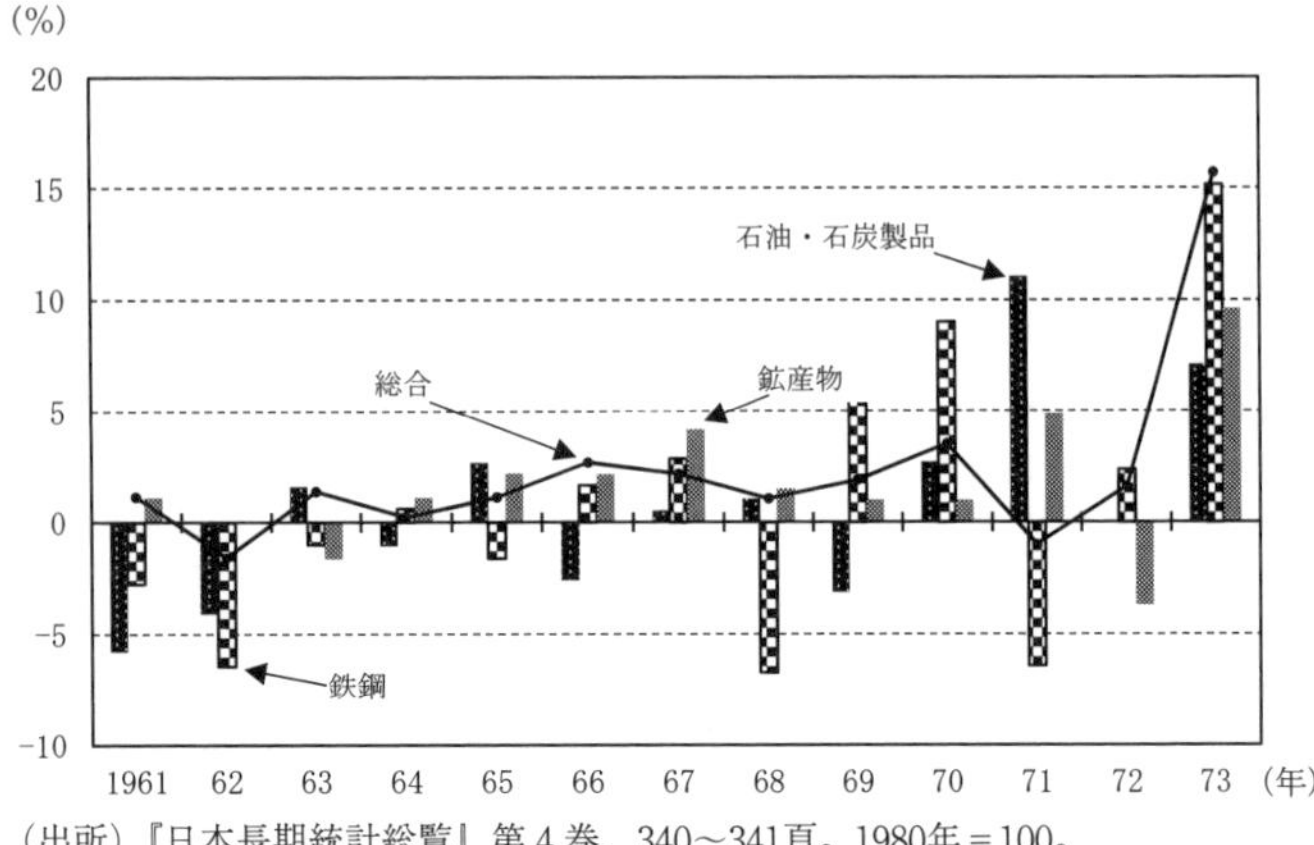

（出所）『日本長期統計総覧』第４巻、340～341頁。1980年＝100。

の製造業を決定的優位に立たせた。特に、石油の輸入価格の下落ないし低位安定は石油化学工業において大きなコスト削減につながった。また、鉱産物や金属類を安価に輸入できたことは、鉄鋼、造船、自動車および電器産業に大きな恩恵をもたらした。すなわち、エネルギー資源や重要原材料の輸入価格が低位で安定していたために、製造業では低生産コストにより損益分岐点が低くなり、卸売物価を低く設定しても採算が確保できた。小売業が主として中小企業によって担われていたので、結論としては、高須賀説は現実を捉えていたと言うことができよう。

しかしながら、このような状況がいつまでも続くことはなかった。次章で見るように、七一年八月のニクソン・ショックによって、ドルと金との交換が停止されると、ドルの信認が低下してドルの減価が進行し、ドル表示の天然資源等の価格が急騰する事態となった。また、ローマ・クラブが原油等の天然資源の埋蔵量を予測する中で、資源供給国側が価格設定において強気になった。資源価格の高騰は卸売物価を含めてわが国の物価の上昇圧力を強めた。

三　変動相場制とオイル・ショック

ブレトンウッズ体制の動揺

ブレトンウッズ体制のもとで、第二次大戦において甚大な被害を受けた諸国が次第に復興を遂げた。五五年と七〇年の国民総生産を比較すると、アメリカが二・五倍に増加したが、日本は約八倍、西ドイツも四倍とアメリカをはるかに凌ぐ成長を実現した（表7-6）。諸国が復興を遂げると、アメリカの貿易上の優位性が薄らぎ始めた。アメリカの多国籍企業によるドルの持出しやベトナム戦争等の軍事支出のために、アメリカのドル建債務が増大し、金の保有量が減少していった。表7-7のように、アメリカの金準備高は一九五〇年末には二二八億ドルあり、アメリカの対外流動債務八六億ドルを三倍近く上回っていた。ところが、その後はアメリカの金準備高は次第に減少し、逆に対外債務が増大して、ついに六五年末には外国公的機関に対するアメリカの流動債務が自国の金準備高を上回った。この時点で、アメリカは外国の中央銀行からドルと金の交換を請求されると、すべての交換に応じられなくなった。このような事態に直面したアメリカは七一年八月一五日にニクソン大統領がドル防衛の経済緊急対策を発表し、輸入課徴金の賦課、物価・賃金の凍結などと共に、ドルと金との交換を停止する声明を発表した。ブレトンウッズ体制は、

表7-6　国民総生産の国際比較（1955-70年）

（単位：億ドル，倍）

年	日本	アメリカ	イギリス	西ドイツ
1955	240	3,980	541	432
60	431	5,037	721	756
65	888	6,849	1,004	1,151
70	1,972	9,764	1,221	1,873
70/55年	8.2	2.5	2.3	4.3

（注）対ドルレートは、日本については360円、英国は55～65年0.3571ポンド、70年0.4167ポンド、西独は55年4.2マルク、60・65年4マルク、70年3.66マルクで換算。

（出所）『日本経済を中心とする国際比較統計』1973年、23～25頁より作成。

表7-7　アメリカの金準備と対外流動債務

（単位：億ドル）

年末	金準備	対外流動債務	
			外国公的機関債務
1945	200	68	41
1950	228	86	36
1955	217	136	69
1960	178	210	110
1965	138	291	153
1970	110	432	200

（出所）日本銀行『調査月報』1972年１月号、４頁。

その二大特質の一つを失い、動揺が始まる。

実は、このような事態になることは以前から予想されていた。トリフィン（Triffin, R.）は、基軸通貨国が準備高を上回るほどに短期金融債務を増加させ、「基軸通貨国がこのような状況をいつまでも放置しておくと、その基軸通貨に対する外国人の信認は漸次減退し、金為替制度自体を崩壊に導くことになりがちである」[17]と指摘していた。トリフィンの指摘の通り、アメリカの対外債務の増大と金準備の減少は、アメリカによるドルと金との交換停止をもたらし、ブレトンウッズ体制を崩壊へと導いていくことになる。

ニクソン・ショックの後、米ドルは減価を開始し、各国は各国通貨の価格（為替相場）を中心レートの上下一％の許容範囲内に維持することが困難となった。そこで、七一年一二月にワシントンでのスミソニアン会議（G10）で、金一オンス＝三五ドルから金一オンス＝三八ドルに切り下げ、各国の為替レートが調整され、変動許容幅も中心レートから上下二・二五％に拡大された（スミソニアン合意）。円の対ドルレートは、三六〇円から三〇八円に切り上げられた。

変動相場制とオイル・ショック

ニクソン・ショック前から、戦後通貨体制の維持は困難になり始めていた。七〇年五月にカナダ、七一年五月に西独及びオランダが固定相場制から変動相場制に移行した。七一年八月のニクソン・ショックと一二月のスミソニアン合意はこれらの動きに拍車をかけた。七二年六月二三日、イギリスが変動相場制に移行すると発表すると共に、二七日に再開するまで外為市場を閉鎖した。七三年一月、スイスが外為市場への介入を停止し、事実上の変動相場制に移行した。二月一日に欧州為替市場でドル売りが激化し、翌二日に東京市場に波及した。しかし、日本政府はすぐに外為市場を閉鎖せずにドルを買い支えたが、一〇日にはついに東京外為市場を閉鎖した（為替管理は日銀ではなく、日本政府にその権限がある）。東京外為市場は一四日再開したが、日本も同日に変動相場制に移行した。イタリアも、同日に変動相場制に切り替えた。さらに、三月一九日にはEC六カ国が共同フロート制に移行した。このようにして、一九七三年春には、ブレトンウッズ体制は実質的に崩壊した。ニクソン声明によるドルと金との交換停止、固定相場制の変動相場制への移行によって、ブレトンウッズ体制の二大特質が消滅したのである。

国際通貨体制の動揺は一段落したが、今度は、七三年一〇月にペルシャ湾岸六カ国が原油の公示価格（アラビアンライト一バーレル）を三ドル台から五ドル台に、翌七四年一月一日に一一・六五一ドルに引き上げた。これが契機となって、第一次オイル・ショックが発生した。原油の大部分を輸入に頼る日本では、七四年一月には原油のコストが七二年と比較して四倍以上に激増したため、ガソリンなど石油製品やビニールなどが一斉に暴騰した。火力発電所にも影響が及び、電力コストと電力供給の両面で多くの産業に大きな影響が出た。日本では、七〇年代初頭の金融緩和によってマネーサプライ（年平均）は七一年及び七二年にそれぞれ二〇％台の増加、七三年も約二三％の増加となっており、通貨供給量が大きく膨張していた。過剰流動性が高まり、金融市場に通貨がダブついていた。そこに、オイル・ショックが到来して、物価の暴騰に火が付いた。

七三年四月になって、日銀は公定歩合を五％に引き上げ、やっと金融引締めに転じた。しかし、日銀の金融引締めは遅きに失した。日銀はその後も金融引締めを実施したが、七四年には、消費者物価が二四％台に暴騰した。戦後インフレ以来の物価暴騰に直面した日銀は、七三年一二月二二日に公定歩合を九％に引き上げ、七五年四月までこの利率を維持した。

他方で、不況が深刻化した。七四年の実質ＧＤＰ（一九九〇年基準）の構成では、政府固定資本投資がマイナス一三％、民間住宅建設がマイナス一二％、民間企業設備投資がマイナス四％と減少し、家計消費支出も増勢が止まり、高度経済成長を牽引した諸要素が軒並み落ち込んだ。また、七三年一一月一六日、政府は石油大口需要産業への一〇％削減など石油緊急対策要綱を閣議決定し、総需要抑制策を推し進め、日本銀行は公定歩合を七三年に五度変更し一二月下旬には九％に引き上げた。その結果、七四年には倒産（負債総額一〇〇〇万円以上）が一万件を超え、前年比四二％の増加となった。かくして、七四年には実質ＧＤＰがマイナス一・二％減少し、日本の高度経済成長は一九七三年をもって終焉した。七五年には鉱工業生産が、終戦時を除き、空前のマイナス一一％という激減となった。同年には、有効求人倍率が七四年の一・二倍から〇・六倍と半減し、七七年及び七八年には〇・五倍という厳しい状況となった（厚生労働省「一般職業紹介状況」）。七五〜七六年は、消費者物価が一〇％前後の高騰、実質ＧＤＰは四％の増加となり、七四年よりも状況は改善したが、スタグフレーション（不況とインフレの同時進行現象）となった。

スタグフレーションの深刻さは、不況とインフレを同時に解決できる金融政策が存在しない点にある。不況対策として金融を緩和するとインフレが激化し、インフレ対策として金融を引き締めると不況が深刻化するからである。そこで、日本銀行はまずインフレを鎮静化させるために、公定歩合を戦後最大に引き上げた。その結果、不況が深刻化し、就職難となった。他方で、消費者物価は七五年に一一％台に下がり、七八年には三％台に沈静化した。そのため、日銀は七五年四月から公定歩合を引き下げ始め、七八年三月には三・五％に戻した。

ところが、七九年一一月には原油価格が二四ドルに引き上げられ、八〇年一一月には三二ドルに上昇した。そのため、消費者物価も八〇年には再び八％、八一年には五％と上昇した。日銀は、七九年四月を皮切りに小刻みに金融引締めに転じ、八〇年三月に九％まで引き上げた。その結果、消費者物価は八二年には二％台に沈静化した。

四　日米貿易摩擦とプラザ戦略

日米貿易不均衡

八二年には、原油高騰の勢いが止まり、消費者物価も二％程度に落ち着き、公定歩合も五％台に低下した。外為市場は八一年に円安に転じた。貿易収支は七九年と八〇年には原油価格の暴騰により二〇億ドル

表7-8　品目別輸出額（1980-85年）

（単位：百万ドル）

年	一般機械	電気機器	自動車	光学・精密機器	船舶	対米輸出額
1980	20,323	21,177	29,381	6,479	4,682	31,910
81	25,777	26,663	33,678	7,453	7,274	38,883
82	23,209	23,910	30,733	6,394	6,870	36,546
83	26,386	28,158	32,798	7,088	6,000	43,339
84	31,788	35,907	37,558	7,909	7,353	60,429
85	44,702	36,222	42,858	8,453	5,929	66,684

（出所）『日本経済を中心とする国際比較統計』1987年、109、116頁より作成。

前後に激減したが、八一、八二年は二〇〇億ドル前後に回復し、八三年には三〇〇億ドル台に急増し、八四年に四四〇億ドル台、八五年には五六〇億ドルという巨額となった。また、日本の対米輸出が急増して、八五年には八〇年の二倍以上に拡大した。

品目別輸出では、八四年に、自動車が三七五億ドル超、電気機器が約三五九億ドル、一般機械が三一七億ドル超の増加となり、八五年には、一般機械が四四七億ドル、自動車が四二八億ドル超の増加となった（表7-8）。日本の貿易収支がかつてない勢いで急増し始めたのに伴って、経常収支も急増し、八三年には二〇〇億ドル台、八四年には三五〇億ドル、八五年には約五〇〇億ドルに激増した（表7-9）。

ところが、『大統領経済報告』（一九九〇年版）によれば、アメリカでは、貿易収支（財貨及びサービス）が八三年には約三五〇億ドルの赤字、八四年には九〇〇億ドルを超える巨額赤字となった（表7-9）。このような事態はかつて経験がなかった（但し、『大統領経済報告』の統計表は年により数値に違いがある）。また、経常収支も八二年には赤字に転じ、八三年には約四四〇億ドルの赤字、八四年には一〇〇〇億ドルを超える巨額赤字となっ

表7-9　日米の国際収支の格差（1980-85年）

（単位：億ドル）

年	日本		アメリカ		
	貿易収支	経常収支	対日貨物貿易	貿易収支	経常収支
1980	21	-107	-104	91	15
81	200	48	-158	158	82
82	181	69	-170	22	-70
83	315	208	-211	-345	-443
84	443	350	-370	-917	-1,042
85	560	492	-435	-973	-1,127

（注）アメリカの貿易収支は財貨及びサービス。

（出所）『経済統計年報』1993年版、330頁、Council of Economic Advisors, *Economic Report of the President*, 1990, p.410, p.413より作成。

た。しかも、アメリカの国際収支が歴史的な巨額赤字となったのと対照的に、日本の国際収支が巨額黒字となったことはアメリカに衝撃を与えた。経常収支では、日本の黒字が八四年に三五〇億ドルに激増したのに対してアメリカは一〇〇〇億ドルを超える巨額の赤字となった。さらに、同年には日本の対外純資産が七〇〇億ドルを超えて、世界一位のイギリスに迫る一方で、アメリカはマイナスに転じた。

しかしながら、アメリカの貿易収支の赤字は、日本の黒字のみによるものではなかった。八四〜八五年には、日本の対米黒字はアメリカの貿易赤字の二分の一以下であり、日本以外の国に対する貿易赤字も大きかった。八〇年代前半のアメリカの貿易赤字はアメリカ政府の政策に起因する側面が強かった。根因は、一九八一年一月二〇日に就任したレーガン大統領が実施したレーガノミクスである。レーガン大統領は、ベトナム戦争で敗北したほか、ドルの減価に歯止めがかからない現実に対して、「強いアメリカ」の復活を目指した。レーガノミクスの三本柱は、①強いドルのための高金利、②経済成長のための減税、③米軍強化のための軍事予算の拡大であった。このうち、高金利政策はドル高をもたらしたが、日本にとっては円安となり、円相場（年平均）が、七〇年代末の二一〇円台から、八二〜八五年には二四〇円台ないし二三〇円台の円安で推移した。そのために、日本企業は交易条件が向上し、輸出を大幅に増やした。また、減税政策はアメリカの経済を刺激すると共に輸入を促進し、日本や西独等の対米輸出の拡大につながった。その結果、八三年から八五年にかけて日本の対米貿易黒字が巨額化したのである。また、レーガノミクスは、貿易赤字と財政赤字の「双子の赤字」を生み出した。

また、日本の産業界における技術革新も影響した。自動車では、オイル・ショックを契機に燃費効率を改善し、高品質の小型車を生産して海外シェアを高めた。また、一般機械では、ＮＣ（Numerical Control・数値制御）工作機械の技術をアメリカから導入して発展させ、さらにＩＣ（集積回路）を活用して低価格・汎用型機械を実現した。その結果、八二年度には日本の工作機械の生産が西ドイツを抜いて世界第一位となった。さらに、日本の半導体の技術進歩も著しく、五四年にアメリカから導入したトランジスタ技術を、六〇年代にＩＣ、七〇年代にＬＳＩ、八〇年代に超ＬＳＩの製品へと発展させた。汎用メモリ分野の１ＭＤＲＡＭ（一メガビットダイナミックラム）では圧倒的な世界シェアを占めるに至った。[18] このような日本企業の技術革新が対米輸出を急増させた。

日米経済摩擦と金融自由化・国際化

日本企業の対米輸出が増大して、すでに六〇年代には繊維や鉄鋼産業において日米経済摩擦が発生していた。七〇年にはより厳しくなり、分野もテレビ、自動車、半導体などへと拡大していった。アメリカ政府は、議会で日本の産品に対する輸入規制の動きが強くなっているので、日本が適切に対応しないと保護主義的な法案が議会を通過するおそれがあるなどとして「議会の圧力」を利用した。

アメリカ政府が日本に対する規制を強化するのは、主に次のような場合である。①日本の製品輸出がアメリカ企業の経営を圧迫し、失業を増大させているとき、②アメリカ企業が世界的に優位であった先端産業を日本企業に追い越されてプライドが傷つけられるようなとき、③地域の農産物の輸出増進を図りたいときなどである。①と②は相互に関連しており、自動車、半導体摩擦がその事例であり、③はオレンジ、牛肉などが当てはまる。上下院の議員も政府要人も、地域の有権者の意向を重視して政治活動を行っている。また、二年ごとに議員選挙、四年ごとに大統領選挙が行われ、アメリカの政治はこれらの選挙に大きく左右されている。経済摩擦は、アメリカの政治に大きな影響を受けており、「経済摩擦は、実は、政治摩擦なのだ」という指摘がなされている[19]。

とはいえ、日米経済摩擦は複雑である。日本企業にはアメリカから強硬な要求を突き付けられても、アメリカ市場に拘る理由がある。アメリカ市場は日本企業の先端製品を受容する重要市場であり、またアメリカ市場での成功は日本国内外での信用と顧客の獲得にも繋がるからである。そのため、日本政府は日本企業の対米輸出を自主規制する通商政策をとってきた。

このような事情を反映して、一方では、アメリカ側が法的な輸出規制を行い、他方では、日本側が輸出の自主規制を行ってきた。八〇年代を見ると、自動車産業で日本側が八一年五月から輸出の自主規制を行い、鉄鋼業では八四年一〇月にアメリカ側が輸出シェア制限を行い、工作機械では七八年三月からアメリカ側の最低価格規制（輸出入取引法による）が実施された。しかし、八五年には日米経済摩擦が深刻化し、半導体については、八五年六月にアメリカがアンチ・ダンピング提訴を行い、八五年にはＭＯＳＳ（市場重視型個別分野協議）が四分野で始められた（通商産業省編『日本の貿易』一九九〇年二六頁等）。だが、これらのことによって、日米貿易不均衡は解消されず、後述のように、プラザ戦略や日米構造協議が推進されることになった。

また、日本の対外純資産が八四年に世界第二位に浮上する中で、アメリカ政府は日本の金融自由化に向けて「外圧」を強めた。八三年一一月のレーガン大統領の訪日を契機に、日米円・ドル委員会が数回にわたって開催され、三月にはリーガン財務長官がテーブルを叩いて東京金融資本市場の開放を迫った[20]。五月三〇日に日米・円ドル委員会の報告書が発表され、大蔵省が先物外為取引における実需原則の完全撤廃、外国の民間企業等にユーロ円債の発行を認めることなど、日本の金融・資本市場の自由化、円の国際化の推進が盛り込まれた。ただし、日本の金融自由化や円の国際化は、外圧のみによるものではなく、日本の金融・経済が変容したことが背景にあったのも事実である[21]。

プラザ戦略

八四年一二月、日米首脳会談を前にして、勅使河原良雄駐米大使がシュルツ米国務長官及びボルドリッジ米商務長官と相次いで会談した。その際に、シュルツ長官は「貿易赤字に関して米国内のフラストレーション（欲求不満）が高まっていることを懸念している」と述べ、ボルドリッジ長官も「日本のこれまでの市場開放策では目に見える効果が感じられない」と不満を表明した（『日本経済新聞』一九八四年一二月一八日付）。三月に入ると、米上院本会議において、日本の不公正な貿易慣行に対抗するために、輸入制限など可能なあらゆる対抗措置をとることを大統領に求める共同決議が全会一致で可決され、日米経済摩擦が激しさを増した。

このような状況について、当時の中曽根首相は、後日談として、「アメリカといろいろ話し合いをしたり、特別の措置を講じたりしていたのですが、それだけでは、とても全般的な解決とはならない。それで、やはり通貨の調整が必要だと思いました」と語っている[22]。彼は首相になる前の八二年一〇月一〇日の日記に、首相になったときの政策項目を箇条書きにしており、その中で「通貨改革―呼称変更」を挙げている[23]。この通貨改革はデノミネーション（通貨の呼称単位の変更、デノミ）であるが、対外的には円の為替相場を変更するようなものである。彼は、「一ドルが一円というような形にすれば、計算がしやすくなり、国民も非常に便利になる。昔は一ドルが一円だったんですよ。昭和二年、三年ごろはずっと一円だったのですから」と語っている[24]。首相の言葉としては、耳を疑わざるをえない。しかし、これは周囲の反対もあり、さすがに実行されなかった。なお、「昭和二、三年ごろはずっと一円だった」というのは誤りである。明治三〇年の貨幣法で一ドル＝二円に変更され、昭和二、三年には金兌換が一時的に停止されていたが、円相場は二円台であった。しかも、金本位制の時代の円相場は日本経済の実勢を反映したものではなくて、ドル金貨と円金貨の純金含有量の比率を基本とするものであり、戦後の管理通貨制度（不換制度）のもとでの円相場と同様に考えるのは明らかに誤りである。

中曽根首相が日米経済摩擦対策として実際に採用した通貨改革は外為市場への通貨当局の介入による円相場の人為的な切上げであった。ＮＨＫ取材班の調査では、中曽根首相は私的な政策ブレーンであった細見卓(たかし)元大蔵財務官並びに中川幸次(ゆきつぐ)元日銀理事が行った、経済摩擦の解消には円高・ドル安の推進が望ましいという進言を採用したとされている。(25)また、船橋洋一『通貨烈烈』はさらに詳しく次のように述べている。中曽根首相の円高志向の政策的裏付けをしたのは個人的ブレーン達であり、首相はその内の細見財務官に「円高にもっていくプロセス」の青写真の作成を依頼し、細見メモ（マル秘メモ）には、「望ましい円・ドル相場を一ドル＝一七〇～一八〇円程度に設定し、円を徐々にこのレベルまで誘導する」こと、また為替の乱高下に対しては日米通貨当局による為替市場への積極的な介入を行うという方策が盛り込まれていた。(26)

一九八五年六月のＧ10の直前に、中曽根首相は大場智満(ともみつ)財務官を呼んで、円相場を含む包括的政策をやる必要があるので研究しておくように伝え、その後には大場財務官を含む大蔵省が対応した。大蔵省は、中曽根政権が「増税なき財政再建」を掲げていたので財政出動は利用が困難であり、外為市場での円買い・ドル売り介入による円高・ドル安の方法を有力視していた。だが、日本だけでは円相場を動かすことは無理だと考えていた。折しもG10が近づき、米国の通貨外交担当であるデイビッド・マルフォード次官補が会議の打ち合わせのために大場財務官を訪ねてきた。このとき、大場は外為市場での協調介入が可能か打診した。すると、意外にも彼は興味を持った様子であった。二期目のレーガン政権は様相を異にしており、ベーカー財務長官に替わり、アメリカの外為市場に対するビナイン・ネグレクト（放置）政策を変更しつつあった。しかしながら、このテーマをG10に上程するには時間が足りず、会議では論議されなかった。ところが、G10の翌日に竹下蔵相とベーカー財務長官との会談が行われ、竹下蔵相は「今の貿易不均衡にいちばん即効性のあるのは為替調整ではないか」と述べ、協調介入の必要性を力説した。ベーカー長官は、竹下蔵相との会談後に、中曽根首相を訪問したが、その直後に中曽根首相は竹下蔵相と大場財務官を呼んで、通貨調整を進めるように念を押した。

ところが、NHK取材班によれば、竹下・ベーカー会談以前にアメリカ政府の政策転換は周到に準備され、ベーカー長官らは最初から合意を取り付けるために乗り込んできたという。八五年一月に新財務長官にベーカーが指名され、ベーカー長官は経済に詳しく交渉力に優れたリチャード・ダーマンを財務副長官に起用し、ダーマンらは専門家を招いて頻繁に勉強会を行い、アメリカ側はすでに四月頃にはプラザ戦略の検討に入っていた。戦略はベーカーとダーマンが考え、国際交渉はマルフォードが担当し、チャールズ・ダラーラ（財務省官僚）が資料作成や分析を担当した。このようにして、ベーカー長官の通貨戦略は六月初旬には骨格がほぼ完成していた。[27] これが事実であるとすれば、アメリカ側は日本側の動きを察知した上で、日本側から申し出るように仕向けたのであろうか。あるいは、中曽根政権も米国政府の動きをある程度察知して動いていたのであろうか。いずれにしても、アメリカ側のプラザ戦略に向けた準備は周到であり、プラザ戦略展開後も容赦のないドル安・円高戦略を推し進めた。片や、日本側は、戦略の具体的内容や実施期間の詰めもほとんど行った形跡がない。

プラザ戦略の大枠は日米間では八月二一日にハワイで開催された大場・マルフォード会談で合意された。また、英・西独・仏に関しては、マルフォードが八月末から九月初旬にかけて欧州に飛んで、プラザ戦略の説明を行い、協力を求めた。彼は、ジェフリー・リトラー英大蔵次官には、プラザ合意の狙いは日本に内需拡大策を国際公約させることだと述べていたという。日本の突出した貿易黒字は欧州でも問題になっていた。九月一五日にロンドンで開催された先進五カ国の蔵相代理会議でマルフォードが作成した素案をもとにプラザ合意の内容が詰められた。ただし、ドルの切り下げ率は中央銀行総裁がいないのでこの場では決められなかった（西独では、外為市場への介入の権限はドイツ連銀の専管事項であった）。なお、G5の開催をマスコミに予告して、サプライズ効果を利用することが合意された。このように、プラザ戦略は、レーガン政権が先行して構想し、やや遅れて中曽根政権がドル安・円高の協調介入に舵を切る方向を選択し、英、西独、仏に関してはマルフォードが根回しをして実行に移されたと言える。

八五年九月二二日、ニューヨークのプラザホテルにおける先進五カ国蔵相・中央銀行総裁会議（プラザ会議）によってプラザ戦略が開始された。この会議で、マルフォードが準備した「市場介入に関する論点のリスト」と題するペーパー（会議中に回収された）に基づいて議論され、米ドルの下方修正目標を一〇～一二％、介入期間を六週間、介入総額を一八〇億ドルとすることなどが合意された[28]。なお、八五年九月二二日付のプラザ合意の文書には、このような具体的な介入内容は記載されておらず、主要国通貨を米ドルに対してある程度上昇させることが望ましく、必要な場合には緊密に協力する用意がある旨が記されているだけである。しかし、各国政府の政策についてはより詳しく示された。日本政府については、①国内市場をさらに開放する、②規制緩和によって民間活力を十分に活用する、③円レートに注意しつつ金融政策を弾力的に行う、④民間活力を発揮させる財政運営を行う、⑤内需刺激策は消費者金融及び住宅金融の拡大などにより民間消費及び投資に焦点を合わせることなどが記載された[29]。

プラザ会議が終了すると、ベーカー長官は各国蔵相とともに記者会見に臨み、共同声明を読み上げ、日本については民需中心の内需拡大に努める方針などについて紹介した。突然に主要国によるドル高是正のための協調介入が発表されたために、市場に激震が走った。会議翌日の二三日は、日本は秋分の日で市場は開かれなかったが、ニューヨーク市場では急速なドル安円高が進行した。プラザ合意直前には対ドル円相場は二三八円（二〇日終値）であったが、この日は二二六円となり、一日で一二円もの円高ドル安が進行した。外為市場は売り一色となり、市場参加者は売っていれば簡単に利益が出たと言われている。

なお、二三日には、レーガン大統領がドル高政策の転換を表明し、対日政策強化を視野に入れた新通商政策を発表した。主な内容は、①ドル高を是正して経済成長を目指す、②外国の不公正慣行に厳しい対抗措置をとる、③日本とのＭＯＳＳの期限を八五年末とすることなどであった。

日本では二三日は秋分の日であり、東京市場は開かれなかった。翌二四日に市場が開かれ、日銀がドル売り介入を行ったが、売り買いが交錯し、結局二三〇円で終わった（二〇日は二四二円）。同日夜の記者会見で、竹下蔵相は「さらに円高になることを猛烈に期待している」と語り、澄田日銀総裁は「日銀としても機動的かつ大胆に市場介入していく」、「円高定着をめざしこれまで以上に為替相場重視の金融政策をとる」と述べた（『日本経済新聞』一九八五年九月二五日付）。また、中曽根首相も、二六日に記者会見し、円高誘導策を推進していくことを強調した。その後も円高・ドル安が進行し、一カ月後の一〇月二一日にはドル高是正の目標はほぼ達成された。しかし、日本当局は円高を定着させるため、竹下蔵相や澄田日銀総裁が円高誘導発言を繰り返した。ベーカー財務長官もプラザ戦略を継続していくと表明した。

ところが、八六年一月には二〇〇円を突破する円高が進行し、円高不況が懸念されるようになり、二月には経済同友会が公定歩合の引下げを求めるに至った。三月一八日、ＮＹ市場で一七四円台の円高になった時点で、日銀はドル買い・円売りの逆介入に転じた。日本当局と米国その他のメンバー諸国との間で利害が対立してきた。しかし、プラザ戦略は継続され、アメリカ政府はドル安円高をさらに誘導していった。七月二一日には東京市場で一五五円の円高になった。激烈な円高のために、乾いた雑巾を絞るようなもので、経営努力では乗り切れないという中小企業が増加した。景気が悪化し、経済企画庁は八月の月例経済報告で製造業を中心に停滞感が広がっているとの判断を示した。しかし、ベーカー長官は米議会上院で「最近のドル安は妥当」と発言し、一九日には一時一四九台に突入した。

八七年二月二二日にフランスでルーブル会議が開催され、プラザ戦略はG7に拡大された（但し、イタリアは欠席）。不均衡の是正のための為替相場の目標について議論された。ルーブル会議では、日本・西独と米国・他の諸国とが激しく対立した。ベーカー長官は一四〇円が円の上限だという厳しい意見を述べ、概略、中心レートを一ドル＝一五三円五〇銭、一ドル＝一・八二五マルクとすることになった（船橋、前掲書参照）。外為相場の目標の設定については秘密にされたが、ルーブル合意は「プラザ合意Ⅱ」であることが明記された。また、この会議で、日本は内需拡大・貿易黒字削減をもたらす金融財政政策の実施を約束した。日銀は、景気が回復基調であったにもかかわらず、会議翌日の二三日に公定歩合を過去最低の二・五％に引き下げ、八九年五月までこの超低金利を維持し、非情にも、バブルがいくら膨張しても金融引締めを実施しなかった。

他方で、米ドルはますます下落し、八七年四月二七日には一三八円の円高となった。ドル暴落が懸念される状況となり、ベーカー長官のドル安容認発言やペルシャ湾岸情勢の緊迫化などが引き金となって一〇月一九日にはダウ平均が五〇八ドル（二二・六％）の大暴落となる「ブラック・マンデー」が発生した。プラザ戦略は日米政府によって始められたが、やがて日米の攻防となり、日本はアメリカに押し切られた。

前川リポート

中曽根首相は、プラザ戦略だけでなく、「前川リポート（レポート）」による政策を実施した。八六年四月七日に中曽根首相の私的諮問機関「国際協調のための経済構造調整研究会」が提出した対外不均衡を是正するための報告書がそれである。座長が前川春雄前日銀総裁であったことから、このように呼ばれている（この研究会には、内海財務次官も加わっていた）。前川リポートは各界から支持され、当時の就職試験に出題されたほどであった。しかし、少数派であったが批判者も存在した。小宮隆太郎は「大きな黒字自体、決して国際経済社会にとっての諸悪の根源というものではない」、「米国の政治家、政策当局者、企業経営者は、他国を非難することをやめ、（中略）自ら実行することのできる政策手段を使って、自らの経常収支赤字の着実な改善をはかるべきである」と批判した[30]。

中曽根首相は、アメリカからの対日攻勢が強まる中で、国際的には、プラザ戦略によって外為相場を円高に修正し、国内的には、前川リポートに示された構造改革を行うことによって、日本の貿易黒字を削減しようとした。「前川リポート」は私的諮問機関の報告書であったため、公式の諮問機関である「経済審議会」の「経済構造調整特別部会」に上程され、八七年四月二三日に同審議会の報告書「経済構造調整特別部会報告―構造調整の指針―」となった。座長が同じく前川前日銀総裁であったため、「新前川リポート」と呼ばれている。

新前川リポートは「前川リポート」をほぼ踏襲した内容になっている。具体的な数値目標は示されていないが、その後の日本経済の進路を左右する重要項目が示されている。まず、構造調整の基本的考え方として、①経常収支黒字を国際的に調和のとれるように縮小させることを「国民的政策目標」とし、②日本経済を内需主導型に変革することなどが示された。次に、構造調整の方策として、以下のような項目を掲げた。①内需拡大（住宅の質的改善、社会資本整備、市街地再開発など）、②労働時間の短縮、③国際的に調和のとれた産業構造への転換（海外直接投資の拡大、外国製品の輸入拡大、規制緩和、金融・資本取引の自由化、市場アクセスの改善、開発途上国の経済発展に資する技術移転、農業の規模拡大と高付加価値化）など（表7-10）。

多くのマスコミやエコノミストが新旧前川リポートを支持した。たとえば、『朝日新聞』社説は、同レポートの政策に関して「レーガン大統領の要請があるなしにかかわらず、やるべきことだ」と主張した（八六年四月一五日付）。また、『読売新聞』社説は、経常収支黒字の縮小を「国民的政策目標」とすることについて、「ぜひ実現してほしい」（同年四月八日付）と賛同し、「前川報告の方向は正しい」と主張している（同年四月三〇日付）。さらに、中谷巌らも同レポートの理念を誠実に実行すべきだと主張した。[31]しかしながら、「国際的調和」のとれた国際収支黒字とか産業構造とはいかなるものなのか全く不明である。また、明治以来、平時において日本政府が輸出入を思うように管理できたことはない。これは「架空の世界を描いた『空想画』に見える」[32]という小宮の批判が的を射ている。また、製品輸入の拡大、技術移転の促進など、当時のわが国の「おごり」が反映されている。近視眼的すぎる。中曽根政権は、レーガン政権に対してだけでなく、G7などにおいても、前川リポートの内容を日本政府の方針として約束した。

表7-10　新前川リポートによる経済構造調整の概要

基本的考え方	①経常収支黒字の調和のとれた縮小が「国民的政策目標」 ②内需主導型経済によって調和のとれた対外均衡を達成
方　策	①内需拡大（住宅の質的改善、社会資本の整備、市街地の再開発、土地の高度利用、生活水準の向上など） ②先進国にふさわしい労働時間の短縮 ③国際的に調和のとれた産業構造への転換（海外直接投資の拡大、外国製品の輸入拡大、開発途上国の経済発展に資する技術移転、流通・通信等の規制緩和、金融・資本取引の自由化など）

（出所）経済審議会経済構造調整特別部会「経済構造改革調整特別部会の報告」1987年４月より。

プラザ戦略による急激な超円高は、日本国内の多数の製造工場を海外に転出させ、日本における産業の空洞化（特に地方工場の閉鎖や人員削減）をもたらした。特に、中国への移転が激増し、これを契機に中国経済は大きな発展を遂げた。最近の中国の対米貿易黒字は、二〇〇〇億ドルをはるかに超えている。八四年の日本の対米貿易黒字は三五〇億ドルほどにすぎなかった。当時、アメリカが破綻する可能性を指摘する論調も見られたが、それほど大騒ぎする必要はなかった。二〇二二年の中国の対米黒字は約三八〇〇億ドルを記録し、アメリカの貿易赤字総額は約一・二兆ドルに上っている（IMF, Direction of Trade Statistics）。しかし、アメリカ経済が破綻する気配は全くない。これは、アメリカが経済及び軍事において最強レベルにあり、基軸通貨国であることに関係している。前川リポートが推奨したように、現在では、日本は多くの製品を輸入するようになり、かつては花形であった大手電機メーカーも、韓国、中国、台湾のメーカーに後れを取っている。

プラザ戦略及び前川リポートは、日本企業や日本経済を著しく衰退させた。篠原三代平は「産業空洞化を恐れるなとか、内需拡大を推進すべきだという路線を（中略）一億総合唱の中長期的なスローガンとして強力に実現していこうとするならば、経済大国としての日本は案外早く衰亡することになりはしないだろうか[33]」と警告していたが、その通りになった。今や、日本が誇れる分野はわずかとなった。

五　一九七〇〜八〇年代の金融政策

七〇〜七二年の金融政策

七〇年第3四半期（七〜九月）には、機械受注（船舶除く）が前期比で七・九％の減少となっていた。このような状況下で、日銀は七〇年一〇月二八日に公定歩合を六・二五％から六％に引き下げ、七一年にも一月、五月と連続して引き下げた。同五月には大蔵省・日銀は景気が底入れしつつあり、今後は緩やかな回復に向かうと判断していた[34]。ところが、日銀は同年七月二八日にも公定歩合を五・二五％に引き下げた。

その直後、七一年八月一五日にニクソン大統領が新経済政策を発表し、ドル・ショックが発生した。これに対して、欧州各国は翌一六日から外為市場を閉鎖して混乱を回避し、二三日に再開したときには多くの国が外為相場の変動を容認した。ところが、日本では一六日に水田三喜男蔵相が既存の外為相場を維持する声明を発表し、通貨当局は殺到するドル売りに対して巨額のドル買い・円売り介入を実施し、マネーサプライを増加させた。しかし、一ドル＝三六〇円の外為相場を維持することはできず、日本も二八日には暫定的に変動相場を容認するに至った。また、一二月一八日、スミソニアン会議が開催されて米ドルと金の交換比率が金一オンス三五ドルから三八ドルに切り下げられ、各国通貨の為替レートが調整された。このような状況下で、日銀は一二月二九日に公定歩合を四・七五％に引き下げ、さらに翌七二年六月二四日には四・二五％まで引き下げた。このように、七〇〜七二年に、日銀は六次にわたる公定歩合の引下げを連続的に実施した。

日銀の公定歩合引下げの理由を見ると、七〇年一〇月の引下げについて、日銀「政策委員会議長談」は「卸売物価がほぼ安定した推移を示しているほか、企業の生産、投資態度も漸次慎重化するなど、経済活動は全般として高水準ながら落ち着いてきたので、この際公定歩合を年〇・二五％引き下げる（ただし輸出関係金利は据置き）ことを適当と認め」た、と述べている。また、七一年一月の引下げについては、同議長談は「生産調整の動きが広がり、設備投資も鈍化するなど、経済活動が全般に沈静を示しているので、海外経済情勢をも考慮し、日本銀行は、この際公定歩合を別紙のとおり引き下げることを適当と認め」たとしている。七月の引下げでは、「経済活動はなお停滞ぎみに推移しているので」公定歩合を下げるとし、さらに「経済の安定成長への移行を促進し、内外均衡の達成に資するように期待する」と述べた。ニクソン・ショック及びスミソニアン合意後の七二年一月六月の議長談では、「景気回復を促進し、対外均衡の達成に資するため、この際金利水準全般の一段の低下を図ることを適当と認め」、公定歩合を引き下げるとしている。[35] さらに、佐々木直日銀総裁は、七二年六月六日の「第二六回全国銀行大会における総裁挨拶」で、日銀の見解をより詳しく、次のように語った。「これまで高度成長をささえていました民間設備投資と輸出の伸びについて多くを期待できないわけでありまして、これからの景気回復の足どりは従来に比べてかなり緩慢なものになる」。対外不均衡については「黒字縮小を図るためには、秩序ある輸出慣行を確立し、輸入を促進するなどの措置を積極的に推進することが望まれ」、「国内景気の回復を促進するのが基本的な対策であ」り、今後の経済発展は従来のような形での輸出の増加に支えられたものではなくて、「社会福祉の充実と国民生活の向上を中心とすることが望まれる」と。[36] 要するに、当時の日銀は、日本経済の高度成長から安定成長への誘導と内需拡大による対外不均衡の解消を目指して金融政策を実施していた。これは、後のプラザ戦略や前川リポートの考え方と共通している。

しかし、内需を拡大すれば、対外不均衡が解消されるというのは幻想にすぎない。ある商品の生産額が内需と輸出に分かれるとき、内需を増やせば輸出が減少するというのは机上の空論にすぎない。なぜならば、実際には、内需が増加しても、企業は海外向け出荷を減少させずに、全体として増産体制を整えるからである。輸出企業や企業の輸出部門は、輸出を増加させて収益を上げるのが仕事である。これを中央銀行たる日銀が阻止することはできないし、適切でもない。

『日本銀行百年史』は、六次にわたる公定歩合の引下げについて、マネーサプライの大幅増加に伴い土地やその他の資産への投機的支出が拡大し、インフレマインドが強まっており、国内経済の拡大テンポも高い水準に達しており、海外でもインフ傾向が強まっていた。このような状況下での公定歩合の引下げは、「インフレ的影響についての見方が甘かったこと、さらに通貨価値の安定を最大の使命とする中央銀行としてのこの問題への取組み方が適切でなかったことは遺憾ながら否定できない」とめずらしく反省の弁を述べている。(37)

七〇年の日本の経済成長は六七年や六八年に比較すれば、成長速度が落ちていた。しかし、実質GDPは七〇年に一〇％台、七一年に七％台、七二年に約一〇％という高い経済成長を遂げていた。このような経済成長は、明らかに高成長であった。他方で、消費者物価（総合）は、七〇年に七％台、七一年に六％台という高い値を示し、七二年にも四・五％であり、明らかにインフレが進行していた。高成長が続く中での六度の公定歩合の引下げは、金融機関の貸出を急増させ、全国銀行の貸出金は六九年に一六％台であったものが、七一年に二四％台、七二年に二五％台という大幅な伸びとなった。(38)マネーサプライ（M２＋CD）は、六九年に一八％台であったものが、七一年には二〇％台、七二年には二六％台に増加した。このような中で、地価も高騰した。

七〇～七二年に長期の金融緩和を続けたことが過剰流動性を生み出し、七三年及び七四年の物価の高騰をもたらした大きな原因の一つになった。鈴木淑夫（元日銀理事）も、日銀が七一年一二月のスミソニアン合意によって貿易収支が悪化して日本は大不況に陥ると考え、「景気が回復し始めた七二年六月にも公定歩合を引き下げるという誤りを犯した」、「一九七二―七三年の金融政策の運営は大失敗」と指摘している[39]。

一九八〇代後半の金融政策

第二次オイル・ショックに直面して、日銀は八〇年三月から八月まで公定歩合を再び九%に引き上げたが、その後は緩和に転換し、八三年一〇月には五%まで引き下げた。八四年、八五年は実質GDPが四%台に回復したが、八六年にはプラザ戦略による急激な円高により景気後退となった。そのため、日銀は断続的に金融緩和を続け、同年一一月には三%に引き下げた。八七年に入ると景況は回復しつつあった。ところが、既述の通り、二月二二日のルーブル会議（プラザ合意Ⅱ）の直前の二月二〇日に公定歩合を〇・五%引き下げ、過去最低の二・五%とすることを発表した（二三日実施）。

この公定歩合の引下げについて、日銀は次のように述べている。「円相場がこれ以上円高方向で不安定な動きを続けることとなれば、わが国経済に対するデフレ効果が強まり、息の長い内需拡大と経済構造の調整により対外不均衡の是正を図るというわが国の基本的政策課題の達成をも阻害しかねない」、このような情勢に鑑み、公定歩合を引き下げる[40]。また、「為替相場の安定を確保するためには主要国の協調が不可欠である」と補足している。要するに、プラザ戦略が展開されている状況下で国際協調が必要であり、金融緩和による景気刺激を通じて、対外不均衡の解消を目指すというのである。そのために地価や株価等の資産価格が膨張を続ける中で公定歩合を過去最低に引き下げ、バブルを極端に膨張させてしまった。バブルの膨張と崩壊の詳細は拙著『新訂 日本のバブル』に譲る。[41]

当時の日銀は、地価や株価のバブルには何等の言及もせず、「金融緩和の一層の進展が将来物価面等に悪影響を及ぼすことのないよう、マネーサプライの動向等については今後とも十分の注意を払って見守っていく必要がある」として、あくまでも「物価」を中心に金融政策の舵取りをしていた。そのため、地価や株価が天井知らずの膨張を続けても、八九年五月末まで金融引締めに転じなかった。しかも、この五月の引上げについて、「最近における国内景気、物価、為替相場等の動向並びにこれらの動きを反映して市場金利が上昇してきている状況の下で、金融政策の適切な運営を確保するため」に引き上げたとしている（「公定歩合の引上げについて」）。また、「堅調な景気拡大が続いている」一方で、「先行きの物価情勢には注視を要するものがある」ほか、「為替相場の円安・ドル高が進行し、対外不均衡の改善も鈍化している」、このような「経済・金融情勢の総合判断に基づいて決定した」と述べている（「公定歩合引上げの主旨について」）。[42]このように、バブル膨張の末期においてさえも、日銀は物価を基準にした政策運営を行っており、地価や株価等の膨張には全く対処しなかった。その結果、歴史的なバブルの膨張が続き、バブル崩壊後には、日本経済が衰退し、長期のデフレーションが発生するに至り、本書第一章及び第二章の如くとなった。

（1）　リチャード・ガードナー著／村野孝・加瀬正一訳『国際通貨体制成立史』上巻、東洋経済新報社、一九七三年、二四九頁等参照。
(2) 堀江薫雄『国際通貨基金の研究――世界通貨体制の回顧と展望』岩波書店、一九六二年、一七三頁。
(3) 同右書、一七六～一七七頁。
(4) 同右、一七八頁。
(5) 中村隆英・宮崎正康編『史料・太平洋戦争被害調査報告』東京大学出版会、一九九五年、一一頁、二九八～二九九頁。
(6) 有沢広巳監修『昭和経済史』下、日本経済新聞社、一九八〇年、五六～五七頁。
(7) 同右書、六一頁参照。
(8) 有沢広巳監修『日本産業百年史』下、日本経済新聞社、一九六七年、四四頁。
(9) ドッジラインとは、一九四九年にGHQの特別顧問として来日したジョセフ・ドッジ（デトロイト銀行頭取）が行った日本経済の安定と自立のための政策をいう。
(10) 前掲『日本史総合辞典』九七五頁。
(11) 大蔵省財政史室編『昭和財政史』第三巻、東洋経済新報社、一九七六年、四二六～四三一頁参照。
(12) 前掲『近代日本総合年表』第四版、三八四頁。
(13) 前掲『日本銀行百年史』第五巻、四四七～四四八頁参照。
(14) 澤本一穂編『増補・改訂 日本金融年表』日本銀行金融研究所、一九九三年、二九四頁。
(15) 鈴木淑夫編『新版 わが国の金融制度』日本銀行金融研究所、一九八六年、四五〇～四五二頁参照。
(16) 須賀義博『現代日本の物価問題』新評論、一九七二年、六〇～六一頁。
(17) ロバート・トリフィン著／村野孝・小島清監訳『金とドルの危機――新国際通貨制度の提案』勁草書房、

一九六一年、八四頁。

(18) 日本興業銀行産業調査部編『日本産業読本』（第六版）東洋経済新報社、一九九三年、一二九、一三八、一六〇頁等参照。

(19) 小倉和夫『改訂版 日米経済摩擦』朝日新聞社（朝日文庫）、一九九一年、二〇八頁。なお、本節の執筆に際して同書を参照した。

(20) 金融財政事情研究会編『金融自由化と円の国際化』金融財政事情研究会、一九八五年、六頁。

(21) 同右書、四～五頁参照。

(22) ＮＨＫ取材班『ＮＨＫスペシャル 戦後五〇年 その時日本は』第六巻、日本放送出版協会、一九九六年、一二三頁。同書の前編は、一九九五年にシリーズ「ＮＨＫスペシャル 戦後五〇年　その時日本は」の「プラザ合意 円高への決断」として放映されたものを活字化したものであり、証言も映像で確認できる。

(23) 同右書、二四～二七頁。

(24) 同右、二七頁。

(25) 同右、二八～三〇頁。

(26) 船橋洋一『通貨烈烈』朝日新聞社、一九八八年、一二四頁。

(27) 前掲『ＮＨＫスペシャル』四二～四九頁。

(28) 同右書、七八頁。船橋、前掲『通貨烈烈』三三一～三四頁。

(29) 黒田東彦編著『政策協調下の国際金融――「プラザ合意」以後の転換と為替変動』金融財政事情研究会、一九八九年、付属資料、一七〇～一七三頁。

(30) 小宮隆太郎「日米経済摩擦と国際協調」（下）『週刊 東洋経済』一九八六年六月一四日号、九六及び一〇二頁。
(31)『エコノミスト』一九八七年五月一二日号、一八～三六頁。
(32) 小宮、前掲論文、九六頁。
(33) 篠原三代平「ドル危機に日本はどう対応すべきか」『エコノミスト』一九八七年六月二日号、三一頁。
(34) 大蔵省大臣官房調査企画課尾原榮夫編『新版 年表で見る日本経済の足どり』財経詳報社、一九八八年、二〇九頁。本節では、経済動向指標、政府及び日銀の見解等について同書を参照した。
(35) 以上、日本銀行『調査月報』一九七〇年一〇月号一頁、一九七一年一月号一頁、一九七二年六月号一頁。
(36) 前掲『調査月報』一九七二年六月号、三～四頁。
(37) 前掲『日本銀行百年史』第六巻、三八五頁。
(38) 日本銀行『経済統計年報』一九九四年版、九頁。
(39) 鈴木淑夫『日本の金融政策』岩波新書、一九九三年、三五～三六、及び三八頁。
(40) 前掲『調査月報』一九八七年二月号、「公定歩合の引き下げについて」(八七年二月二〇日付)。
(41) 拙著『新訂 日本のバブル』日本経済評論社、二〇〇九年、第二～七章。
(42) 前掲『調査月報』一九八九年五月号。

《著者紹介》

衣川（きぬがわ）　恵（めぐむ）　鹿児島国際大学名誉教授

●——略歴

1949年京都府生まれ。中央大学大学院商学研究科博士課程修了。商学博士。元鹿児島国際大学・大学院教授。鹿児島国際大学名誉教授。

●——主要業績

『現代日本の金融経済』（中央大学出版部、初版1995年、改訂増補版2000年）
『日本のバブル』（日本経済評論社、初版2002年、新訂2009年）
『日本のデフレ』（日本経済評論社、2015年）
『地方都市中心市街地の再生』（日本評論社、2011年）ほか

日本（にほん）の金融（きんゆう）・通貨政策（つうかせいさく）の岐路（きろ）——明治（めいじ）～令和（れいわ）

2024年7月5日　第1版第1刷発行

著　者——衣川　恵

発行所——株式会社　日本評論社

〒170-8474　東京都豊島区南大塚3-12-4
電話 03-3987-8621（販売：FAX－8590）
03-3987-8592（編集）
https://www.nippyo.co.jp/　振替　00100-3-16

印刷所——株式会社平文社

製本所——牧製本印刷株式会社

装　丁——図工ファイブ

ISBN978-4-535-54047-7　　Printed in Japan